高等职业教育公共基础课系列教材

心理健康教育

主　编　严光玉
副主编　贺小瑞　左　陵　冉　政
参　编　任　佳　陈　姣　赵玥玘

电子工业出版社
Publishing House of Electronics Industry
北京·BEIJING

内 容 简 介

《心理健康教育》分为十一个模块,每个模块下设三个专题学习内容。在内容选择上,本教材涵盖高职生自我意识、人格心理、生命教育、学习心理、情绪管理、心理压力与挫折应对、人际交往心理、恋爱与性心理、网络心理、职业心理等内容。教材编写者将高职生的心理健康与成长教育相结合,力促高职生身心健康和谐发展,本教材融入了长期从事心理健康教育工作者的经验和体会,反映了当代高职生的新特点。

本教材可作为高等职业教育(专科)公共基础课教学用书。

未经许可,不得以任何方式复制或抄袭本书之部分或全部内容。
版权所有,侵权必究。

图书在版编目(CIP)数据

心理健康教育 / 严光玉主编 . — 北京:电子工业出版社,2024.6
ISBN 978-7-121-42519-6

Ⅰ. ①心… Ⅱ. ①严… Ⅲ. ①大学生—心理健康—健康教育—高等学校—教材 Ⅳ. ① G444

中国版本图书馆 CIP 数据核字(2021)第 265314 号

责任编辑:胡辛征
印　　刷:三河市良远印务有限公司
装　　订:三河市良远印务有限公司
出版发行:电子工业出版社
　　　　　北京市海淀区万寿路 173 信箱　邮编 100036
开　　本:787×1092　1/16　印张:17.75　字数:456 千字
版　　次:2024 年 6 月第 1 版
印　　次:2024 年 6 月第 1 次印刷
定　　价:58.00 元

凡所购买电子工业出版社图书有缺损问题,请向购买书店调换。若书店售缺,请与本社发行部联系,联系及邮购电话:(010)88254888,88258888。
质量投诉请发邮件至 zlts@phei.com.cn,盗版侵权举报请发邮件至 dbqq@phei.com.cn。
本书咨询联系方式:(010)88254361 或 hxz@phei.com.cn。

前　　言

党的二十大报告中明确提出要重视心理健康和精神卫生，这对新时代做好心理健康和精神卫生工作提出了明确要求。2023年，教育部等十七部门联合印发了《全面加强和改进新时代学生心理健康工作专项行动计划（2023—2025年）》（教体艺〔2023〕1号），文件中提到，应"落实立德树人根本任务，坚持健康第一的教育理念，切实把心理健康工作摆在更加突出位置"，"高等职业学校按规定将心理健康教育等课程列为公共基础必修或限定选修课"。

遵循以上新理念、新要求，本教材编写充分体现时代性、科学性、互动性特色。教材内容体现博采众长、突出科学性的特点。根据职业教育和新时代学生的心理特点，本教材分为十一个模块，每个模块下设三个专题学习内容。在内容选择上，本教材涵盖高职生自我意识、人格心理、生命教育、学习心理、情绪管理、心理压力与挫折应对、人际交往心理、恋爱与性心理、网络心理、职业心理等内容。教材编写者将高职生的心理健康与成长教育相结合，力促高职生身心健康和谐发展，本教材融入了长期从事心理健康教育工作者的经验和体会，反映了当代高职生的新特点。

本教材加入了心理健康教育的最新发展趋势和最新理念。例如，"尊重敬畏生命"模块探讨了生命的意义，重点讲述对重大心理危机事件的识别和应对；"初入职场适应"模块强调从"学校人"到"职业人"的角色心理转变，引导学生"稳岗爱岗"，从心理适应层面服务就业民生。总体来看，本教材的重点从以往的关注心理疾病转移到现在的更多地关注如何激发个体的潜在力量上，帮助学生拥有高质量的生活并积极有效地进行自我调节，内容设计注重学生内心的体验和感悟。

本教材设计了丰富多彩、形式多样的体验式活动，编者通过"心理训练""综合训练和拓展学习"等列举丰富案例，设计出大量练习。这些例子和练习大多是学生自己遇到过的事件或者在未来生活中可能会遇到的事件，这将引导学生正确面对自己生活中遇到的挫折事件。

本教材由成都职业技术学院严光玉教授（负责模块一和模块十一）担任主编，北京社会管理职业学院贺小瑞（负责模块七和模块九）、成都职业技术学院左陵（负责模块二和模块三）、重庆安全职业技术学院冉政（负责模块十）担任副主编，成都职业技术学院陈姣（负责模块四和模块五）、赵玥玘（负责模块六和模块八）、成都市心理咨询行业协会理事任佳（成都森普瑞心理咨询公司专业技术督导，负责行业审核和案例修订）担任编委。本教材的出版还得到了职业教育和职业指导领域的资深专家赵文平、张元的悉心指导，许小迅等人参加了编写组织工作，并承担大量繁重的统稿、校阅工作。

  在编写过程中，编者参考了大量的国内外文献资料，引用了有关研究成果，在此，一并致以诚挚的感谢。尽管我们以认真的态度对教材进行了反复修改，由于水平、能力所限，教材中不足之处难以避免，恳请广大读者多提宝贵意见，以便我们今后进一步修改和完善。

编 者

2024 年 3 月

目 录

前言 III

模块一 解惑心理健康 1
专题 1.1 心理活动与心理健康 2
专题 1.2 心理问题与心理咨询 9
专题 1.3 个体心理素质培养 16
综合训练和拓展学习一 23

模块二 尊重敬畏生命 25
专题 2.1 生命与生命教育 26
专题 2.2 生命教育的目标与途径 30
专题 2.3 心理危机的识别与干预 35
综合训练和拓展学习二 43

模块三 认知悦纳自我 45
专题 3.1 自我意识及其发展规律 46
专题 3.2 自我意识完善途径和方法 54
专题 3.3 健康人格的标准和塑造 65
综合训练和拓展学习三 72

模块四 提升学习效能 73
专题 4.1 学习和学习特点 74
专题 4.2 常见的学习心理问题及应对 79
专题 4.3 学习能力培养和潜能开发 88
综合训练和拓展学习四 98

模块五 良好的人际交往 101
专题 5.1 人际交往与人际关系 102
专题 5.2 影响人际交往的心理因素 108
专题 5.3 建立良好的人际关系 114
综合训练和拓展学习五 123

模块六　合理利用网络 126
专题 6.1　网络与网络心理 127
专题 6.2　网络合理使用与过度使用 133
专题 6.3　网络成瘾的原因及预防和矫治 142
综合训练和拓展学习六 148

模块七　心理压力的缓解 151
专题 7.1　认知压力 152
专题 7.2　压力成因与特点 159
专题 7.3　压力的应对与管理 164
综合训练和拓展学习七 170

模块八　当爱情悄然来临 172
专题 8.1　爱情的含义与意义 173
专题 8.2　爱的能力与爱的困惑 179
专题 8.3　谈性色不变 192
综合训练和拓展学习八 197

模块九　学会应对挫折 201
专题 9.1　挫折及其来源 202
专题 9.2　挫折反应和心理防御机制 208
专题 9.3　抗挫折能力的培养 215
综合训练和拓展学习九 221

模块十　择业心理调适 223
专题 10.1　职业兴趣与职业生涯规划 224
专题 10.2　职业心理和择业心理 231
专题 10.3　择业心理的困扰与自我调适 239
综合训练和拓展学习十 245

模块十一　初入职场适应 247
专题 11.1　职场的心理适应 248
专题 11.2　培养良好的职业心理素质 255
专题 11.3　化解初入职场冲突 265
综合训练和拓展学习十一 274

参考文献 277

模块一　解惑心理健康

模块导读

德国著名心理学家赫尔曼·艾宾浩斯曾说过："心理学有一个漫长的过去，但只有短暂的历史。"我们要想学习心理健康知识，提高个人心理素质，就需要对心理学的一些基础知识有所了解，如应该了解到，人类探索自我心理现象的历史已有几千年，"心理学"一词就源于古希腊语"灵魂之学"。但一般认为，心理学在过去更多被包含在哲学等其他学科中。直到1879年，德国心理学家冯特建立世界上第一个心理学实验室，标志着心理学开始作为一门独立的学科而存在。

汉语中，我们习惯将思想和情感归于"心"，将条理和规则称为"理"，"心理"就是情感和思想规律的总称。实际上，作为一门现代科学，心理学也的确是研究人们的思想、情感与行为规律的科学。人的任何行为都伴有心理活动，都是在一定的心理背景下进行的，所以心理学与我们每个人的生活都密切相关。作为当代大学生，学习必要的心理学知识，掌握一些基本的心理常识，既是我们学习生活健康发展的基本保证，也是一个人成长的重要基础。

本模块我们将一起了解心理活动与心理健康，学习心理问题与心理咨询相关内容，以及如何有意识地进行个体心理素质培养。

模块目标

序号	目标维度	具体内容
1	知识目标	（1）了解高职生心理活动及其特点； （2）了解高职生心理健康的标准及其动态性； （3）了解心理问题与心理障碍的含义； （4）了解心理咨询的含义与原则
2	能力目标	（1）自主调整心理状态； （2）掌握个体心理素质培养的一般方法
3	情感和态度价值观目标	树立正确的心理健康观念，明确正常人也有心理问题，培养对他人情绪的理解和共情能力

专题 1.1　心理活动与心理健康

名人名言

　　心态若改变，态度跟着改变；态度若改变，习惯跟着改变；习惯若改变，性格跟着改变；性格若改变，人生就跟着改变。

——［美］马斯洛

导入案例

总想回家的王山

　　王山是某职业技术学院计算机应用专业的一名大二学生。进校一年多的他一直都没有上大学的"感觉"。他不止一次跟同寝室的同学说："听到原来的同学多数都去读了大学，而我背井离乡来到这样一个陌生的城市上学，天天学习的都是一些动手操作的技术，总觉得心里不是滋味，感觉很压抑。现在我特别后悔上高中的时候没有好好学习，更后悔现在选择职业院校，要不是读高中的时候玩心太重，还经常通宵打游戏，我肯定能考上好的大学。还是高中的时候好，我的高中同学层次也比现在的高很多，我现在特别想回家，我这几天晚上睡觉总是能梦到高中的同学和高中时发生的一些事情，我现在很认真地考虑要不要回高中复读一次，再次参加高考，但家里一直不同意。从来到这里开始，我虽然身体上没有什么异样或者不舒服，但总觉得打不起精神来，每天都像混时间一样，完全没有目标，也不知道自己应该做点什么。"

　　分析：这是职业院校学生经常遇到的心理困扰，心理学上称为"回归心理"。通常表现为对新环境的不适应，对新环境产生的陌生感和疏离感，沉迷于过去，有一种希望回到过去的心态。每个人离开熟悉的环境，到陌生地方都容易产生这种感觉。但是，如果长时间处在一种留恋过去的心理状态，对现状不满，无法体验到心理愉悦，就会逐渐形成心理压力，阻碍学习和生活，严重者甚至夜不成眠、烦躁、焦虑，影响身心健康。

一、心理活动及其特点

（一）什么是心理活动

　　许多人认为"心理"很神秘，看不见、摸不着，是无法确定的现象，甚至和"星座""手相"等混为一谈，实际上这是误解。心理虽然属于精神范畴，不像物质那样能看得见、摸得着，但它可以通过听得见、看得到的语言和行为来体现，而且心理活动也完全可以通过一定的方式方法进行测量。

那么，什么是人的心理呢？心理是人在日常活动中对客观事物的主观反映，是生物进化到高级阶段时大脑的特殊功能。有人把内心活动的静态表现称为心理现象，将其动态过程称为心理活动；不过，实际上内心活动本身也是一种动态系统，没必要做严格区分。

人的心理过程往往是从人的认识活动开始的，由感知觉进一步产生思维和引发情感，继而形成意志。心理过程是指心理活动发生、发展的过程，也就是人脑对现实的反映过程。以知觉过程为例：我们看到一个物体，先要用眼睛接受来自物体的光刺激，然后经过神经系统的加工，把光刺激转化为神经冲动，从而察觉到物体；接着要将看到的物体，从它的环境或背景中区分开来，最后要确认这个物体，并叫出它的名称。

心理就其自身来说，是一个有组织的、整体的动力系统。心理活动是有机体在内部条件下直接释放出来的内隐活动，或称激活，是从事外显活动的条件与准备。它是指通过大脑神经生理过程所进行的信息识别、编码、存储、提取和运用的过程，也是大脑高级神经活动产生的关于外界事物映象和意义的过程。简言之，心理活动是个人在现实生活中对客观事物的主观反应，是指人的内心活动；同时，因为心理活动反映的是客观的事实，所以心理活动也属于客观世界的一部分。

（二）心理活动的过程性与个体性

人的心理是复杂的，但总的来说可以分为两个方面：心理过程和个性心理。心理过程是心理活动的重要方面，个性心理是个体心理活动过程体现出来的特点。

1. 心理过程

心理过程指的是人的心理活动都有一个发生、发展、衰退或消失的过程。人们在活动的时候，通过各种感官认识外部世界事物，通过头脑的活动思考着事物的因果关系，并伴随着喜、怒、哀、乐、悲、恐、惊等不同的情感体验。整个心理过程按其性质可分为三个方面，即认知过程、情感过程和意志过程，简称知、情、意。感觉、知觉、注意、记忆、想象、思维等属于认知过程；快乐、悲哀、愤怒、恐惧等则属于情感过程；而目的性、决心、坚持、自制力等属于意志过程。

这些心理过程都有其相应的规律。以感知觉为例，其中感觉是感官接受外部刺激形成的对事物属性的反映，知觉则是对感觉信息进一步加工而形成的大脑对事物的整体反映。我们春天外出踏青时，桃树上开满了桃花，粉红色的花软软的、透着淡淡的清香，所有这些都给我们带来了惬意的感受。这里的粉红、软、清香等都是事物在不同属性（颜色、形态、气味）上的表现，经过我们感官接收到信息和大脑的初步加工之后，使我们对这些属性和表现有了一个初步的感受，这就是感觉。之后，大脑会进一步对这些事物属性信息进行整合，并和自己原有的经验、认知图式进行匹配，做出春天来了、这是桃花、桃花很香等种种判断，这就是知觉。在此过程中，感觉和知觉又有其各自的特性。以知觉的特征为例，知觉具有选择性、整体性、理解性、恒常性等特征。

（1）选择性：指的是人在知觉外界事物时，并不是把所有外界信息同时加工，而是有针对性地将一些自己觉得重要的或符合自己兴趣的事物作为知觉的对象。例如，心理学家让受试者数一队打篮球者的传球次数，然后安排一个由人装扮的黑猩猩从受试者面前走过，之后绝大多数受试者回答说"没有看见"，因为他们正在专心数数，以至于对猩猩视而不见。

（2）整体性：指的是知觉对象往往由不同属性、不同部分组成，但我们并不会把它视为个别孤立的部分，而是把它知觉为一个有组织的整体，如我们看到楼上的霓虹灯广告牌坏了，其中某个字只显示半边或部分笔画，但我们依然会在头脑中把字补充完整，并正确地读出。

（3）理解性：指的是我们并不是被动地接受外界事物的信息，而是会根据自己以往的经验，对事物做出相应的解释，就像上面提到的"自动补充"不完整广告牌的例子。

（4）恒常性：指的是即使外界客观事物发生了变化，但我们的知觉并不会做出相应变化。例如，我们玩过山车，当头朝下时会看到周围的花草树木是倒着的，但却并不会觉得它们长反了，这就是我们过去的知识、经验在起作用。

在感知觉的过程中，我们还会产生各种各样的错觉。每年世界上还有专门的视错觉大赛，让人觉得简直无法相信自己的眼睛。大部分魔术也都是利用人们的错觉才创造出大量无法理解的所谓"奇迹"。

2. 个性心理

个性心理包括个体倾向性、个性心理特征和自我意识。个体倾向性反映了一个人的意识倾向，是个体行为活动的动力系统，由需要、动机、兴趣、理想、信念和价值观组成；个性心理特征包括能力、智力、气质、性格等，反映个体典型的心理活动和行为特点；自我意识是个性结构中的自我调节系统，包括自我认识、自我体验和自我控制三种成分。

个性心理因为个体差异而在每个人身上表现出不同特征。例如，很多人对催眠感兴趣，正常人群对催眠存在个体差异，容易接受的催眠者往往想象力丰富、容易沉浸于当前或想象的场景中，依赖性强，并深信催眠的作用。所以，实施催眠之前催眠师会对治疗对象的各方面进行评估。在催眠演示中，催眠师往往会选择那些容易受暗示、配合度高的人作为受试者，这也是个性心理差异的一种体现。再如，面对同样的事物或活动，有的人兴高采烈、趋之若鹜，有的人神色平淡、无动于衷，好比有人爱逛街、有人爱宅家，这是因为每个人的兴趣差异所致，也是个性心理的一种反映。

心理过程体现了人类的共性，而个性心理则反映出人与人之间的个体差异。但两者又紧密联系：一方面，每个人的每一种心理过程都带有个人的独特性，即个性；另一方面，每个人的个性又表现在其心理过程之中，既没有不带个性的心理过程，也没有不表现在心理过程之中的个性，两者相互渗透、融为一体。

> **经典分享**
>
> ### 心理活动的外在反应之一：瞳孔的秘密
>
> 长久以来，人们都认为眼睛是"心灵的窗户"，是反映情绪的"晴雨表"。当你对某人说的话产生怀疑时，你可能会对他说："请看着我的眼睛说！"很多玩牌高手声称，他们能够通过注视对手的眼睛来发现牌局的变化。心理学家赫斯认为，在上述例子中，人们主要看的是对方的瞳孔的变化，即变大或变小。
>
> 为了证明这个观点，赫斯设计了这样的实验：他让一组男性被试者看两张漂亮姑娘的照片，区别是一张照片中人眼的瞳孔较大，而另一张照片中人眼的瞳孔较小。结果，被试者一致认为大瞳孔者是"温柔的""有韵味的"和"漂亮的"姑娘，而把小瞳孔者形容为"难缠的""自私的"和"冷酷的"姑娘。其实那两张照片是同一个姑娘的。当然，这种理论并不仅仅适用于男性评价女性。
>
> 在另外一组实验中，研究者要求被试者在两个性别不同的人中挑选一个人作为自己的实验伙伴。根据实验设计要求，这两个人中有一个人通过使用眼药放大了瞳孔，而另一个人没有这样做。结果表明，被试者都愿意挑瞳孔大的人作为自己的实验伙伴，不论此人是男性还是女性。
>
> **分析**：心理活动往往有其外在表现，如肌肉紧张、血压升高、激素分泌、心率、皮肤电反应、脑电的生理变化等，也会反映在外在的行为变化上，如身体姿态和言语表达的变化，出现攻击行为、合作行为或其他某种意志行为等。因此，心理学家们可以通过观察这些特征变化来考察各种心理活动产生的影响，或者反过来，通过对这些指标变化的观测来考察或推测内在的心理活动过程。

二、心理健康的标准

1948 年，世界卫生组织（WHO）在其章程的序言中提出："健康不仅是没有疾病或不虚弱，而是个体在身体、心理、社会方面的完善状态。"1989 年，WHO 将健康的概念扩充为："健康应包括生理、心理、社会适应和道德品质的良好状态。"可见现代健康的标准包括生理健康、心理健康、社会适应良好、品德优良等多方面。这是人类对自身认识的一个巨大进步。其中，有关心理健康的标准，是一个比较复杂的问题。

从广义上讲，心理健康是指一种高效而满意的、持续的心理状态。从狭义上讲，心理健康是指人的基本心理活动过程和内容完整、协调一致，即认知、情感、意志、行为、人格完整和协调，能正确对待外界影响，并适应社会，与社会保持同步。

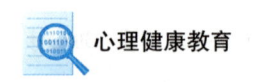

心理健康的人并非没有痛苦和烦恼，而是能适时地从痛苦和烦恼中解脱出来，积极寻求改变不利现状的新途径。心理健康的人能够自由、适度地表达和展现自己的个性，并能够与周围环境和谐相处；善于不断地学习和利用各种资源，不断地充实自己；会享受美好人生，同时也明白知足常乐的道理；不会钻牛角尖，而是善于从不同角度看待问题。心理学家将心理健康的标准概括为以下几点：

（1）有适度的安全感，有自尊心，对自我成就有价值感。

（2）适度地自我批评，对自己既不过分夸耀也不过分苛责。

（3）在日常生活中，具有适度的主动性，不为环境所左右。

（4）理智、现实、客观，与现实有良好接触，能容忍挫折和打击，无过度幻想。

（5）适度地接受个人需要，并具有满足此种需要的能力。

（6）有自知之明，了解自己的动机和目的，能对自己的能力做出客观估计。

（7）能保持人格的完整与和谐，个人的价值观能适应社会标准，对自己的工作能集中注意力。

（8）有切合实际的生活目标。

（9）具有从经验中学习的能力，能根据适应环境的需要适当改变自己。

（10）有良好的人际关系，有爱人的能力和被爱的能力。在不违背社会标准的前提下，能保持自己的个性，既不过分阿谀奉承，也不过分寻求社会赞许，有个人独立的意见，有判断是非的标准。

综上，自尊是心理健康非常重要的一方面，是指个体对自己（或自我）的一种积极肯定的评价、体验和态度。自尊与心理健康的各方面测量指标高度相关，如自尊反映了人们的生活满意度。高自尊的人往往有积极向上的情绪，对世界的看法也比较乐观。

个体的心理状态可以是积极的，也可以是消极的，而积极向上的心理状态，是心理健康的重要标志。如果我们掌握了心理健康标准，就能够以此为依据，对照进行心理健康自我诊断。如果发现自己心理状况中某个或某些方面与心理健康标准存在一定距离，就可以针对性地加强心理调适，以期达到心理健康的要求。如果发现自己的心理状况严重地偏离了心理健康标准，就要及时向心理教师求助或直接就医，以便早诊断、早治疗。

三、心理健康标准的动态性

心理健康标准是一种相对理想化的描述，它为人们提供了衡量心理健康的标尺和努力的方向，但心理健康的标准又是动态变化的，它具有相对性、连续性、可逆性的特点。

（一）心理健康标准的相对性

心理健康是一个相对的、发展的、文化的概念。随着国别、地域、民族、文化、发展阶段等的不同，对心理健康的行为要求和标准也会有社会文化背景和历史的、时代的差异。特定的社会文化对心理健康的要求，取决于这种社会文化对相应的心理健康特征的价值观，同时它也会随着个体的年龄、性别、种族等差异有不同的社会期待和要求。例如，同样是儿童，我们对男孩、女孩在淘气、文静、冒险性等方面的一般看法和期待就存在差异。因此，心理健康标准往往只有在与同一时代、同一社会文化背景、同一种族、同一年龄等具有相同群体特征的人做发展水平的比较时，才具有现实意义。

（二）心理健康标准的连续性

在心理健康的不同特征上，并非只有截然相反的好坏两种状态。从心理健康到心理不健康乃至心理异常是一个从量变到质变的渐进过程。并非黑白截然分开，在黑色、白色之间，存在渐变地带，是由白到黑、由浅入深的"灰色地带"。完全健康的纯白者和有严重精神疾病的纯黑者极少，大多数人处在中间地带。相应的状态可分为心理健康、心理亚健康、心理问题、精神障碍等不同层级。近些年的调研表明，由于社会变革、工作与生活压力等多方面因素，越来越多的人处于心理亚健康状态，出现焦虑、抑郁、疲倦、无助、无力等消极思维与消极情绪，并伴随生理亚健康状况。心理健康不仅是指没有心理疾病，还指要尽可能消除心理亚健康，保持良好的、积极的心理状态。

（三）心理健康标准的可逆性

每个人都会面临心理健康状态、心理亚健康或心理不健康状态的转换变动。例如，我们本来心情可能很好，由于遭遇一些不好的事或重大负性生活事件（如考试失利、失恋、友情破裂等），导致心情变得非常糟糕，甚至出现抑郁倾向，也无法安心学习工作。但又过了一段时间，或由于自己的努力，慢慢摆脱了这种状态，心情慢慢地转好了。这就是心理健康状态的可逆性。因此，判断一个人的心理是否健康，不能仅凭一时一事进行简单判断和下结论。一个人偶尔有一些不健康的心理和行为，并不意味着心理一定不健康，要具体情况具体分析。

心 理 训 练

我的心理健康状态

一、训练目的

通过心理健康问卷，测试并了解自我的心理健康状况。如果我们在测试中得分为中度抑郁及以上，就应该寻求心理教师或心理咨询师的解释和帮助。

二、训练时间

15 分钟。

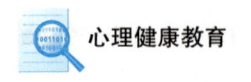

三、训练内容

表 1-1 为抑郁量表，其中描述了个体在生活和学习中可能存在的心理感受，请根据下列描述对自己在过去两周内的实际感受做出判断，选择两周内符合你自己的、出现频率高的选项，在对应空格里打"√"。

表 1-1 抑郁量表

心理感受	没有	有1~2天	有3~5天	几乎每天都有
做什么事情都觉得没兴趣、没意思				
感到心情低落、郁闷，没希望				
入睡困难，总是醒着，或者睡得太多，一直想睡觉				
感到身体疲倦				
胃口不好，或食欲过盛				
认为自己是个失败者，让家人丢脸				
学习或娱乐时难以集中注意力				
行动、说话过慢或过快以致引起他人注意				
有轻生或伤害自己的念头				

四、测评说明

1. 每题对应 0~3 分。分值与选项的对应关系为："没有"分值为 0，"有 1~2 天"分值为 1，"有 3~5 天"分值为 2，"几乎每天都有"分值为 3。

2. 计算 9 道题的平均得分，可以做出评价：0~4 分，为没问题；5~9 分，为轻微抑郁；10~14 分，为中度抑郁；15~19 分，为中重抑郁；20~27 分，为重度抑郁。

成 长 反 思

1. 为什么说心理是脑的功能？动物也存在心理吗？
2. 结合心理健康标准，对照自己的情况进行相应分析。
3. 你认为就自身心理健康状态而言，哪些方面需要优先进行改善？

专题1.2 心理问题与心理咨询

名人名言

一切幸福都并非没有烦恼，而一切逆境也绝非没有希望。

——［英］培根

导入案例

考试失利又失恋

刘某，19岁，某高职院校大一学生。刚入学时她感觉一切都很新鲜，非常高兴。后来慢慢发现自己和其他同学的生活习惯存在很大的差异，而且和室友关系闹得有点儿僵，常常会因一件小事就让大家不开心。眼看快到期中考试了，刘某很想争取成绩考好一些，但因为心情受影响，注意力集中不起来，结果考得不理想。她沮丧万分，但还是会坚持去上课，即使大多数时间听不进去。

后来，刘某在社团活动中认识了一个同年级其他专业的男生，很快就开始恋爱了。起初两人相处得不错，但不到一个月，他们就有了矛盾。刘某也清楚是两个人的习惯不同，而她自己又经常按照自己的标准要求男生，所以才会争吵。这种合不来又不想分的状态导致刘某心情变得很差，晚上也常常睡不好。这两件事对她的影响持续了两个月，她感觉痛苦不已。她最近参加了心理健康成长团体辅导，在老师和同学们的帮助下心情渐渐好转。

分析：这是典型的因无法应对人际交往中的冲突而出现的心理问题。心理问题一般通过倾诉、自我调适或者心理咨询就能解决。本案例中的刘某，因为与寝室同学相处不好、与男友发生矛盾，进而出现心理问题，主要是自身性格上存在不足之处以及人际交往边界感不清晰等原因，通过团体辅导就能有效改善，这些问题也是大多数正常人都会遇到的成长性问题。

一、心理问题与心理障碍

（一）什么是心理问题

心理问题，也称心理失衡，是指近期发生的，内容尚未泛化只局限于引导事件本身，反应强度不大，并没有严重影响思维逻辑性的暂时性心理紊乱状态。例如，一时不高兴引

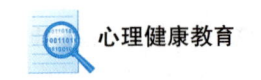

起的压抑、郁闷、孤独、烦躁等，但尚未对学习、工作、生活产生严重的影响。

现实社会中的每一个人在一定程度上都存在心理问题，只是程度不同而已。心理问题是正常心理活动中的局部异常状态，不存在心理状态的病理性变化，具有明显的偶发性和暂时性，常与一定的情境相联系，脱离该情景，个体的心理活动则完全正常。

心理学家杰拉尔德·卡普兰（Gerald Canplan）在广泛研究人们心理异变过程的基础上，提出了心理问题的四个发展阶段：

第一阶段：当刺激连续出现时，最初的紧张产生，并使人感到不适。

第二阶段：刺激连续、多次出现时，在缺乏成功的应对机制状态下，不适感显著增强。

第三阶段：不断上升的紧张情绪转化为强有力的内部刺激，激发了个体内、外部资源，在这一阶段，人们尝试使用紧急问题解决机制，问题也许会被很好地解决或因确定无法解决而被彻底放弃。

第四阶段：如果问题继续存在，并且既不能被解决也无法避免，紧张感必然持续上涨，巨大的失衡状态出现。

（二）什么是心理障碍

通俗地讲，心理障碍是指个体没有能力按社会规范或适宜的方式来适应日常生活要求，而表现出的心理异常或行为偏离。"没有能力"可能是器质性损害或功能性损害的结果，或者两者兼有。

在识别心理障碍者时，应该注意到：心理障碍者肯定偏离常态心理现象，但并非所有偏离常态心理现象的人都患有心理障碍。对心理障碍的判断还应该参照当事人一贯的心理行为表现，以及发生该"异常"行为有无"合理"的原因及解释等。另外，不同的社会制度、风俗习惯也会影响我们对心理障碍的分辨。

我们可以通过图 1-1 中的指标来认识心理障碍，具体包括以下几个方面。

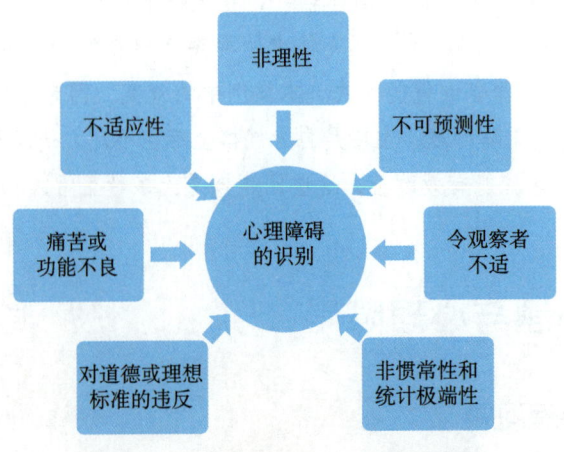

图 1-1 心理障碍识别的主要考虑因素

（1）痛苦或功能不良。例如，一个人离开家就要哭，无法正常生活。

（2）不适应性。例如，总是无法保持正常工作或学习，或者对他人的安全造成威胁。

（3）非理性。例如，个体总是对客观上并不存在的声音做出反应。

（4）不可预测性。个体从一个情境过渡到另一个情境的行为存在不可预测性或者没有规律可循。例如，个体无缘无故地用拳头打碎玻璃。

（5）令观察者不适。即个体让他人受到威胁或遭受痛苦。例如，一个女人在大街上自言自语地大声讲话，或对试图绕过她的行人造成不适。

（6）非惯常性和统计极端性。个体的行为在统计学上处于极端位置，违反社会公认的或赞许的标准。

（7）对道德或理想标准的违反。即个体违反了社会规范对其行为的期望。

二、心理咨询的含义与原则

（一）心理咨询的含义

心理咨询（psychological counseling）是在咨询的概念上延伸出来的特指在心理方面给咨询对象以帮助、劝告、引导的过程。心理咨询的发展至今已有近百年的历史，但国内外心理学界对于心理咨询的定义仍未能统一。

美国著名心理学家罗杰斯（Rogers）认为，心理咨询是一个过程，其间，咨询员与来访者的关系能给予后者一种安全感，使他可以从容地开放自己，甚至可以正视自己过去曾经否定的经验，然后把那些经验融合于已经转变了的自己，做出统合。

帕特森（C.H.Patterson）认为，咨询是一种人际关系。在这种关系中咨询人员提供一定的心理氛围和条件，使咨询对象发生变化，做出选择，解决自己的问题，并且成为一个有责任感的独立的个体、一个更好的人和更好的社会成员。

中国香港学者林孟平认为，心理咨询是一个过程，在这个过程中，一位受过专业训练的心理咨询员，致力与来访者建立一种具有治疗功能的关系，以协助对方认识自己、接纳自己，进而欣赏自己，以致可以克服成长中的障碍，充分发挥个人的潜能，使人生统合并有丰富的发展，迈向自我实现。

北京大学心理系钱铭怡教授认为，心理咨询具有如下特征：其一，体现着对来访者进行帮助的人际关系；其二，心理咨询的过程是涉及一系列心理活动的过程；其三，心理咨询属于一个特殊的服务领域。

上述解释尽管有不同之处，但其内涵有共同特征。我们认为，心理咨询是通过人际关系，运用心理学理论和方法，给咨询对象以帮助、启发，以协助其自强自立的过程。

（二）心理咨询的原则

心理咨询的原则是心理咨询师在工作中必须遵守的基本要求，是有效运用心理咨询方

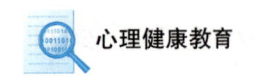

法和技术与来访者建立良好关系的前提条件，也是取得良好咨询效果的重要保证。

1. 保密原则

这是心理咨询中最重要的原则。这一原则是指心理咨询师有责任对来访者的谈话内容予以保密，来访者的名誉和隐私权应受到道义上的维护和法律上的保护。在没有征得来访者同意的前提下，不得在咨询场合之外把来访者的言行随意泄露给任何人或机关。当然，从另一方面来讲，保密也是有一定限度的，对于某些问题，心理咨询师可以不保密。根据美国心理学家联合会（APA）的条例，以下几种情况属于例外，可以不保密：确信一名未成年人是性虐待或其他虐待的受害者；来访者有自杀倾向或经由一项测验显示来访者有高度危险时；当来访者有强烈伤害他人的倾向时；当法庭要求提供个案资料时。

2. 自愿原则

"来者不拒，去者不追"，来访者须出于完全自愿，这是心理咨询工作中的基本原则。

学校心理咨询有其特殊性，特别是从目前高职生的现状看，有相当一部分学生心理健康意识相对比较淡漠，对心理咨询还存有误区。可以引导学生来咨询，但不能利用教育者的身份强制学生前来咨询。

3. 平等原则

咨访关系是一种没有上下级之分，没有指导者和被指导者之分的平等关系。在学校咨询中，心理咨询师更要处理好教师与学生之间的关系，以平等的身份接待来访的学生。

4. 时间限定原则

一次咨询时间一般定为50分钟左右，原则上不能随意延长。咨询次数一般每周一次，特殊情况可以增加到两次。咨询时间的限定，可以让来访学生更加珍惜并有效利用每一次咨询时间。对于一些特殊的学生，可以根据实际情况，适当缩短咨询时间和间隔。

5. 发展性原则

高职院校学生的心理问题多数为适应、交往、情感和学习等方面遇到的困惑，因此心理咨询师要以发展变化的观点来看待来访学生的问题，不轻易地将来访学生的问题归为某种心理障碍或某种心理疾病。

6. 感情限定原则

感情限定原则是指心理咨询师不得与来访学生在咨询室以外的地方有亲密接触和交往，也不能将自己的情绪带进咨询过程，不对来访学生在感情上产生爱憎和依恋，更不能在咨询过程中寻求在爱憎、欲求等方面的满足和实现。

7. 中立性原则

每位心理咨询师都会有自己的价值取向，对客观事物也有着自己的评价。但在咨询中，不能以自己的价值取向作为参照点，去评判来访学生，要保持一种中性的态度，与来访学生共同探讨，促进其对原有的观点进行自我审视，从而让学生获得成长。

8. 非指导性原则

"授之以鱼，不如授之以渔。"心理咨询师对来访学生的问题不做直接建议，而是启发和鼓励来访学生自我了解，自我改变，促进其心理成熟和成长，达到助人自助的目的。

9. 预防重于治疗的原则

学校心理咨询是为全体学生服务的，高职院校心理咨询师的工作除了对来访学生心理问题提供咨询，更重要的是面向全体学生的心理健康知识普及和宣传，促进学生增强心理健康意识，掌握心理调节的方法，提高广大学生的心理健康水平。

10. 坚持性原则

心理咨询过程有可能不是直线发展的，咨询中，可能会因为来访学生认识的变化，环境的影响而产生反复和周折现象，因而心理咨询师和来访学生都要能够坚持下去，这样才有利于咨询效果的巩固和提高。

经典分享

约拿情结

"约拿情结"是美国著名心理学家马斯洛提出的一个心理学名词。简单地说，"约拿情结"就是对成长的恐惧。

它来源于心理动力学理论上的一个假设："人不仅害怕失败，也害怕成功。"其代表的是一种机遇面前自我逃避、退后畏缩的心理，是一种情绪状态，并导致我们不敢去做自己能做得很好的事，甚至逃避发掘自己的潜力。

"约拿情结"的基本特征可以分为两个方面：一方面是表现在对自己，另外一方面是表现在对他人。对自己，其特点是：逃避成长，拒绝承担伟大的使命。对他人，其特点是：嫉妒别人的优秀和成功，幸灾乐祸于别人的不幸。

人类的心理是复杂而奇怪的：我们渴望成功，但当面临成功时却总伴随着心理迷茫；我们自信，但同时又自卑；我们对杰出的人物感到敬佩，但总是伴随着一丝敌意；我们尊重取得成功的人，但面对成功者又会感到不安、焦虑、慌乱和嫉妒；我们既害怕自己最低的可能状态，又害怕自己最高的可能状态。简单地说，这些表现，就是对成长的恐惧——既畏惧自身的成功又畏惧别人的成功。

分析：可见，"约拿情结"是我们平衡自己内心心理压力的一种表现。我们每个人其实都有成功的机会，但是在面临机会的时候，只有少数人敢于打破平衡，认识并克服了自己的"约拿情结"，勇于承担责任和压力，最终抓住并获得了成功的机会。

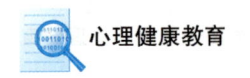

三、走出心理咨询的误区

随着社会的进步及人们对自身生活质量的追求,已经有越来越多的人开始接受心理咨询这种形式。在高职院校,也有一部分学生能够在遇到困惑或情绪压抑时,选择去做心理咨询。但还有部分学生,对心理咨询存有误区。

(一)误区一:去心理咨询的人都是病人

部分学生之前从未接受过心理健康教育,对心理咨询的理解还停留在"去心理咨询的人都有病"这样一个误区。

对于存有这种误区的学生,可能是因为对目前学校心理咨询的对象不太了解。学校心理咨询的对象主要是在心理适应和心理发展上需要帮助的人,而不是精神病患者,明显人格障碍、智力低下或脑器质性病变的患者。由此我们可以看出,学校咨询针对的群体主要是健康人群,也就是以发展咨询为主的咨询。

(二)误区二:担心隐私泄露

部分学生对心理咨询存有疑虑,担心"我的'秘密'是否会传到其他同学的耳朵里?"

对于存有这种误区的学生,如果你对心理咨询的原则有所了解,就可以完全打消顾虑。你和心理咨询师谈话的内容除了保密例外的规定外,都会留在心理咨询室,你的同学和老师都不会知道。即便是涉及保密例外的内容,心理咨询师也会注意方式方法,在最小的人群中有限地公开一些内容,最大限度地保护你的隐私不受侵犯。

心 理 训 练

学习评估

一、知识评估

请你根据课前、课后对自己在了解心理健康与心理咨询知识方面分别做一个评估。0 分代表几乎不了解,10 分代表了解很多,在下面的横线上分别为当下的自己打分。

课前:评估自己在心理健康与心理咨询方面的知识

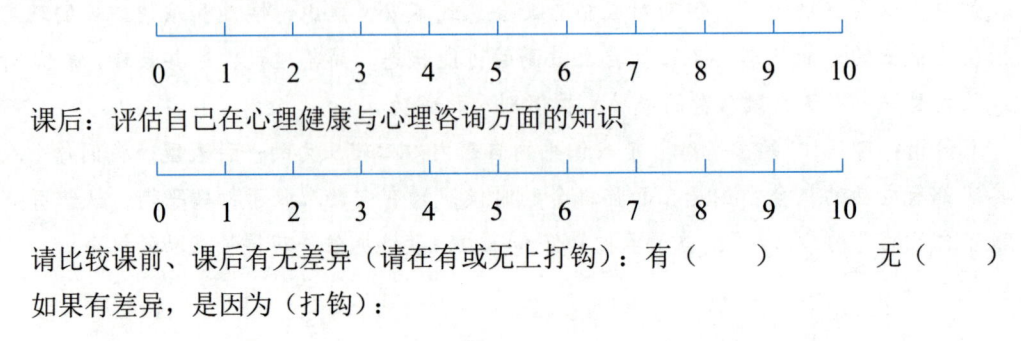

0　1　2　3　4　5　6　7　8　9　10

课后:评估自己在心理健康与心理咨询方面的知识

0　1　2　3　4　5　6　7　8　9　10

请比较课前、课后有无差异(请在有或无上打钩):有(　　)　　无(　　)

如果有差异,是因为(打钩):

1. 认真听讲了　　2. 喜欢课程的形式　　3. 觉得内容很重要　　4. 参与互动了
　　5. 其他 _____
如果无差异的话，请思考原因在哪里（打钩）：
　　1. 开小差了　　2. 太困了　　3. 在玩手机　　4. 在做其他课程的作业
　　5. 内容与我无关不想听
　　6. 其他 _____

二、心理困扰评估

回想一下，入学以来，出现过哪些心理困扰？请按照困扰程度，依次排序列出三条：
　　第一条 _____
　　第二条 _____
　　第三条 _____

三、成长期望

你对自己在心理健康方面的期望是 _____

四、课堂感受

今天这堂课让我感受最深的是 _____
今天这堂课让我最感兴趣的是 _____
今天这堂课让我获得的收获是 _____
我还想说 _____

成 长 反 思

1. 你了解心理咨询吗？请用至少三句进行描述，每句话不超过 50 个字。
2. 如果你遇到了困惑，会选择做心理咨询吗？会选择哪种方式做心理咨询？

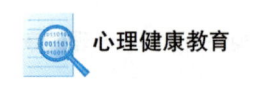

专题1.3　个体心理素质培养

名人名言

既然不能驾驭外界，我就驾驭自己；如果外界不适应我，那么我就去适应它们。

——[法]蒙田

导入案例

乐观向上的张海迪

张海迪5岁时因患脊髓血管瘤导致高位截瘫，所以她从未进过学校。但张海迪在童年时期就开始以顽强的毅力先后自学了小学、中学知识和大学的专业课程。15岁时，随父母到山东聊城莘县一个贫穷的小村子生活锻炼。她没有惧怕艰苦的生活，而是以乐观向上的精神顽强拼搏。在那里，她给村里小学的孩子们教书，并且克服种种困难学习医学知识，热心为乡亲们针灸治病。在莘县生活期间，她无偿地为群众治病，受到群众的热情赞誉。

分析： 张海迪面对逆境没有自暴自弃，而是以坚韧、乐观的心态克服了种种困难，努力实现自身价值，展现了良好的个体心理素质。

一、个体心理素质的内涵

个体心理素质，是指个体在遗传和环境的共同作用下，形成的内在的、相对稳定的心理品质。这些心理品质影响或决定着个体的心理、生理和社会功能，其结构由认知品质、个性品质和适应能力三个基本维度构成。认知品质主要强调智力因素；个性品质侧重于动机、情绪情感、意志、自我认识等非智力因素方面；适应能力则重点在于自我发展和社会交往的适应性，也属于非智力因素。

《教育部关于加强普通高等学校大学生心理健康教育工作的意见》指出："高等学校培养的学生不仅要有良好的思想道德素质、文化素质、专业素质和身体素质，而且要有良好的心理素质。"党的二十大报告中明确提出要"重视心理健康和精神卫生"，2023年教育部等十七部门联合印发《全面加强和改进新时代学生心理健康工作专项行动计划（2023—2025年）》，指导实施学生心理健康促进专项行动，促进学生健康成长。

概括地说，心理素质就是指在心理健康保持和提升的要求下，个体在认知、情感、行为意向等方面需要学习、了解掌握的知识技能和相关的心理准备。

从心理健康角度看，心理素质可分为适应性指标和发展性指标。适应性指标重点是看能否更好地适应社会，一切不适应的心理行为都属于心理不健康范畴，如学生中存在的嫉妒、任性、自卑、孤僻、逆反、焦虑、神经衰弱、社交困难，乃至自杀、犯罪等心理行为问题。发展性指标则强调智力因素和非智力因素（即人格因素）的培养发展；智力因素包括感知觉能力（特别是观察辨别能力）、记忆能力、想象能力、思维能力、问题解决能力、言语能力和操作技能，其中思维能力和问题解决能力是核心；非智力因素是指智力活动以外又能对智力活动产生助益的一切心理因素，其中良好的非智力因素主要包括健康稳定的情绪情感、刚毅坚韧的意志、积极主动的兴趣、稳定持久的动机、崇高的理想、良好的习惯等。

二、培养积极健康的个体心理素质

个体心理素质是一个多层次、多维度的概念。从其功能角度，对于个体来说心理素质存在正性（积极的或健康的）和负性（消极的或不健康的）两种功能。就心理健康角度而言，应重点培养积极、健康的心理素质，减少或消除那些消极、不健康的心理素质。

在这些心理素质中，既包括指向自我的心理品质，如自我知觉、自我体验、自我评价、自我调节和自我效能感，也包括指向其他人或物的心理品质，如个人的认知风格、情绪体验、情绪调节、应对风格、个性、动机、价值观等。

培养积极健康的心理素质，重点可从以下几方面着手。

（一）自我认识与控制

自我认识与控制是指个人对自己的认识、对自己情绪的体验和调节，以及控制自己行动的相关知觉和信念。简言之，包括自我知觉、自我评价、自我体验、自我调节。其中，有关自我效能感和自尊的培养极为重要，可从专注认真地完成日常点滴小事中，逐渐积累成就体验和价值感。

（二）心理活动的动力系统

心理活动的动力系统是指个人心理活动的动力源泉，包括心理活动最基本的动力源泉——需要，以及在社会生活中形成的人生观、价值观及生活目标等。对于高职生来讲，其心理活动的动力系统是要好好考虑未来的职业取向、生活目标，以及未来希望成为什么样的人。

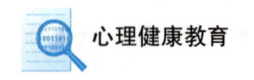

（三）性格

性格指的是人对现实的稳定态度和与之相适应的习惯化的行为方式。其主要反映人格中较为稳定的对事物的认识，有关事物变化发展的乐观与悲观态度，敢于负责、敢于行事、独立行事、能够克服困难并自我约束的意志品质，以及在挫折情境下的挫折容忍力。

（四）认知风格

认知风格是指个体在认知过程中经常采用的习惯化方式。具体而言，就是在感知、记忆、思维和问题解决过程中个体所偏爱的、习惯化的态度和方式，包括认知方式和归因方式两个方面。认知方式可分为沉思—冲动、发散—整合、语言—图像、复杂—简单、具体—抽象、冒险—谨慎等方面；归因方式有内归因与外归因、稳定归因与不稳定归因等。

（五）情绪调节能力

我们在日常生活中会产生各种各样的情绪，包括积极情绪和消极情绪。积极情绪对人的活动具有正向作用，对人的适应能力具有积极作用，对人的发展具有推动作用；消极情绪往往会对心境产生负面影响，但如恐惧、愤怒这样的消极情绪，其实也是来自生物进化中为躲避威胁而产生的本能反应，也有其本来的适应的积极意义。总体而言，如果我们能够提高情绪调节和控制能力，使积极情绪在个人的情绪生活中占主导地位，减少消极情绪对个人心境和行为的负面影响，就能够更好地提升自己的幸福感。

（六）应对风格

应对风格是指一个人身上较稳定的、独特的应对外部环境和应激事件的策略和方式方法。应对风格既是一个人以往应对经验的积累，也是应对策略和方式的学习。进入高职院校之后，学生会面临更复杂的学习和工作环境，以及人际关系，学习应对各种压力情境的方式方法，形成自己的有效应对方式和应对风格，值得每一位学生重视。

（七）人际交往素质

人际交往素质是指个人能与周围人和群体进行交往、沟通，建立良好人际关系，维持、改善人际环境的能力和品质。其包括人际知觉、人际沟通、同理心、人际过程中的自我情绪调控能力等。

良好的心理素质有助于产生良好的适应状态，这也是心理健康者的特征之一。在现代社会，适应还意味着能够随社会进步和生活节奏的改变，不断改变自己、改变环境、改变自身的需要以适应不断变化着的现实，从中体现出我们的适应能力、自控能力和社会交往能力。

三、个体心理素质与品格优势

（一）个体心理素质中的人格因素

人格又称个性，是指个体在对人、对事、对己等方面的在长期社会适应中所形成的相对稳定的行为上的内部倾向性和心理特征。人格表现为能力、气质、性格、需要、动机、兴趣、理想、价值观等方面的整合，是具有动力一致性、连续性的自我状态和行为模式，具有个体独特性和相对稳定性。

整体性、稳定性、独特性和社会性是人格的基本特征。不同人的遗传、生存及教育环境，形成了不同个体各自独特的心理特点和人格。所谓"人心不同，各如其面"。同时，人格又具有相对稳定性，俗话说："江山易改，秉性难移"，这里的"秉性"就是指人格。高职生时期仍然处在人格发展形成的重要阶段。

人格心理学家常常按照人格的差异，将人们分成不同的类型。许多人喜欢在日常生活中使用人格类型，因为这有助于我们将理解他人这种复杂的过程简单化。

早期的类型理论之一是由公元前5世纪的一位希腊医生希波克拉底提出来的。他认为人体含有四种基本的体液，每种体液与一个特定的气质类型（一种情绪和行为的模式）相对应。多血质的特点是快乐、好动；黏液质的特点是缺乏感情、行动迟缓；抑郁质的人悲伤、多愁善感；胆汁质则易激怒、易兴奋。虽然这个理论没有经受住现代社会的考验，但它的确流行了几个世纪，影响一直延续到中世纪。

再后来，不同的心理学家纷纷提出不同的人格分类依据，在近代尤以人格特质理论为主要代表。人格特质理论强调人格可以因其不同的方面分解为不同的特质维度，每一个人在这些特质维度上可能又有不同的表现水平。例如，英国心理学家艾森克夫妇在20世纪70~90年代根据人格测验的数据得到三个范围很广的人格特质维度，包括外倾性（内向或外向）、神经质（情绪稳定性）、精神质（善良体贴的或是有攻击性的）。美国心理学家雷蒙德·卡特尔则在前人有关人格描述的4500个形容词表的基础上，从中选定171项行为特征，让大学生应用这些特征对同学进行行为评定，通过因素分析后最终概括得到16种人格特质（又称为"16PF"）。由此，卡特尔提出了人类人格的16个因素，认为这是可用于区分人格类型的数量适宜的、基本的特质维度。在人事管理中，16PF可用于预测应聘者的工作稳定性、工作效率和压力承受能力等，曾广泛应用于心理咨询、人员选拔和职业指导的各环节，为人事决策和人事诊断提供了个人心理素质的参考依据。除了艾森克和卡特尔，还有许多心理学家也提出了各自的人格类型理论，在此就不一一列举了。

（二）品格优势与美德

随着积极心理学运动的兴起，许多心理学家开始关注可以提升人类幸福感的那些积极的人格品质。以美国的克里斯托弗·彼得森（1950—2012 年）为首的一批杰出心理学家在研究了全世界横跨 3000 年历史的各种不同文化后，归纳出了六个放之四海而皆准的美德，以及从属于六大美德的 24 项品格优势。这些品格优势可为我们提升心理素质做很好的参照。这 24 项品格优势的提出，是为了帮助人们更好地认识和发展自身的积极品质，克服自身不足、消除不良的心理行为因素，着重培养和发展自己的优势力量，并促使人们更好地走向成熟、发挥潜能、自我实现。

在克里斯托弗·彼得森等人的研究发现中，六大美德指的是智慧、勇气、仁爱、正义、节制和精神卓越。对应六大美德的 24 项品格优势则分别是：

（1）智慧——好奇心、好学、洞察力、思维力、创造力。

（2）勇气——正直、坚韧、勇敢、活力。

（3）仁爱——爱、善良、人际智力。

（4）正义——公平、领导力、公民精神。

（5）节制——自我规范、审慎、谦逊、宽恕。

（6）精神卓越——感恩、幽默、灵性、欣赏、希望。

积极心理学认为，每个人内在都拥有这 24 项品格优势，只是不同个体在各项品格上表现不同。美国心理学家马丁·塞利格曼在其著作《真实的幸福》中指出，积极心理学所探讨的优势必须是可以后天培养的。任何人，只要愿意付出努力，采取正确方法，就可以提升自己的优势。心理学家在提出这个体系的基础上，发展了相应的品格优势测量问卷，来帮助人们评估自己的品格优势水平，更好地认识和发掘自身的优势，发挥潜能、实现价值。同时，他们也提出了多种方法，帮助人们训练和提升自己的品格优势，如通过写感谢信、每日记录"三件好事"来训练自己的感恩意识和心态，提升个体的幸福感。

研究发现：品格优势与高职生一些常见的心理问题如抑郁、高职生犯罪、药物滥用等呈负相关（指品格优势多则问题行为更少）；品格优势与学业成功、亲社会行为、美好生活等积极发展结果呈正相关。因此，可以考虑由这 24 项积极品质入手，来认识自己和发展自己，提升我们的心理素质。

经典分享

"老干妈"的"朴素管理法"

在中国，相信没有多少人不知道"老干妈"。这家公司直接和间接带动了 800 万农民致富。"老干妈"真名陶华碧，出生在贵州省湄潭县一个偏僻的山村，由于家里贫穷，从小到大没读过一天书。

陶华碧坚持现款现货，"我从不欠别人一分钱，别人也不能欠我一分钱。""老干妈"没有库存，也没有应收账款和应付账款，只有高达十数亿元的现金流。

1998年，在儿子帮助下，陶华碧才制定了"老干妈"的所谓规章制度。这些制度其实非常简单，只有一些诸如"不能偷懒"之类的句子，更像是长辈的教诲而非员工必须执行的制度。就是靠这样一套简单的制度，"老干妈"多年来始终保持稳定，公司内部从来没有出过什么问题。

在陶华碧的公司，没有人叫她董事长，全都喊她"老干妈"。公司2000多名员工，她能叫出60%的人名，并记住了其中许多人的生日，每个员工结婚她都要亲自当证婚人。

除此之外，陶华碧还一直坚持她的一些"土原则"：隔三岔五地跑到员工家串门；每个员工的生日到了，都能收到她送的礼物和一碗长寿面加两个荷包蛋；有员工出差，她像送儿女远行一样亲手为他们煮上几个鸡蛋，一直送到他们出厂坐上车后才转身回去。

分析："老干妈"的成功，本质上是人格品质的成功。生活中很多已经被人淡忘的、最朴素的个人心理素质，如敬业、执着、诚信、友善，反而是成功的核心素养，这些素养才是工作、创业成功的基石。

心理训练

自我肯定练习

一、训练目的

旨在肯定自己、鼓励自己，并学会用温和的方式表达拒绝。

二、训练时间

40分钟。

三、训练内容

1. 教师在白色屏幕上打出了一个黑色的圆点，并问学生："你们看见了什么？"

如果学生回答说："一个黑点。"那只能说明其看到了极小的一部分，屏幕中最大的部分是空白。只见小，不见大，就会束缚我们的思考力。

2. 请对照以下条目，在自己能够做到的项目后面画"√"，看看学生对自己的关爱是否足够。学生做完之后，可以与周围的人互相讨论。

（1）停止对自己的批评。

（2）不要自己吓自己。

（3）保持温柔、善良和忍耐。

（4）好好对待自己。

（5）悦纳自己、称赞自己、支持自己。

（6）保重身体。

（7）注重自己的感受。

（8）现在就做。

3. 自信训练，主要包括坚持自己的立场和学会表达自己的感觉，目的是去掉深植心中的悲观念头，重建新的观点。

（1）闭上眼睛，从小声到大声地反复背诵一句话："无论你怎样待我或说什么，我仍然是个有价值的人。"

（2）提高练习效果的方法：两人一组，其中一个人先说一句指责、挑剔的话，另一个人听完别人的批评与指责，延缓数秒钟，平复自己的恼怒心情，然后用平和沉稳的语气说："无论你怎样待我或说什么，我仍然是个有价值的人。"

（3）几分钟后，角色互换，进行同样的操练，相互强化。

成 长 反 思

1. 如何正确认识每个人都存在心理问题这一观点？

2. 怎么看待和预防自己日常出现的心理问题？

3. 你存在什么样的心理问题呢？若存在，应该怎样克服？

综合训练和拓展学习一

一、心理测试

我是不是真实的自己

1. 测试目的

通过真实性量表，评估自己在日常学习生活中是否可以真实地做自己。

2. 测试时间

20 分钟。

3. 测试内容

下列描述没有对错之分。请根据自己的实际感受，选出最能描述你自己的选项（1. 很不符合；2. 基本不符；3. 有点不符；4. 介于符合 / 不符合之间；5. 有点符合；6. 基本符合；7. 很符合）。

（1）我认为做自己要比受欢迎好。

（2）我不知道自己内心真正的想法。

（3）他人意见能强烈地影响到我。

（4）我经常做别人让我做的事。

（5）我总是感到需要做其他人期望我做的事。

（6）其他人对我的影响极大。

（7）我感到好像不是很了解自己。

（8）我总是坚持自己的信念。

（9）大多数情况下，我是真实的自己。

（10）我感觉无法触及真实的自我。

（11）我依照自己的价值观和信念行事。

（12）我感到与自我疏离。

4. 评分标准

每题对应 1～7 分。12 道题分别属于以下三个维度，根据各维度下相应题目的得分计算平均分，得到每个维度的得分。

5. 结果解释

（1）真实的生活（分数越高真实性越高）：包含 1、8、9、11 题。低于 3.8 分，较低水平；3.8～6.1 分，平均水平；6.2 分以上，较高水平。

接受外部影响（分数越高真实性越低）：包含3~6题。低于2.8分，程度较低；2.8~5.4分，平均水平；5.5分以上，程度较高。

自我疏离（分数越高真实性越低）：包含2、7、10、12题。低于2.2分，程度较低；2.2~5.2分，平均水平；5.3分以上，程度较高。

（2）如果"真实的生活"分值高于6.2分（含）、"接受外部影响"低于2.8分、"自我疏离"低于2.2分，表明自我真实程度很高；如果上述三方面有两个方面符合，表示自我真实程度较高。

如果"真实的生活"分值低于3.8分、"接受外部影响"高于5.5分（含）、"自我疏离"高于5.3分（含），表明自我真实程度很低；如果上述三方面中有两个方面符合，表示自我真实程度较低。

其他分值情况，意味着中间状态，即真实性处于一般平均水平。

二、拓展学习

维克多·弗兰克尔

维克多·弗兰克尔（Viktor Emil Frankl，1905—1997年）出生于维也纳的犹太人家庭。1930年获得维也纳大学医学博士学位，1937年开办精神病和神经症诊所。1942年，弗兰克尔和妻子、父母、兄弟被逮捕，并被送到"纳粹"集中营。他的父亲在集中营中死于饥饿，妻子、母亲和弟弟被杀害。只有他和早年移民澳大利亚的姐姐幸存下来了。

面对失去众多亲人的伤痛，弗兰克尔努力调节自己的情绪。在奥斯维辛集中营期间，还常为难友做集体心理咨询，鼓励他们苦中作乐，教他们运用积极想象法，鼓励他们面向未来等。"二战"结束后，弗兰克系统地阐述了他在集中营中观察、思考而建立起的"意义治疗说"。在他看来，人有寻找意义的需要，人不单单是生物、遗传和环境的产物，对意义的需要是人最基本的动机之一。

人无论在多么恶劣的环境中，即使在像集中营那样极端悲剧性的环境中，人都能为自己的存在寻找出意义。而人一旦找到了生存的意义，就能够健康地生活。弗兰克尔的"意义治疗说"和他的健康人格观揭示了人有对意义的需要，而且以他个人极为独特的经历证实了人是由自我决定的，人不仅仅是活着而已，人总是要思考他的存在到底应成为什么，而且人在任何时候都有改变和选择的自由。

从弗兰克尔的经历和由他创造的理论中可感悟到很多有意义的东西，但同时也应该看到，弗兰克尔的理论存在着一定的片面性。在生命的进程中我们不仅可以发现意义而且可以创造意义，只有这样，我们的生活才会更丰满充实而且充满意义。

模块二　尊重敬畏生命

模块导读

每个人的生命都只有一次，在无限的时空中，再也不会有同样的机会，一旦失去了生命，没有人能够活第二次。因此，对于每个人来说，生命都是弥足珍贵的。

正因为生命的不可重复，我们每个人就更应该去思考，如何让自己仅有一次的生命更有意义和价值。基于此，我们深入研究了生命教育，以生命为核心，以教育为手段，倡导认识生命、珍惜生命、尊重生命、爱护生命、享受生命、超越生命。通过生命教育引导高职生以积极的心态去面对生命中的痛苦与失落，正确认识死亡，培养理性健康的死亡态度，正确认识生命的意义与价值，唤醒生命意识，开发生命潜能，提升生命质量。

本模块我们将一起去探索生命与生命教育，了解生命教育的目标与途径，以及如何识别心理危机。

模块目标

序号	目标维度	具体内容
1	知识目标	（1）了解生命教育的内涵与原则； （2）了解生命教育的目标； （3）了解开展生命教育的途径； （4）了解心理危机行为及其预防
2	能力目标	（1）感受到生命的意义与价值； （2）掌握心理危机行为的防治措施
3	情感和态度价值观目标	树立正向的生命意义观，能感受到生命的价值感和幸福感，对生活充满期待

专题 2.1　生命与生命教育

名人名言

生活中最美的部分，不是听来的，不是读来的，不是看来的。如果你愿意，它是过出来的。

——［丹麦］索伦·克尔凯郭尔

导入案例

迷茫的小李

小李是某职业技术学院的一名大一学生。这天，他来到心理咨询室，对心理咨询师说："高中时忙得井井有条，可到了大学，看起来也忙，但忙得乱七八糟"，"以前我们只有一条路，每天都有明确的目标和具体的任务，每天就只需要奔着目标前进，日子过得忙碌又充实。可现在，我却非常迷茫……"，"时光匆匆，感觉进入大学后好像并没有学到什么东西，也没有一些切实的进步，感觉生活好没有意义，有时候觉得还不如死了好"。像小李这样的学生，在大学里并不少见，他们真的不知道自己每天的忙碌是为了什么，总是涌起生命的无意义感，想不如死了算了，但又怕死，有时候觉得死亡挺好的，可以逃避活着时的无意义感，因此纠结、低落、难受，甚至抑郁。

分析： 小李的这种感受，其实是当代大学生的一个共性，社会的急剧变化带来的不可控感不断挑战着每个人的感知体验极限，生命的颓废、疲困问题日益凸显，在心理和行为上逐渐表现为"无聊""躺平"和"自戕"。存在主义心理学家罗洛·梅（Rollo May）认为，当旧的价值观是空洞的，传统习俗再也行不通时，个体就会感到难以在世界上发现自己。这种状态不一定是疾病，而是一种内心空虚的焦虑，个体也不是真正想死，而是想逃避。

一、生命教育的内涵

生命，一个神圣而又严肃的话题。生命是什么？似乎每个人的心里都有答案但无法具象地说出来。有人曾这样诗化地阐述生命："生命如诗，是一首浪漫的抒情诗；生命如梦，是一个婉美或晦涩的梦；生命如歌，是一首欢快的歌曲；生命如茶，是一杯充满韵味的苦茶。"但生命又是真实存在的，人的生命只有一次。因此，肩负祖国未来建设重任的高职生的生命意识亟待加强，高职生的生命教育刻不容缓。

（一）生命的含义

《说文解字》对"生"的解释是："生，进也。象草木出土上。凡生之属皆从生。"后引申为生命的孕育。"命，使也。从口令。令者，发号也，君事也，非君而口使之，是亦令也。故曰：命者，天之令也。"《现代汉语词典》将"生命"解释为"生物体所具有的活动能力"，生命是有限的，但生命的精神却是无限的，个体的一生是生死相依的。生命究竟是什么，不同的人有不同的看法。

（二）生命教育的内涵

生命教育是指在生命活动中进行教育，是通过生命活动进行教育，是为了生命而进行教育。从事生命教育的研究者认为生命教育是以生命为核心，以教育手段，倡导认识生命、珍惜生命、尊重生命、爱护生命、享受生命、超越生命的一种提升生命质量、获得生命价值的教育活动。让高职生认识生命和珍惜生命成为生命教育的重中之重。

生命教育既是一切教育的前提，还是教育的最高追求。因此，生命教育应成为指向人的终极关怀这一重要教育理念，是在充分考察人的生命本质基础上提出来的，是一种全面关照生命多层次的人本教育。生命教育不仅教会高职生珍爱生命，更要启发高职生完整理解生命的意义，积极创造生命的价值；生命教育不仅要告诉高职生关注自身生命，更要引导高职生关注、尊重、热爱他人的生命；生命教育不仅是惠泽人类的教育，还应该让高职生明白人类和其他物种应和谐地生活在同一片蓝天下；生命教育不仅关心今日生命之享用，还应该关怀明日生命之发展。大学生的生命教育应将焦点集中于生命的实践价值和生命的本体价值两方面，通过生命教育引导大学生以积极的心态去面对生命中的痛苦与失落，正确地认识死亡，培养理性健康的死亡态度，正确地认识生命的意义与价值，唤醒生命意识，开发生命潜能，提升生命质量，这也是生命教育的最终目的。

二、生命教育的原则

（一）螺旋式推进的原则

在生命教育内容的设置上，要根据高职生身心发展规律和接受程度，从最基础的内容着手，逐步加深教育内容。例如，在校学生的生命教育主要包括快乐与幸福教育；而青壮年的生命教育则包括成功与事业教育（老年人的生命教育则包括休闲、养生、保健教育）。要根据城市和农村的不同特点，按地域规划，分层推进，逐步推广。

（二）知行统一的原则

生命教育既要对高职生进行科学知识的传授，让高职生理解生命教育的内涵，又要引导高职生贴近生活、体验生活，在生活实践中将知、情、意、行融为一体，使高职生丰富人生经历，获得生命体验，拥有健康生命。

（三）互动结合的原则

高职生既要通过学校的教育，又要通过家庭、社区、医院等机构、团体的帮助使生命教育内化为自觉的行动。学校不仅要倡导开展学生之间、师生之间、亲子之间的互动，还要引导高职生注重自救、自律和自我教育，增强在困境中的应对技能和求助意识。

（四）与高职生身心发展一致的原则

在学校开展生命教育，要依据高职生身心发展的基本规律，选择贴近高职生生活和实际，与他们成长、发展、学习、交往密切联系的内容，进行科学组织与编排，既要有利于他们学习接受，又要方便学校教育教学工作的开展。

（五）学校、家庭、社会相结合原则

生命教育既要发挥学校教育的积极引导作用，又要积极开发、利用家庭和社会的教育资源。学校落实生命教育的同时，还要通过家庭互动、社区活动等，培养高职生健康的生活习惯、与自然和谐相处的技能以及积极的生活态度，形成生命教育的合力。

经典分享

生命的价值

有一个在孤儿院长大的小男孩，常常悲观地问院长："像我这样没人要的孩子，活着究竟有什么意思呢？"院长总是笑而不答。

有一天，院长交给小男孩一块石头，说："明天早上，你拿这块石头到市场上去卖，但不是'真卖'，记住，无论别人出多少钱，绝对不能卖。"

第二天，小男孩拿着石头蹲在市场的角落，意外地发现有不少人对他的石头感兴趣，而且价钱越出越高。回到院内，小男孩兴奋地向院长报告，院长笑笑，要他明天拿到黄金市场去卖。在黄金市场上，有人出比昨天高10倍的价钱来买这块石头。

最后，院长叫小男孩把石头拿到宝石市场上去展示。结果，石头的身价又涨了10倍，加之小男孩不愿意卖，竟被传扬为稀世珍宝。

小男孩兴冲冲地捧着石头回到孤儿院，把这一切告诉了院长，并问为什么会这样。

院长没有笑，望着小男孩慢慢说道："生命的价值就像这块石头一样，在不同的环境下就会有不同的意义。一块不起眼的石头，由于你的珍惜、惜售而提升了它的价值，竟被传为稀世珍宝。你不就像这块石头一样？只要自己看重自己，自我珍惜，生命就有意义，有价值。"

分析：生命的价值首先取决于你自己的态度。"每个人应当从小就看重自己，在别人肯定你之前，你先得肯定你自己。"

心理训练

音乐与生命

一、训练目的

聆听以下这首歌，感悟生命的意义。

生命的意义
词/曲：曹秦

黑夜来临是否感到孤单，独自一人是否你会彷徨，
这世界有多少这样的你我，就让我们彼此关爱。
爱你的家人，爱你的朋友，用心去爱你的爱人，
爱这个世界所有人们，这就是生命的意义。
没有人愿做离群之雁，谁又愿靠向无人港湾，
当这个世界越来越冷漠，就让我们相互关怀。
……

二、训练时间

20分钟。

三、训练道具

瑜伽垫、眼罩、歌曲音频及播放器。

四、训练场地

室内或室外，要求安静、无干扰。

五、训练流程

1. 两人一组，面对面盘腿坐在瑜伽垫上，戴上眼罩，然后调整呼吸，依次放松头部、颈部、双肩、手臂、腹部、腿部等全身部位。

2. 播放音乐，每个人都随着音乐进入冥想状态，眼前浮现出一幅幅画面……

3. 音乐结束，大家慢慢睁开眼睛，交流自己的感受。

成长反思

1. 对于我们而言，生命是什么？
2. 我们应该怎样过好自己的人生？

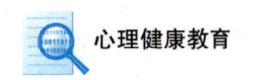

专题 2.2　生命教育的目标与途径

名人名言

生命不可能有两次，但许多人连一次也不善于度过。

——［法］吕凯特

导入案例

夏洛的网（节选）

夏洛停了下来。过了一会儿，威尔伯的眼睛里涌出了泪水。"噢，夏洛，"它说，"想到第一次见到你，我还以为你很残酷，而且嗜血！"

等它从情感激动中恢复过来，它又说了。

"你为什么为我做这一切呢？"它问道，"我不配。我没有为你做过任何事情。"

"你一直是我的朋友，"夏洛回答说，"这件事本身就是一件了不起的事。我为你结网，因为我喜欢你。再说，生命到底是什么啊？我们出生，我们活上一阵子，我们死去。一只蜘蛛，一生忙着捕捉和吃苍蝇是毫无意义的，通过帮助你，也许可以提升一点我生命的价值。谁都知道，活着该做一点有意义的事。"

"唉，"威尔伯说，"我不会说话。我也不能像你一样说得那么好。不过你救了我，夏洛，我很高兴为你献出生命——我真心愿意。"

"我断定你会的。我感谢你这种慷慨之心。"

分析： 小猪威尔伯信奉生命是平等的，付出才有回报。蜘蛛夏洛却认为生命的意义在于付出、奉献了什么，要去找点有价值、有意义的事去做。回到人类自身，对他人多一点关照、对朋友多尽一份力，做点力所能及的事情，生命也许会更具有意义。

一、高职院校生命教育的目标

针对高职生的生命教育，需要解决的不仅是遏制自杀、伤人等这样的问题，还要通过接受生命教育让当代青年学生拥有正确的、健康的生命观、社会责任感和自我价值感，并激发出高职生对于自身和他人生命的全部热爱。生命教育的最终目标就在于让学生知道生命的意义、价值，让学生能够从根本上了解生命的精神内涵，追求美好的人生。具体来说，高职院校生命教育的目标有以下六个方面的内容。

（一）认识生命

我们每个人都是一个独立的个体，是不能被再造和复制的。每个人在生命之初，都必将经历母亲与自身共同的挣扎和努力才能顺利来到人世，正是生命中最初的痛苦才体现了生命的珍贵和伟大。认识生命，要求高职生理解生命不仅是自然属性躯体形式的存在，还要认识到生命是一种情感的维系，是一种理想价值成就的载体。

（二）珍爱生命

中国心理卫生协会危机干预专业委员会研究数据表明，自杀在我国已成为位列第五的死亡原因，而高职生群体在自杀群体中位列第一。生命的唯一性告诉我们，珍爱自己的生命，不轻言放弃是对自己、家庭和社会的一种不可推卸的责任。

（三）感恩生命

认识生命是为了更好地珍爱生命，而珍爱生命是为了感恩生命、升华生命的价值。感恩生命不仅是要感恩生养自己的父母，还要感恩在成长道路上帮助和教导自己的老师、朋友。当我们感恩他人时，无形中就会增加我们的生命重量，感受到生命的美好。同时，当我们生命中充满感恩，也能够更好地用自己的生命观影响身边的人。

（四）尊重生命

尊重生命意味着我们需要学会平等地去看待自己与他人的生命权利，在了解了生命的唯一性，获知了生命的珍贵之后，高职生更要学会尊重生命。尊重生命不仅要求我们尊重自己的生命，还要求我们尊重他人的生命，特别是在与他人有了矛盾和冲突之后，更需要我们从尊重生命的角度去理性处理。尊重生命还意味着需要我们理性看待生命中的好与坏、得与失，允许生命中出现一些瑕疵和失望。

（五）抵御问题的能力

对生命力最大的威胁来自现实的生活境遇，有时我们无法拒绝生活压力事件的发生，无法决定自己境遇的好坏，所以高职生需要通过生命教育的学习，培养出抵御现实问题的能力。这种能力可以从自我的正向感知中获得，也可以通过寻找有效资源来获得。现在有个很流行的说法叫每天一点"小确幸"，其实每天持续积累生命中的"小确幸"，那么我们就可以从中获取正向能量，久而久之它就会变成一种抵御问题的能力了。

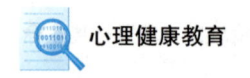

（六）幸福生活的能力

所谓生命教育绝不只是为了杜绝自杀，更重要的是让学生意识到生命存在的意义和价值，回归于个体身上，能够幸福生活的能力是建立在对自己生命的全然接纳和了解的基础之上，这与自我认知密切相关。通过自我接纳和全然接纳，高职生可以更好地应对生活的挑战，提高幸福生活的能力。

二、高职生学习生命教育的途径

生命教育是一种终身学习，贯穿人的一生。生命教育必须由学校、家庭、社会等多方合力共同推动开展，而学生作为学习的主体，我们可以从哪些方面感悟生命、珍爱生命呢？结合当代青年的成长环境，可从以下几个方面进行学习。

（一）在课程中学习生命教育的内容

职业院校生命教育课程内容的讲授有两种方式：其一，在高校思想政治教育的"思想品德修养"课中增设有关生命教育的内容，通过学习，学生可以正确认识生命的起源，体验迎接新生命的喜悦，意识到随意处置生命是轻视生命、没有任何尊严的行为，从中学会珍爱一切生命；其二，将生命教育内容融入心理健康教育课程中，引导学生立足于认知、情感、意志等各个方面构成的综合性视角，提高生命质量、实现全面发展。

（二）在实践活动中树立正确的生命态度和生命意识

通过形式多样的社团课外活动，高职生可在实践中掌握生命知识，培养对社会及他人的关心，形成正确的生命态度和生命意识。在实践活动中，通过实地参观去感受生命。例如，到动植物园等地参观，可以真正领略到生命之奇、动物之趣和自然之美，培养学生的博爱情感；到德育教育基地参观，可以学会欣赏生命，懂得生命的价值和意义；到法院、监狱参观，可以树立法律意识，学会尊重生命。高职生还可以自发组织"青年志愿者"协会，利用节假日从事一些公益活动，如走访孤儿院或敬老院，用爱心去关爱别人，真诚地帮助困难弱势群体，在社会公众的赞扬声中，体验和感悟生命的快乐。

（三）在挫折教育、逆境教育中体验生命的坚韧

不少学生生活在家长提供的优越环境中，"两耳不闻窗外事，一心只读圣贤书"。经济上的宽裕、生活上的无忧使学生成为"温室娇花"，一旦遇到挫折，便无法理智地应对。因此，高职生需要提高应对挫折和苦难的能力，磨炼其生命意志。首先要对"失败"有一个科学的认识，建立面对"失败"的正确观念。一方面要正确认识挫折的不可避免性，认识到"失败"是每个人走向成熟的必需品，以积极的态度去面对；另一方面，要针对实际情况，提高自身的挫折承受能力，增强挫折容忍能力和心理调控能力。

经典分享

人生的境界

中国哲学大师冯友兰认为人生有四种境界，分别为自然境界、功利境界、道德境界和天地境界。

一个人做事，可能只是顺着他的本能或社会的风俗习惯进行的。就像小孩和原始人那样，他做他所做的事，并无觉解，或不甚觉解。这样，他所做的事对于他就没有意义，或很少有意义。这种人生境界就是自然境界。

一个人可能意识到他自己，为自己做各种事，这并不意味着他必然是不道德的人。他可以做些事，其后果有利于他人，其动机则是利己的，所以他所做的各种事对他有功利的意义。这种人生境界就是功利境界。

还有的人，可能了解到社会的存在，明白他是社会的一员。这个社会是一个整体，他是这个整体的一部分。有这种觉解，他就为社会做各种事；或如儒家所说，他做事是为了"正其义不谋其利"。他是真正有道德的人，他所做的都是符合严格的道德意义的道德行为，所做的各种事都有道德的意义。这种人生境界就是道德境界。

最后，一个人可能了解到超乎社会整体之上，还有一个更大的整体，即宇宙。他不仅是社会的一员，同时还是宇宙的一员。他是社会组织的公民，同时还是孟子所说的"天民"。有了这种觉解，他就为宇宙的利益做各种事。他了解他所做的事的意义，知道他正在做他所做的事。这种觉解使他达到了最高的人生境界，即天地境界。

心理训练

画一画：感知生命中的重要节点

一、活动目的
回顾并展望生命历程的重要节点，从而认识、思考生命的意义和价值。

二、活动时间
30 分钟。

三、活动道具
白纸、铅笔。

四、活动场地
教室内或其他室内场所。

五、活动流程

1. 教师说明活动内容：生命每人都有一次，也只有一次，该如何度过，需要深思。如果把每个人的生命历程看作一条"生命线"，那么总会有几个最重要的节点。

2. 请每位同学把手中的白纸横向摆好，在纸的最上方写上"×××（你自己的名字）的生命线"。然后，在纸的中部从左向右画一条长长的横线，并给这条线加上一个向右的箭头，使之成为有方向的线；起点是你出生的时间，终点是你自己预测的死亡年龄。

3. 按照自己预测的生命长度，找到目前所在的那个节点，并做出标记。然后，在标记的左边（即代表过去生命历程的部分）把曾经对自己有重大影响的事件写出来（如上学、重要获奖、高考、亲人离开、父母离异等），并将其发生的时间节点标记在横线上，建议不超过5项。

4. 认真思考在今后的历程里，你最想达到的2~3个目标或可能经历的重大事件（如工作、结婚、生子等），写在标记的右边，并将预测其发生的时间节点标记在横线上。

5. 请每位同学自行填写，10分钟后小组内交流。每个人轮流展示和说明自己生命线上每个重要节点对自己的意义和价值，交流生命中最值得珍惜和重视的时间节点。

成 长 反 思

1. 如果你身边的朋友近期有悲观厌世的情绪，你会如何陪他（她）一起应对？
2. 有人说，"生命不在于长度，而在于宽度"，你如何理解这句话呢？

专题 2.3 心理危机的识别与干预

名人名言

生命是无价之宝。

——［法］黑格尔

导入案例

小明，男，某职业技术学院的一名大三学生。高三时因为高考压力太大曾有过自杀行为，被救下后确诊抑郁症，后来到一所职业技术学院就读，大一时情况还比较稳定，进入大三实习期后，工作和就业压力逐渐增加，在春节前夕因为还没有找到满意的工作，再次实施自杀行为。

分析：小明的情况属于压力状态下导致的心理危机，由于曾经有抑郁症病史，所以在压力状态下很容易再次产生轻生的念头，需要得到及时的治疗和帮助。

一、心理危机概述

在心理学领域中，心理危机是指个体处于一种"紧张紧急状态"，自感对困难无力处理，无法对当下的境遇做出反应，也可以理解为个体意识到某一危机或问题超出了自己的处理能力。

心理危机一般是指突然遭受严重灾难、重大生活事件或精神压力，使生活状况发生明显的变化，尤其是出现了现有生活条件和经验难以克服的困难，以致陷入痛苦、不安的状态，常伴有绝望、麻木不仁、焦虑，以及自主神经系统症状和行为障碍。

（一）判断标准

要判断个体是否处于心理危机状态首先要判断个体是否满足以下三个条件：

（1）个体面临着具有重大心理影响的生活事件，如突然遭受严重灾难、重大生活事件或精神压力。

（2）个体出现严重不适感，引起一系列的生理和心理应激反应。

（3）当事人惯常的处事手段无法应对或应对无效。

如果个体达到以上三个标准我们就可以判断个体正在经历着危机。

（二）后果

一般情况下，心理危机带来的后果有以下四种：
（1）不仅顺利度过危机，还学会了处理危机的方法策略，提高了心理健康水平。
（2）度过了危机但留下心理创伤，影响个体今后的社会适应。
（3）未能度过危机导致出现严重心理障碍。
（4）自伤自杀。

二、高职生常见心理危机类型

高职生常见心理危机按不同的标准可以分为不同的种类，根据个体在校主要生活事件，把其划分为适应型心理危机、学习压力型心理危机、境遇型心理危机、经济压力型心理危机、人际关系型心理危机、恋爱情感型心理危机和就业压力型心理危机。

（一）适应型心理危机

适应型心理危机主要是指高职生对大学新的学习、生活、人际关系等环境不适应，从而形成的心理失衡状态。强迫症状、人际关系不良、情绪和意志问题、自信心缺乏是高职生心理健康的主要问题。

（二）学习压力型心理危机

学习成绩是家长、教师、同学、社会、用人单位对学生进行评价的主要依据之一，是高职生非常看重的一项指标。一方面，大学的学习内容信息量大，教学方法有别于中学，这些因素容易造成部分高职生难以把握大学的学习方法，而进入高职院校的时候，同班同学之间的入学成绩都很接近，之后的学习成绩主要取决于个人在校期间的努力程度，因而不少高职生感到学习压力巨大。另一方面，因为就业的要求，高职生除了要完成较重的必修学业，还要参加各种形式的职业资格考试和专业等级考试，这进一步加重了高职生的学业负担。除此之外，高职生对专业的不适应和排斥，也会造成学业上的巨大压力。这些学习上的压力往往会使高职生长期处于身心疲惫的状态，从而引发心理危机。

（三）境遇型心理危机

境遇型心理危机是指受突如其来的、无法预料和难以控制的自然灾害或人为事件的影响，高职生无法承受由此带来的压力，从而产生的心理危机。近年来接连发生的洪水、冰雪灾害、地震、内涝等自然灾害和公共卫生事件，以及高职生个人及家人在灾害中受到的影响和伤害，往往会对高职生的心理健康产生严重的影响，甚至产生心理危机，从而形成继发性伤害事件。而生活中突发的人为事件，如亲友突然死亡、父母感情破裂、家庭经济破产、家人受到刑事处罚、偶像幻灭、自身遭遇身体的侵害或财产的侵占等偶然性遭遇，由于事件随机性强，当事高职生没有心理准备，一经发生，心理上的无助感和挫折感就十分强烈，非常容易使高职生爆发心理危机。

（四）经济压力型心理危机

目前，子女的教育费用，特别是高等教育的费用，已是许多家庭第一位的消费支出。对于收入较低的农村家庭、城市低保户等经济困难的家庭来说，负担一名甚至是多名大学生上学是非常巨大的压力，许多家庭因此背上沉重的债务。近年来，国家出台的相关奖、助、贷政策，一定程度上缓解了这个问题。然而，日益上涨的生活费也是经济困难家庭高职生面对的难题，其中部分高职生可以通过兼职收入缓解一定的压力。而那些既困难又没能找到兼职的高职生，在巨大的经济压力面前容易感到无助和自卑，从而产生巨大的心理压力。除此之外，生活在同一群体中的高职生，具有不同的消费能力和消费习惯，有的学生盲目攀比，给自己造成了不必要的经济压力，更有甚者进而产生嫉妒心理，形成严重的心理负担。还有高职生以高消费来赢得恋人欢心，让自己背上沉重的经济负担。

（五）人际关系型心理危机

当代高职生独生子女多，成长环境比较封闭，在人际交往中常常表现出个性缺陷。许多独生子女从小备受呵护，总是以自我为中心，缺乏与人沟通的能力，缺少交往中必需的宽容、热情、信任和技巧，这一弱点在上大学以后的集体生活中暴露无遗。大学寝室同学间的关系紧张是高职生心理危机爆发的重大隐患。缺乏交往能力还表现在高职生容易出现骄傲、不懂得欣赏他人优点等方面，使高职生在人际交往中缺乏主动性，"心墙"越垒越高。除了与同学的关系紧张，在与教师、家人或其他社会成员的交往中也常常受到挫折。在碰到人际关系挫折后，部分高职生有表现为脆弱、抗挫折能力差的特点，表现出与他们的骄傲不相符合的低自信力。一旦遇到困难，没有勇气面对，更没有能力解决，很容易导致高职生在面对人际关系挫折时无所适从，从而产生心理危机。

（六）恋爱情感型心理危机

高职生处于青年期，生理发育基本成熟，普遍具有欣赏和追求异性的心理。目前，高职生恋爱现象越来越普遍，如果感情和学业处理得当，恋爱会使两人相互督促，共同进步和提高。然而，有的高职生心理发展还不成熟，无法处理好复杂的情感纠葛，一旦出现感情挫折（如遭遇倾慕异性的拒绝，恋爱过程中的分手，不慎的性行为，恋爱与学业、事业发展之间的冲突等），就容易陷入恋爱情感引发的心理危机。

（七）就业压力型心理危机

当前高职生普遍存在对前程的担忧，他们不知道毕业后该干什么、能干什么，感到前途渺茫，担心找不到好的工作，辜负父母的期待，甚至担心失业。高等教育的大众化和社会竞争力的加剧，使他们几乎从一上大学起就在为就业做准备。这种就业压力一直伴随大学生的整个大学生活，已经成为高职生面临的最大的心理应激源，是高职生陷入心理危机的最主要原因。就业压力型心理危机还表现在求职过程中：一方面，用人单位对高职生的知识结构、社会实践、综合素质的要求越来越高；另一方面，高职毕业生就业期望也越来越高，留恋大城市的工作，不愿到艰苦地区，加上就业领域存在个别不正之风，使不同家庭社会背景、地域条件、性别等的高职生受到区别对待。在就业过程中，部分难以就业或与就业预期反差较大的高职生容易产生心理危机。

三、高职生心理危机的表现形式

（一）自杀

历年来，多方数据统计均显示高职院校中学生自杀或自伤的行为频现，并有愈演愈烈的态势。纵观现在的高职生心理现状，有些高职生没有用正确的态度对待生活中的挫折或失败，一旦遇到暂时无法解决的困难，就会选择用自杀或自伤的方式来缓解痛苦、逃避难题。高职生作为一个成年人，更需要理性地思考问题，用更多的责任感来看待生死问题，不让自己一时的冲动行为造成家人和社会长久的悲痛。

（二）伤人

与频现的高职生自杀事件同样让我们担忧的还有近年来越来越多的高职生伤人事件。处于这个年龄段的同学，心理发育并不完全成熟，对很多事情无法理性处理，往往强调个人主观感受和期待，进而做出伤人伤己的举动。

四、高职生心理危机的特点

（一）危机事件的易发性

高职生处于青春期，青春期是生命中很多重要事件初始的阶段，如升学、恋爱、就业、自我实现等发展性事件，这一阶段的高职生呈现出心理与生理成熟度不匹配的特性，简言之就是心理成熟滞后于生理成熟，而高职生的社会发展又无法满足其心理发展的需要，因此一些成长事件易使高职生产生消极思维和极端行为。

（二）危机心理的连续性

高职生心理危机具有连续性，这是由高职生所处的人生发展阶段所决定的。这一时期，高职生相继要经历学业压力、情感问题、职业选择、自我发展等事件，是一个充满了许多困惑与挑战的时期。同时，这些事件的发生又容易相互影响、彼此牵引、互为因果、相互联系，这也使得高职生常感无力应对生命中的困难或是感到困难是无穷无尽的。高职生所要面对的现实事件很多，这些事件又常处于一种变化之中，这也使高职生常感到焦虑与恐慌，常常是一个问题或危机才解决，下一个问题或危机又产生了。

（三）危机后果的严重性

高职生的心理危机一般是伴随着现实事件的刺激而产生的，危机后果并不是一天发生的或是一件事情而引发的，危机心理是一个长期积累的过程。准确地说，高职生危机心理是一个从量变到质变的过程，也正因为这样，一旦高职生认为现实的刺激达到了心理承受的极限，危机心理将直接导致极端的行为后果，这些后果往往是伤人或是伤己的严重事件。

五、心理危机的干预措施

（一）心理危机干预的含义

心理危机干预指对处在心理危机状态下的个人采取明确有效的措施，使之最终战胜危机，重新适应生活。危机干预的主要目标是降低急性、剧烈的心理危机和创伤的风险，稳定和减少危机或创伤情境的直接严重后果，促进个体从危机和创伤事件中恢复或康复。给予帮助的及时性、迅速性是其突出特点，有效的行动是危机干预成功的关键。

（二）心理危机干预的主要技术

（1）支持技术。这类技术的应用旨在尽可能地解决危机，使求助者的情绪状态恢复到危机前水平。由于危机开始阶段求助者的焦虑水平很高，应尽可能使之减轻，可以应用暗示、保证、疏导、环境改变、镇静药物等方法；如果有必要，可考虑短期的住院治疗。

（2）干预技术。又称解决问题技术，帮助处于危机状态的求助者按以下步骤进行思考和行动，常能取得较好效果：①明确存在的问题和困难；②提出各种可供选择的方案；③罗列并澄清各种方案的利弊和可行性；④选择最可取的方案；⑤确定方案实施的具体步骤；⑥执行方案；⑦检查方案的执行结果。

在这个过程中教师、同学及其他帮扶人员的作用在于启发、引导、促进和鼓励，而不是提供现成的公式。主要职能是：①帮助求助者正视危机；②帮助求助者正视可能应对的方法；③帮助求助者获得新的信息或知识；④可能的话在日常生活中给求助者提供帮助；⑤帮助求助者回避一些应激性境遇；⑥避免给予不恰当的保证；⑦敦促求助者接受帮助。

（3）倾听技术。准确和良好的倾听技术是危机干预者必须具备的能力，实际上有时仅仅倾听就可以有效地帮助求助者。有效倾听的重要因素有：①要在开始时就用自己的言语向对方真实地说明自己将要做什么；②要让求助者知道，干预人员能够准确地领会其所描述的事实和情绪体验；③要帮助求助者进一步明确了解自己的情感、内心动机和选择；④要帮助求助者了解危机境遇的影响因素。

（三）心理危机干预的步骤

在面临心理危机时，我们可使用心理学家总结的"六步干预法"进行危机干预。

（1）确定问题。危机干预的第一步是从求助者的立场出发，确定和理解求助者的问题。干预人员使用积极的倾听技术，包括同感、理解、真诚、接纳尊重，以及使用开放式问题；既注意求助者的语言信息，也注意其非语言信息。

（2）保证求助者安全。在危机干预的过程中，干预人员应将保证求助者安全作为首要目标。这里的安全是指干预人员要将求助者对自我和对他人的生理和心理的危险性降到最低。干预人员在检查评估、倾听和制订行动策略过程中，必须高度关注求助者的安全问题。

（3）给予支持和帮助。危机干预强调干预人员要与求助者沟通和交流，通过语言、语调和躯体语言让求助者认识到干预人员是能够给予其关心帮助的人，让求助者相信"这里确实有很关心你的人"。

（4）提出应对的方式。干预人员要帮助求助者探索可以利用的替代解决方法，促使求助者积极地搜索可以获得的环境支持、可资利用的应对方式，启发其思维方式，让求助者知道有哪些人现在或过去关心着自己，有许多可变通的应对方式可供选择。

（5）制订行动计划。干预人员要帮助求助者做出现实的短期计划，包括资源的提供，确定求助者理解的、自愿的行动步骤。计划应该根据求助者自身的应付能力，着重于切实可行和系统地帮助求助者解决问题；计划的制订应该与求助者合作，让其感到这是他自己的计划；制订计划的关键在于让求助者感到没有剥夺他们的权力、独立和自尊。

（6）得到求助者的承诺。干预人员要帮助求助者向自己承诺采取确定的、积极的行动步骤，这些行动步骤必须是求助者自己可以完成的。如果制订计划完成得较好，则比较容易得到承诺。在结束危机干预前，干预人员应该从求助者那里得到诚实、直接和适当的承诺。

除以上六步，还应该启动社会支持系统。社会支持系统主要包括来自父母及其他亲人、老师和同学、朋友和社区志愿者的支持等。这种支持不仅包括心理和情感的支持，也包括一些实质的救助行动。有调查表明，个体从他人那里获得的社会支持具有可靠同盟、价值增进、工具性帮助、陪伴支持、情感支持、亲密感和满意度等调节功能，这些功能对处于危机期的职业院校学生具有重要作用。

六、心理危机的预防机制

高职院校可以围绕五级防护开展心理危机的预防工作。

（一）一级防护

学生自我调节：自觉地认识自己、独立地调节各种心理问题。学校可以有针对性地开展心理健康教育与宣传，提高学生的心理素质。

（二）二级防护

学生的朋辈互助：提高学生间互帮互助的意识和能力，通过互帮互助解决某些问题学生的心理问题。

（三）三级防护

辅导员、班主任、教师的工作：及早发现学生的心理问题，帮助学生解决某些心理问题，及时推荐某些学生去做心理咨询。建立院系心理健康联系人制度，培训心理辅导员，辅导员、班主任、教师应该相互合作，帮助学生解决某些心理问题，协助开展学生心理援助工作。

（四）四级防护

心理咨询中心的工作：负责对高职生提供心理咨询、心理测试、心理训练、心理健康教育等服务。

（五）五级防护

医院治疗与家庭护理工作：医院治疗是对问题学生心理疾病实施门诊药物治疗或住院治疗，家庭护理工作能协助并配合做好当事人的心理问题的防护和心理危机的干预工作，并与校医院及校外医疗机构保持紧密联系。

经典分享

点灯的心

这个故事发生在16世纪荷兰的港口城市阿姆斯特丹。海边的小镇上住着一对夫妻，白天丈夫出去打鱼，妻子在家洗衣做饭看孩子。每天傍晚，妻子都会爬到房顶，挂上一个很大的瓶子，里面燃着红烛，烛光一直闪烁到丈夫平安归来。有一天，狂风大作，海浪滔天，夜色降临，仍不见丈夫回来，妻子忐忑难安。忽然，当啷一声，大瓶子被风吹落，掉在地上，滚了好远。妻子跑了出来，外面已经漆黑一团，她怕极了，但还不至于慌乱。她坚信丈夫会安全回家，像往常一样，给孩子们轻轻地讲故事，直到他们睡着。为了给丈夫照明，为了丈夫的平安回来，为了用自己的爱唤起丈夫求生的勇气和信心，她再次爬上了屋顶，点燃了红烛，右手高高举起，左手夹住灯罩，围在烛光四周。风太大了，吹乱了她的头发，吹红了她的眼睛，吹得她嘴唇发紫，吹得她牙齿打架。微弱的烛光，熄了再点，点了又熄，但她始终没有放弃。奇迹终于发生了，丈夫在水中看到了远处的烛光，知道妻子在等他，这个家庭需要他，他要活着，虽然他已经与风浪搏斗得精疲力尽了，但刹那间浑身充满了力量，朝着那微弱的光游去。他终于平安回来了，他虽然失去了船，弄丢了网，也没捕到鱼。然而，他却十分感动，因为那颗"点灯的心"。

分析： 每个人都有一颗"点灯的心"，只是有的为自己，有的则是为了别人，有的始终亮着，有的却早已熄灭了。想想看，他的平安正是你的幸福，他的离开却是你的悲哀，别犹豫了，快快点亮你心中的灯吧！

心理训练

思考生命的价值

一、训练目的

明确自己生命的重要性，明确他人生命的重要性。

二、训练时间

20分钟。

三、训练内容

1. 一人一把折叠椅。

2. 学生分成6~8个人一组。每组围圈坐下，尽量缩短相互之间的距离，留一个出口；为增强气氛可以拉上窗帘，关上灯，出口处最好靠近门或窗。

3. 教师叙述："有一群学生到郊外旅游，不巧遇到泥石流倾泻，全部被困在几米深的地下，只有一个出口，只可以过一个人，而出口随时有倒塌的危险，谁先出去就有生的希望。请每个人依次说出自己求生的目的及将来可能对社会做出的贡献，然后大家协商，看谁可以最先逃出，并排出次序。然后，全体一起讨论活动过程及自己的感受。"

4. 讨论的重点集中到自己能否说出将来生活的指向，听了别人意见后自己能否修正原有的想法，小组内以什么为标准决定逃生者的次序。

成长反思

1. 对你而言生命意味着什么？

2. 作为高职生，你怎样理解心理危机？

3. 作为高职生，我们该如何开展生命教育？

综合训练和拓展学习二

一、心理测试

心理承受能力自测问卷

1. 测试目的

通过量表了解个体的心理承受能力。

2. 测试时间

20 分钟。

3. 测试内容

仔细阅读每一题，并根据自己的实际情况，做出"是"或"否"的回答。

（1）你认为自己是个弱者吗？
（2）你是否喜欢冒险？
（3）你生活在使你感到快乐和温暖的班级里吗？
（4）如果现在就去睡，你担心自己会睡不着吗？
（5）生病时你依旧乐观吗？
（6）你是否认为家人需要你？
（7）晚睡两个小时会使你第二天明显地精神不振吗？
（8）看完惊险片很长一段时间内，你会一直觉得心有余悸吗？
（9）你经常觉得生活很累吗？
（10）你是否有一些无话不谈的知心朋友？
（11）当考试成绩不理想时，你会感到非常沮丧吗？
（12）你认为自己健壮吗？
（13）当你与某个同学闹矛盾后，你一直无法消除相处时的尴尬吗？
（14）大部分时间你对未来充满信心吗？
（15）你有一个关心、爱护你的家庭吗？
（16）当你在课堂上回答不出问题时，你在课后还会久久地感到烦恼吗？
（17）每到一个新地方，是否常常出现吃不下饭、睡不着觉、拉肚子、头晕等情况？
（18）即使在遇到困难时，你还是相信困难终将过去吗？
（19）你明显偏食吗？
（20）当你与父母发生不愉快时，你曾想离家出走吗？

（21）你是否每周至少进行一次所喜欢的体育活动，如登山、打球、游戏等？
（22）你觉得自己有些神经衰弱吗？
（23）你认为你的老师喜欢你吗？
（24）心情不愉快时，你的饭量与平时差不多吗？
（25）看到苍蝇、蟑螂等讨厌的东西，你会感到害怕吗？
（26）你相信自己能够战胜任何挫折吗？
（27）你是否常常与同学们交流看法？
（28）你常常因为想心事而躺在床上久久不能入睡吗？
（29）在人多的场合或陌生人面前说话，你是否感到窘迫？
（30）你是否认为你受到的挫折与其他人相比，根本算不了什么？

4. 评分规则

2、3、5、6、10、12、14、15、18、21、23、24、26、27、30 题 答"是" 记 1 分，答"否"记 0 分；其余各题答"是"记 0 分，答"否"记 1 分。各题得分相加，即为总分。

5. 结果解释

0~9 分：心理承受能力差，遇到困难易灰心，常有挫折感；10~20 分：心理承受能力一般，能轻松地承受一些小的压力，但遇到大的打击时，容易产生心理危机；21~30 分：心理承受能力强，能在各种艰难困苦面前始终保持旺盛的斗志。

二、心理活动

提升幸福感——每日三件好事

1. 训练目的

通过每天记录与分享三件好事，体会积极的情绪和感恩的心态。

2. 训练时间

40 分钟。

3. 训练内容

（1）全班分为 6~8 人一组，选好小组长。每人准备一张纸和笔。
（2）每人回顾自己过去一天中的经历，写下其中令自己感到愉快的三件好事（也可以更多），也可同时写下与这些事相关联的值得感谢的人（可以是他人也可以是自己）。
（3）在自愿和做出保密承诺的前提下，每人在小组内进行分享。
（4）思考：回顾和分享三件好事，你觉得对你的感恩之心有帮助吗？是否感觉小组内的氛围更融洽和愉悦？
（5）教师总结有关"三件好事"练习的相关研究结果，也可以适当延展。

模块三　认知悦纳自我

模块导读

生活中，我们会常常问自己：我是谁？在社会中我究竟处于一个什么位置？我有什么目标？我如何才能成为理想中的那类人？等等。这种自我反省和自我认识的结果，就是自我意识。自我意识是个体意识发展的高级阶段，是一个人心理成熟和心理健康的重要标志。高职生只有对自己持一种接受和开放的态度，客观准确地认识自我，正确地评价自我，积极地悦纳自我，有效地控制自我，科学地发展自我，才有可能发掘出自己的潜能，幸福快乐地生活；才有可能心理健康，顺利成长。通过本模块的学习，高职生可以了解自我意识的概念、结构和发展的特点，理解自我意识的发展阶段、规律及其特征，认识到职业院校学生自我意识存在的问题，掌握高职生健康人格的评价标准和完善的途径。

模块目标

序号	目标维度	具体内容
1	知识目标	（1）了解自我意识及其发展规律； （2）了解自我意识完善途径和方法； （3）了解健康人格的标准与塑造
2	能力目标	（1）探索自我的形成； （2）掌握调节自我的方法与技能
3	情感和态度价值观目标	树立正确的人生观和价值观，健全人格，促进成长与发展

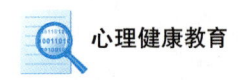

专题 3.1 自我意识及其发展规律

名人名言

在这个世界上，你是独一无二的一个。你生下来是什么，这是别人给你的礼物，你将成为什么，这是你给别人的礼物。

——［法］亨利·柏格森

导入案例

自我认知的重要性

李某，女，18岁，高中担任班长，深得老师的信任。进入大学后，她决心在大学学习中大显身手，保持在中学时的优越地位。但在近一个学期的学习中，学习成绩在班上属中等，寝室关系也不太融洽，在班上未担任主要干部，任宿舍长。期中成绩一般，情绪低落，决心在期末考试中与班上同学一决高下。但期末考试科目较多，而且在复习时情绪很不平静，学习效果不佳，看书时注意力难以集中，读过的内容记不住。为了争一口气，连连开"夜车"学习，造成心跳加快和失眠。在期末考试前一周，她来到心理咨询室。

大学一年级小芳的自述：我是个普通得不能再普通的女孩，既没有出类拔萃的才华，也没有楚楚动人的相貌。看着同学们有的见多识广，有的举止高雅，有的学习轻松，有的多才多艺，不免生出羡慕之情。再看看自己，个子不高，穿着举止不高雅，成绩一般，知识面窄，更别说什么文艺才能了。为此我常常感到自卑和苦恼，我该怎么办？

分析：以上案例中两名学生的问题都是由于缺乏正确的自我认识造成的。大学生进入大学后，要面临的一个重要问题就是改变过去的参照系，重新认识自己，重新给自己定位。

一、自我意识的含义

意识是人对自己和环境的觉察，自我意识是个体对自己存在的觉察，是意识的核心部分。即自己认识自己的一切，包括认识自己的生理状况（如身高、身材、形态等），心理特征（如能力、性格、气质、兴趣等），人际关系（人己关系、群己关系等）和社会角色（职业、群体中角色）。简言之，自我意识就是指个体对自己以及自己与周围环境关系的认识。这种认识是一个多层次、多维度的心理系统,是通过观察、分析外部活动及情境、社会比较等途径获得的。

自我意识是意识的最高级形式,它不是单一的心理品质,而是认知、情感、意志的融合体,是一个完整的心理结构。

一般来说,自我意识可分为现实的自我、应该的自我和理想的自我三个部分。现实的自我是指人们认为自己在现实生活中是一个怎样的人或别人是怎样看待我们自己的。应该的自我是指人们按照自己的社会角色给予自己的一个价值判断,按照自己现在所处的位置及身份应该要做到什么。理想自我是指人们认为自己将来是一个怎样的人。

二、自我意识的结构

自我意识是一个多维度、多层次的复杂心理现象,可以从不同的角度进行分析。从内容上可以分为生理自我、社会自我与心理自我;从过程上可以分为自我认识、自我体验、自我控制;从存在方式上可以分为现实自我、投射自我和理想自我。

(一)从内容上划分

从内容来看,自我意识可分为生理自我、社会自我与心理自我。

1. 生理自我

生理自我是个体对自己身体、生理状态(如身高、体重、容貌)的认识和体验,它是个体在与他人交往的过程中通过学习而逐渐形成的,它使个体把自我和非我区别开来,意识到自己是依托于自己的躯体而生存的。生理自我是与生俱来的,我们只能接受它,不能改变它,随着自我意识的成长,我们逐渐对生理自我有一个明晰的看法与正确的认识。由于青年时期的不确定性,有的学生对生理自我产生较高的心理关注,女性关注自己是不是漂亮、迷人、有吸引力,胖瘦高矮甚至脸上的雀斑;男性关注自己的体形、身高、声音的吸引力等。

2. 社会自我

社会自我是个体对自身与外界客观事物关系的认识、体验和愿望,包括个人对自己在客观环境及各种社会关系中的角色、地位、权利、义务、责任、力量等的意识。青年男女常用"我已经长大了"来表达自己的社会自我,期望社会给予积极的肯定与认可。

3. 心理自我

心理自我是个体对自己的心理活动、个性特点、心理品质的认识、体验和愿望,包括对自己的感知、记忆、思维、智力、能力、性格、气质、爱好、兴趣等的认识和体验。

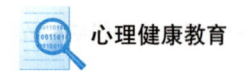

（二）从过程上划分

从心理活动的过程来看，自我意识可以分为自我认识、自我体验与自我控制。

1. 自我认识

自我认识是主观自我对客观自我的评价，包括自我感觉、自我观察、自我印象、自我分析、自我评价等。自我认识解决"我是一个什么样的人"的问题。在客观存在的自我认知基础上做出正确的自我评价，对于个人的心理生活、行为表现及协调社会生活中的人际关系，都有很大的影响。在人们的心理生活中，自信或自卑的自我评价具有很大的作用。一般来说，人们倾向于把自己看作有价值的、讨人喜欢的、优越的、能干的人，心理学上称之为"自我尊重"。如果一个人看不到自己的价值，只看到自己的不足，觉得自己什么都不如别人、处处低人一等，就会丧失信心，产生强烈的自卑感。其结果是缺乏勇气和积极性，无论做什么事情都难以保证质量。如果一个人只看到自己比别人好，别人都不如自己，就会产生盲目乐观的情绪，自我欣赏，自以为是。其结果往往是不能处理好人际关系，难以与人合作，被他人拒绝、被群体孤立。

2. 自我体验

自我体验是伴随主体对自身的认识而产生的内心情感体验，是主观的"我"对客观的"我"所持有的一种态度，是自己对自己所怀有的一种情绪体验，包括自信、自卑、自尊、自满、内疚、羞耻等。主要是以体验的形式表现出人对自己是否悦纳、满意等态度。自我体验反映了主体"我"的需求与客体"我"的现实之间的关系，当"客我"满足"主我"的需要时，便产生肯定型自我体验（自我满意）。反之，便呈现出否定型自我体验（自我责备）。"客我"是否满足"主我"的要求，往往与个体的自我认知、自我评价和个体对社会规范、价值标准的认识有关。良好的自我体验有助于自我监控的发展。

自尊心是一种内驱力，激励个体努力获得别人的尊重，并维护自己的荣誉和社会地位。自信心则是人们对自己的智力、能力、意志、毅力等方面的坚信，是使个体能够迎难而进、走向成功的内在动力。但是，如果自尊心和自信心把握不当，就会稍有点成绩就趾高气扬，瞧不起人。而一旦遇到一点挫折，则会自卑，甚至一蹶不振。

成功感和失败感往往取决于个体的自我认知与自我期望水平，取决于个体的内部标准。决定个体成功与失败的情绪体验的内部标准在一定程度上还要与社会的共同标准相适应。一般来说，当个体体验到成功感时就会产生积极的自我肯定，向更高的目标进取。反之，当个体体验到失败感时，则常会产生消极的自我否定，闷闷不乐，甚至放弃努力。

3. 自我控制

自我控制是自我意识的关键环节，是自己对自己的行为、思想、语言等的控制，使行为符合群体规范，符合社会道德要求，以达到自我期望的目标，包括自我激励、自我暗示、自强自律等。自我控制是自我意识中最高阶段，其核心是"我应该做什么""我应该成为什么样的人""我可以选择如何做",等等。我们经常讲的"自制力",其实就是自我控制的能力。自我控制有两个方面的表现：其一是发动作用；其二是制止作用。人们在克服困难的过程中,个体强制自己的言语器官和运动器官进行种种活动,这就是自我控制所起的发动作用。例如,我们要克服自己贪玩的欲望,坚持在教室上自习就属于自我控制所起的发动作用。而"主我"根据当时的情境,抑制"客我"的行动和言语,则为自我控制所起的制止作用。例如,注意力不集中的学生在课堂上强行要求自己集中注意力听讲关于荣誉等价值观念方面的内容。心理学研究表明成功的人都有较高的自我控制能力。但并非所有的自我控制都是积极的,有的学生对自己的要求非常高,自我控制能力强,而在实际中却因为主观或客观原因没能达到目标,容易对自我产生怀疑与否定。

自我认识是自我体验和自我控制的基础,自我体验能强化自我控制,自我控制的结果又会丰富自我认识,三者是相互联系、密不可分的。

(三) 从存在方式进行分析

从存在方式进行分析,自我意识可分为现实自我、投射自我和理想自我。

现实自我就是个体从自己的立场出发对自己当前总体实际状况的基本看法；投射自我是指个体想象自己在他人心目中的形象或他人对自己的基本看法；理想自我则是指个体想要达到的比较完美的形象。从自我意识存在的形式来看,现实自我是一种能被人感知到的客观存在,而投射自我和理想自我是在个体大脑中的一种客观存在,容易受到个体的主观因素影响,往往不稳定、易变化。研究表明,当现实自我和投射自我一致时,个体会产生加快自我发展的倾向；反之,个体会感到别人不理解自己,或试图改变现实自我。当理想自我建立在个体实际情况基础之上,且符合社会要求和期望时,它就会指导现实自我积极适应并作用于内外环境,从而使自我意识获得快速发展。反之,如果理想自我、现实自我和社会要求三者之间有矛盾,就会引起个体内心混乱,甚至引起严重的心理疾病。

三、自我意识的发展规律

自我意识开始形成于童年时期,初步形成并定型于高职生时期,成熟于成年时期。自我意识从形成到成熟,要经历自我意识的分化、自我意识的矛盾和自我意识的统一这三个过程,这就是自我意识的发展规律。这三个过程相互依存、不可分割,没有经历自我意识的分化,没有体验自我的矛盾冲突之苦,就没有可能在深层次上获得自我的统一和整合。

(一) 自我意识的分化

当你发现你像观察其他人那样在观察自己时,你的自我意识就出现了分化：你的主体"我"正在观察你的客体"我"。原来完整的"我"被分化成两个"我"——主观的"我"

和客观的"我",伴随着"主我"和"客我"的分化,理想"我"和现实"我"也开始分化。自我意识的分化使得我们更频繁地进行自我观察、自我分析、自我评价和自我监督。个体主动地关注自己的内心世界和行为,产生了新的认识和体验,同时由此产生的种种情感也要求个体有属于自己的一片天空。自我意识的分化是自我意识开始走向成熟的标志。

从自我观察的角度来看,高职生的自我意识分化为主体"我"(我是什么,我做什么)和客体"我"(别人怎样看我,对我的态度如何等)。处在观察者地位的是主体"我",被自己观察的是客体"我"。这样,高职生既是自我的观察者,又是被观察的对象。这就为大学生客观地评价自己和他人,合理调节自身的行为和活动奠定了基础。

自我意识的明显分化,使高职生主动对自己的内心世界和行为有了新的意识,开始意识到自己那些从来没有被注意到的"我"的许多方面和细节。这一时期,高职生的自我沉思、自我分析、自我反省的时间明显增多;对自我新的认识、体验、控制带来的种种激动、焦虑、喜悦和不安也显著增加;为自己应该怎样做、能怎样做、不应该怎样做等开始认真地思考,不像中学生那样随心所欲。

(二)自我意识的矛盾

随着自我意识的分化,个体也不得不承受与惊喜一并而来的焦虑、不安、自我怀疑、挫败感和失落感,这些消极情感体验是由于自我意识分化的矛盾而产生的,具体表现在:主体"我"和客体"我"矛盾;理想"我"和现实"我"矛盾;渴望交流与缺乏知己矛盾;独立需求与依附需求矛盾。随着自我冲突加剧,自我意识不能统一、自我形象不能确立、自我概念不能形成,表现出明显的内心冲突,甚至产生内心痛苦和强烈不安。

埃里克森提出青年期的重要发展课题是自我同一性的确立,但高职生自我意识的发展会出现一些冲突,主要表现在以下五对矛盾。

1. 理想"我"与现实"我"的矛盾

这一矛盾可以说是高职生自我意识冲突最突出和最集中的表现。一方面,每个青年心中充满抱负,成就动机强,对未来充满希望。另一方面,因生活范围相对狭窄,部分高职生的社会交往比较单一,导致缺乏社会阅历。因此,理想"我"与现实"我"会出现矛盾。

2. 自尊与自卑的矛盾

一方面,高职生常带有浓厚的优越感和很强的自尊心,他们对自己的能力、才华和未来充满信心。另一方面,他们发现大学里"山外有山",在学习、社交等方面遇到困难和不足的时候,又表现出自我怀疑和自我否定,出现自尊与自卑的矛盾冲突。

3. 交往需要与自我闭锁的矛盾

一方面,青年学生迫切需要友谊,渴望理解,寻求归属和爱,有强烈的交往需要,希望能向知心朋友倾吐对人生和生活的看法,盼望有人能分担痛苦、分享快乐。另一方面,高职生又存在着自我封闭的倾向,许多人往往不愿意主动敞开自己的心扉,而把自己的真实想法深藏起来，在公开场合很少发表个人的真实意见。高职生在与他人交往时存在较强的戒备心理，表现为交往需要与自我封闭的矛盾冲突，因此常常表现为孤独和寂寞。

4. 追求上进与自我消沉的矛盾

一方面，许多高职生都有较强的上进心，希望通过努力来实现自身的价值。另一方面，在追求上进的过程中碰到困难、挫折时，便会出现情绪波动，在困难面前望而生畏、消极退缩。表现为追求上进与自我消沉的矛盾，导致内心困惑、烦躁、不安、焦虑。

5. 独立与依附的矛盾

一方面，高职生在心理上渴望以独立的个体面对生活、学习中遇到的问题。另一方面，缺乏丰富的社会阅历和经验，使得高职生很多时候又依赖家人、老师和朋友的支持与帮助，会出现独立与依附的矛盾。

（三）自我意识的统一

寻求平衡状态是任何生物的本能，当我们饱受自我意识分化、自我意识矛盾所带来的痛苦时，我们尝试着用各种方式来摆脱这种痛苦，这实际上就是自我意识在谋求统一，包括主体"我"与客体"我"的统一，理想"我"与现实"我"的统一，生理"我"、社会"我"与心理"我"的统一以及自我与客观环境的统一。从另一个角度来说，也是自我认知、自我体验和自我控制得到了统一。

高职生的自我意识经过一段矛盾冲突，便在新的水平和方向上达到协调一致。理想"我"和现实"我"矛盾统一的类型分为以下五种。

1. 自我肯定型

这是一种积极的统一类型。其特点是理想"我"与现实"我"通过积极的矛盾斗争达到统一。这类学生在自我意识出现矛盾时，会主动按照社会要求的理想"我"自觉改变现实"我"的不足，扬长避短，使现实自我逐步完善，以便与正确的理想"我"趋于统一，这是有抱负、有志气的青年所采取的一种统一类型，它典型地反映了青年人积极向上、努力进取的精神，是值得鼓励和提倡的。

2. 面对现实型

这类高职生一方面不断完善现实"我"，另一方面又根据现实"我"的实际状况修正理想"我"，达到两者统一。在这里，虽理想"我"也有朝现实"我""靠拢"的修正，但是出于较现实的考虑，仍不失为一种积极的统一。

3. 自我否定型

这是一种消极被动的类型。这类高职生一般采取强调客观因素或原谅自己的办法去解决自我意识的矛盾，当理想"我"与现实"我"产生矛盾时，往往以"我本来就不行"而"我"安慰，或者勉强拼搏一阵子，遇到困难，就降低理想"我"的要求，获得自我意识

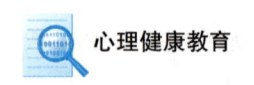

的虚假统一。这种迁就现实、自我平庸型的高职生需要教师推动其自我意识的发展。

4. 自我扩张型

这类高职生多盲目自信、狂妄自大，过高地估计现实"我"的能力，理想"我"标准太高。这样就造成理想与现实的强烈反差，以主观臆想代替客观现实，沉浸于自我陶醉之中。若经过长期努力仍不能实现理想，往往颓废到无所追求的现实"我"，以此求得心理的平衡。

5. 消极补偿型

这类高职生常以不正确的方式从消极方面努力，以摆脱、发泄理想与现实的矛盾所带来的痛苦，补偿理想"我"的需要。例如，有些高职生由中学时全班瞩目的"明星"变成普通一员后，为了维持心理平衡，一方面热切寻求外界的肯定，对教师和同学的反应十分敏感，另一方面以穿着打扮补偿现实"我"的不足，以维护理想"我"的尊严。

经典分享

小欣的困惑

远离了父母和昔日的朋友，刚进入高职院校的小欣心里非常迷惘、伤感。当高职院校生活初步安顿下来，开始了正常的学习之后，最初的新鲜逐渐淡去，她每天背着书包奔波在校园中。教室、食堂和宿舍构成了她的三点一线。小欣由于对未来没有设想，没有目标，她觉得日子就像白开水一样索然无味。

分析： 中学阶段一切行动围绕高考这个目标进行。进入高职院校后，很多新生失去了方向，如不及时建构新目标，就会行为懒散。因此，一年级新生要把求学与求职结合起来，从一入学就明确目标，并将入学后的行为围绕这一目标进行。

心 理 训 练

他人评价与自我评价的异同

一、训练目的

了解别人对自己的评价与自我评价有何异同。

二、训练时间

30分钟。

三、训练内容

1. 教师准备材料（每个学生一份）：白纸，黑色记号笔，别针。

2. 教师分发材料，请各位学生互相帮助，将白纸用别针固定在每个人的背后。

3. 每个学生要求其他同学在自己背上的白纸上写下对自己的评价（不留下书写者的名字），至少取得 15 个人的评价。

4. 20 分钟后，每个学生回到自己的座位上，取下白纸，看看别人对自己的评价。

5. 思考：有让你吃惊或不解的评价吗？别人的评价有道理吗？你有什么感想？

成 长 反 思

1. 你了解自己吗？
2. 你觉得自我意识对自己会产生哪些影响？
3. 你自己在自我意识发展上的期待是什么？

专题 3.2　自我意识完善途径和方法

名人名言

人人都有惊人的潜力，要相信你自己的力量与青春，要不断地告诉自己："万事全赖在我。"

——［法］纪德

导入案例

自卑的小王

小王，男，大一学生。刚进大学，时常感到孤独，觉得周围同学家境非常优越，而自己从小家境贫穷，无论在吃上还是在穿着上总和大家格格不入。对外面的事情了解得也少，在同学面前什么都不懂，平时跟同学聊天总是插不上话，怕自己说的话同学听不懂。总感觉自己样样不如别人，也很少跟同学来往，怕身边同学瞧不起自己，内心很苦恼，不知道未来的大学生涯应该怎样去度过。

分析： 小王的这种情况，属于大学生自我意识偏差的一种——自卑。由于自己的挫折经历和不恰当的归因，导致自己的自我评价很低，进而逃避，影响到大学里正常的人际关系。

一、高职生自我意识发展的偏差

高职阶段是个体逐渐走向成熟、走向独立的重要阶段，是高职生走向社会的适应阶段。高职生的自我意识还在不断发展中，在当前多元化的人生观、价值观的冲击下，在复杂多变的环境的影响下，高职生有必要了解自我意识在发展过程中可能会出现的偏差。

高职生处于心理趋向成熟但又尚未成熟的时期，自我意识还在不断发展中。高职生的自我认同与"我是谁"和"我将走向何方"两大问题密切相关，如果这两个问题完成得好，那么高职生就能达到自我同一性，否则就容易出现自我同一性危机，迷失方向，出现各种发展偏差。

（一）自卑

自卑是个体由于自我认知偏差而形成的自我轻视和自我否定的情绪体验。高职生自我认知偏差具体表现在四个方面：一是自我认同感低。即对自己缺乏一种正确的认识，自我否定，对自己没有信心，也对自己不认同，一遇到不好的事情，就以为是自己的错误，觉得自己处处不如人。二是过度追求完美。追求完美是人类共同的特点，但过度追求完美，反而容易对自己目前的状况不满意或者因为达不到自己的目的而感到失望和沮丧，不相信自己的能力，对自己缺乏激励；一旦失败又不停地拿失败的经验去验证此前过低的自我认识，进一步强化了自卑的体验。三是过分的敏感。由于过分敏感，常常会伴有心理防御，对他人的言行十分敏感，并且小心谨慎，总担心自己的言行被同学们注意，或者担心别人是不是在议论或者在批评自己，甚至产生猜疑心理，人际交往退缩，逐渐失去自信。四是挫折经历和不恰当的归因。例如，多次受到别人的嘲笑、讽刺和打击，有可能让高职生出现归因偏差，对自己的能力产生怀疑，导致过低的自我评价，继而逐渐走向自卑。

（二）自负

自负是个体自以为是、自命不凡的一种情感体验和情绪表现。一个人没有客观认识自己，过高地评价自己，就会表现出自负。随着社会文化不断变革，传统的中庸之道和谦逊淡泊等处事原则逐渐从人们的价值体系中淡出，自信、个性张扬成为当代大学生的一大特色，他们有独立思考的精神，对未来踌躇满志、锋芒毕露、信心十足。但有些人过于自信，自我感觉太好，听不见他人的教诲和意见，一意孤行，成为不受欢迎的自负者。

（三）虚荣

虚荣心是一种追求虚假荣誉，以期获得尊重的心理行为，是自尊心的过分表现。社会生活中人人都有被尊重的需要，都希望得到认可。但虚荣者不是通过实实在在的努力，而是利用吹牛、撒谎、投机等非正常手段去沽名钓誉。追求虚假的荣誉，只是自欺欺人，不仅会使个体失去诚实、失去他人的尊重和友谊，而且会使之失去实在的追求，留下空虚、空白的人生。

（四）从众

从众是指在群体舆论的影响下，放弃个人意见而与大多数人保持一致的自我保护行为。从众心理人人都有，但从众心理过强会导致个体缺乏独立思考、缺乏主见、丧失自我，有碍于心理发展。造成从众心理过强的原因是多方面的：一是害怕被孤立，为求得小团体的认同，从而放弃了主见，随大流、凑热闹，以求合群；二是缺乏自信，因对自己的能力缺乏自信而不敢自己做决定，只好随大流；三是过分强调"听话""服从"的家庭和学校教育，让一些大学生形成了极富惰性的人格特质，独立思考精神被窒息，习惯从众。

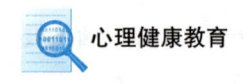

（五）逆反

逆反是指为维护自尊，而对对方的要求采取相反的态度和言行。高职生智力发展虽然达到高峰，但阅历有限，经验不足，情绪富于两极性，易于感情用事，主观片面，脱离实际，容易形成偏见。当这种偏见在现实生活中碰壁时，在青年期特有的强烈独立意识和批判精神驱使下，他们很容易出现逆反心理。例如，对师长的教育或班干部的工作产生抵触心理，以"顶牛""对着干"来显示自己的"高明""非凡"；对正面的教育和宣传表现出一种怀疑、不认同的态度；对社会、人生和个人前途表现出玩世不恭的态度。逆反心理的出现是高职生批判精神、独立意识增强的标志，这是值得肯定的，但如不加以正确引导，消极作用很大，如助长个人自由主义倾向，使人际关系僵化，不利于个人的社会化，不健康的思维模式和行为方式及情感反应固执等。

（六）任性

当代高职生大多数从小集家庭的宠爱和社会的关爱于一身，在顺境中长大，缺乏挫折的磨炼，一部分高职生因此出现了任性孤傲的毛病。例如，很少自我克制，一味地要求他人对自己忍让，习惯让别人服从自己、迁就自己；待人接物单从个人喜恶出发，只凭一时意气用事，容易被本能的欲望、偶然的动机与不良的情绪所左右。而社会上片面主张个性自由的思潮，也使他们对自己的弱点不以为然，进而发展到以自我为中心、唯我独尊的境地。

二、高职生自我意识的完善

自我意识是人特有的现象，是人能够反省自己的一种能力，它使人能够超越具体的世界，生活在"可能"的世界之中。正是有了自我意识，人才能在面对自我、他人或外界事物时，从多种可能性中进行选择。

高职生健全的自我意识的标准如下：

第一，自我意识健全的人，应该是一个有自知之明的人，既知道自己的优势，也知道自己的劣势，能正确评价自我和发展自我。

第二，自我意识健全的人，应该是自我认识、自我体验和自我控制协调一致的人。

第三，自我意识健全的人，应该是积极自我肯定的、独立的并与外界保持一致的人。

第四，自我意识健全的人，应该是理想"我"与现实"我"统一的人，有积极的目标意识和内省意识，积极进取、永无止境。

要有健全的自我意识，最根本的办法就是要真正了解自己，这也是一个人成长的核心所在。在你自己心中，你可能是一个自卑的人，但真正的你在现实中表现得很自信，很受同学的欢迎，而你意识不到这样的自己；在你自己心中，你可能是一个优秀的人，你觉得自己样样都比别人优秀，但在现实生活中，你却是一个很自以为是的人，常常和别人过不去，甚至不合群。所以，对自身的认知如果不足，则会导致内在和外在的矛盾发生，既然认识自己如此重要，那么我们究竟该如何认识自己呢？

（一）正确认识自我

"人贵有自知之明"。德国著名作家约翰·保罗曾说："一个人真正伟大之处，就在于他能够认识自己。"正确地认识自己就要全面地了解自己、评价自己，其中最重要的是要了解自己的长处和短处，把握自己与他人的关系、自己与群体的关系以及自己在社会生活中所处的位置，对自我做出恰如其分的评价。正确认识自我是建立健全自我意识的基础，有利于调适现在的我和构建未来的我。

可以通过以下几种途径来正确认识自我、全面评价自我。

1. 内省法

子曰："吾日三省吾身。"内省法就是通过自我反省与分析，从主体"我"与客体"我"的关系中认识自己，这是自我认识的一个重要方法。

常用的方法有：

（1）从自我意识的内容上，即生理自我、社会自我、心理自我等三个方面展开自省。

（2）从自我意识的自我观念上，即现实自我、理想自我和投射自我等三个方面展开自省。

（3）从自我意识的结构，即自我认知、自我体验、自我调控等三个方面进行自省。

2. 他人评价法

唐太宗有句名言："以铜为鉴，可正衣冠；以古为鉴，可知兴衰；以人为鉴，可明得失。"他人对自己的态度和评价犹如一面镜子，即"当局者迷，旁观者清"，可以帮助我们纠正自己的认识偏差，形成较客观的自我概念。

对待他人对自己的评价时，需要注意以下三个方面：

（1）对待别人的评价要有一个正确的态度，不因他人过高的评价而飘飘然，也不因他人过低的评价而失去信心。既要重视与自己观点一致的意见，也要重视与自己观点不一致的意见。

（2）多重视熟悉自己或与自己打交道比较多的人的评价，如父母、老师、好朋友的评价，他们对自己了解比较全面，评价比较客观。

（3）特别重视具有一致性的评价。如果不止一个人说到自己有某方面的问题，那么可能自己在这方面的问题已经很明显了。

3. 比较法

比较法是从"我"与人的关系认识自我，包括与他人比较和与自己比较。每个人在认识自我的过程中，总是不由自主地将自己和他人进行比较。他人是反映自我的一面镜子，与他人比较是客观、全面认识自我的重要方式。同时，与自己比较，是我们常用的也最能影响我们对自己看法的方式。

（1）横向比较法。与他人比较，需要掌握比较的艺术。一方面，如果你希望获得激励或改善狂傲的个性，那么多"向上"比，与比自己优秀的人比，从而给自己树立榜样和目标，帮助认识自己的不足，激励自己努力进取，改进和提高自我。另一方面，如果你希望增强自信，多些主观幸福感，那么多"向下"比，和不如自己或境况比自己差的人比较，能让你珍惜所拥有的，并心存感激。

（2）纵向比较法。与自己比较，通过在与自己的过去、现在和将来的比较中认识自我。同样，运用纵向比较法要注意以下两个方面的问题：一方面，经过比较之后，勇于超越自我，不要满足于现有的成绩；另一方面，要确立恰当的抱负水平，不要一味地跟自己过不去，要从自己的发展历程中进行比较，从比较中认识自我、改变自我、塑造自我。与自己比较，这是每个人都需要学会的一种比较方式。当我们学会与自己的过去比较，必然能获得强大的心灵能量，因为战胜自己本来就是对自己最好的肯定。此外，我们还需要学会与理想"我"比较，让理想"我"成为自我发展的目标、方向和动力。

4. 实践成果法

实践成果法是从"我"与事的关系认识自我。社会衡量一个人的价值主要是通过其实践成果来认定的，实践成果的价值有时直接标志着自己的价值。理想的实践成果可以使个体进一步认识自我，发现自我的价值，从而进一步开发潜能、激发自信。例如，学习成绩、综合测评成绩、各种文体活动成绩等的结果，可以帮助自己了解自己的优势和不足，了解自己的潜能。所以，大学生在大学期间要勇于实践，在实践的成功与失败中客观地认识自己的知识才能、兴趣爱好，进一步发挥自己的长处，弥补自己的不足。

5. 测验法

常见的测验法有投射测验和心理测试，通过测验法可以了解自己的心理特征，如智力、人格特点、心理健康水平等。

（1）投射测验。投射测验由精神分析学家使用，他们希望通过这种测验解释个体的无意识动力。这种测验方法是通过给受测者一系列的模糊刺激，如抽象模式，采用未完成的图片、绘画，要求被试者叙述模式、完成图片或者讲述画中的故事，以此来了解个体的性格、人格。

常用的投射测验有罗夏墨迹测验、主题统觉测验。

①罗夏墨迹测验。由瑞士精神病学家赫尔曼·罗夏在1921年创立的。有黑白的、彩色的对称的墨迹图（如图3-1所示），然后让来访者看这可能是什么，并记录来访者所说的内容、反应的时间、拿图片的方式，通过这种方法可以诱导出访者的生活经验、情感、个性倾向等，让来访者在不知不觉中暴露自己的真实心理。因为被试者在讲述图片上的故事时，已经把自己的心态投射入情境之中了。

图 3-1 罗夏墨迹测验

②主题统觉测验。由亨利·默里在 1938 年创立的，测验方法是用 30 张黑白图片和 1 张空白卡片，向被试者呈现的是模糊情境的图片，要求被试者根据图片讲述一个故事，包括情境中的人在干什么、想什么、故事是怎么开始的，根据被试者的故事情节，评价其个体行为、关心的问题和动机以及人格特征。

（2）心理测试。心理测试是一种比较先进的测试方法，它是指通过一系列手段，将人的某些心理特征数量化，来衡量个体心理因素水平和个体心理差异的一种科学测量方法。常见的了解自我心理特征的心理测试有《气质量表》《性格类型测验》《自尊量表》《自我和谐量表》等。

（二）积极悦纳自我

积极悦纳自我就是无条件地接受自己的一切，包括优点和缺点，优势和劣势等各方面。心理学家罗杰斯说过："自卑在本质上其最深层次的来源是对负面自我的不接纳。"任何试图"通过努力填补令你自卑的缺陷"或"努力追求成功获得自信从而摆脱自卑"的方法都是治标不治本。有许多高职生以为找到了他们的自卑来源，如缺爱、总是把自己和别人对比、把别人理想化等，但很多人即便解决了他们自认为造成他们自卑的这些原因，依旧还是会自卑。

一项关于大学生"我的长处和短处"的调查表明：大约有 70% 的大学生能比较客观地写下自己的长处与短处；还有 15% 的学生只写长处，不愿写自己的短处。10% 的学生只写短处，写不出自己的长处；5% 的学生没有答案。由此可见，大多数大学生能积极接纳自己，还有部分学生没有正确地面对自己、接纳自己，表现为过分夸大自己的优点而产生自负心理或过分夸大自己的缺点而产生自卑心理，这两种情况都会对一个人的发展产生不利影响。因此，作为大学生，只有接纳自己，尤其是接纳自己的不足，才能坦然面对一切，真正自信、自强，从而进一步完善自己、超越自己。

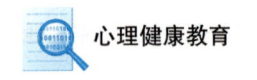

具体来说，积极悦纳自我可以从以下四个方面进行努力。

1. 无条件接受自己的一切

"金无足赤，人无完人。"每个人都有自己的优点和缺点、长处和短处，积极悦纳自我就是无条件接受自己的一切，对自己的长处能充分发挥，对自己的短处也要正确对待。

下面这则西方寓言故事，将会引起我们关于对自我优点和缺点的深层思考，从而指导个体积极接受和喜欢自我。

有一天，一群动物聚在一起，彼此羡慕对方的优点，抱怨自己的缺点。于是，它们决定成立一所学校，希望通过训练，使自己成为一个通才。它们设计了一套课程，包括奔跑、游泳、飞翔和攀登，所有动物都报了名，选修了所有的科目。最后的结果是：小白兔在奔跑方面名列前茅，但是一到游泳课的时候就浑身发抖；小鸭子在游泳方面成绩优秀，飞翔也还差强人意，但奔跑和攀登的成绩却糟糕透顶；小麻雀在飞翔方面，轻松愉快，但就是不能正经奔跑，尤其是碰到水就几乎精神崩溃；至于小松鼠，固然爬树的本领高人一筹，奔跑的成绩也还不错，却在飞翔课中学会了逃课。大家越学越迷惑，越学越痛苦，终于决定：停止盲目学习别人，好好发挥自己的长处。它们不再抱怨自己、羡慕别人，因此又恢复了往日的活泼和快乐。

同寓言中的一群小动物一样，高职生如果以积极的态度认可和接纳自己，便会形成自信；如果以消极的态度拒绝自我，便形成自卑。自卑者往往片面地夸大自身的缺点和短处，甚至否认自我存在的价值，从而极大地阻碍正确自我意识的形成。

2. 积极肯定自己的长处

肯定自己的长处，可以最大限度地调动个体的能动性，使自己心情愉悦，智力和创造力得到充分的发挥，并朝着自我完善的方向大踏步地迈进。高职生可以做以下一些练习：找出最近一次或几次自己做过的比较成功的事情，用心体会成功的愉快心情，庆祝自己的胜利；及时了解自己各方面的发展、进步和成绩，肯定自己的能力；记录别人对自己的积极评价和态度，增加自信等。这样就能把注意力集中在自己的优点和成功上，而不是集中在自己的缺点和失败上，这样有助于建立和巩固良好的自我感觉，悦纳自我。

3. 正确对待自己的短处

学会正确对待自己的短处是积极悦纳自我的关键。通常短处有两种形式：一种是自己可以改变的，如不良的生活习惯、自私自利、懒惰等，这类短处要坚决改正。另一种是自己无法改变的，如先天的身材矮小、相貌一般等，对此则要勇于面对现实、坦然接受，然后再设法通过适当的修饰加以弥补，也可以通过在其他方面取得的成就而进行"补偿"。例如，注意提高自己的内在修养，在学问上狠下功夫，培养内在的心灵美，发展自己的才能，做到"我虽然外貌一般，但我很有才华""我很丑，但我很温柔"等。针对自己的不足，可以多做这样的造句练习："虽然我……，但是我……。"

相反，过分追求完美、过分苛责自己，无异于心理上的作茧自缚，会窒息人的活力，使人心情压抑、行为退缩，失去许多展示自己的机会。正确的态度是承认和允许自己的不完美，接受自己的全部缺点和优点。

4. 正确对待挫折与失败

个人在成长过程中难免会遇到挫折，要有勇气面对挫折。失败并不可怕，可怕的是你对待失败的错误态度。由于高职生的自我认识存在一定的片面性，当他们面临挫折时，如考试成绩不及格、与同学发生冲突、失恋和毕业、找不到理想的工作等，他们常常会变得非常消沉，看不清自己的未来和希望，甚至全盘否定自己。因此，高职生要学会正确地看待挫折与失败，清醒地认识到挫折是难以避免的，正如"人生不如意十之八九"，重要的是我们对待挫折的态度。那就是要把挫折看成一种人生的磨炼，高职生只有做到不因遭遇挫折而盲目地否定自己，才能得到完整的人生体验，树立健全的自我意识。

（三）合理地塑造自我

自我调控是使人主动、定向地改变自己的心理品质、特征以及行为的心理过程。有效的自我调控是青年学生健全自我意识、完善自我的根本途径。在进行自我调控时要处理好以下三个方面的内容。

1. 有效调控自我

自我调控是人主动地改变自己的心理品质、特征及行为的心理过程，是高职生健全自我意识、完善自我的根本途径。很多人的自我期望较高，由于主客观条件限制，特别是缺乏足够的自制力和较强的意志力，经常遭受挫折和打击，无法实现预期的理想目标。高职生应根据自己的实际情况和社会发展需要，确立适合自我的抱负水平，对实现理想目标的过程中遇到的身心矛盾和困扰进行合理的控制与调节，以达到最终理想目标的实现。

高职生要有效调控自我，可以从以下三个方面努力：

（1）保持合理的期望值。人的意志力与人的认识密切相关，人的认识越高越能节制自己。高职生要面对现实，建立合乎自身实际情况的抱负水平，确立适宜的理想目标，把远大理想分解成一个个远近高低不同的子目标，从而由近到远、由低到高，循序渐进，逐步实现。分解目标的关键是每个子目标都应适当、合理，是经过努力可以达到的，以免失去信心。

（2）明确和增强行动目的。一个人真正认识到所做的每件事的目的后，会产生克服困难的决心和勇气，有助于自我完善。

（3）重视行动过程。人的一生是在行动中完成的，生命的意义也在于行动。因此，高职生应该在行动中积极进行自我认识，自我分析，自我体验，自我调控，才能最终实现理想抱负和目标。高职生都有很高的抱负和远大的理想。古人说得好，要"齐家、治国、平天下"须先从"修身、养性"做起，即从点滴小事开始，从积极行动开始，知行并重。要想开阔视野，就要多读书、多思考、多交流。在行动时，无论对人对事，均认真对待，全力以赴，使自己的能力品性得到最大限度的发挥。行动之后再反省得失原因，再度投入行动，将吸取的教训变成个人的经验，一旦有成果，便再反省总结。如此反复进行，对自我的认识便一步一步地得到扩展和深化，自我的境界也就自然而然地得到开拓与提升。

2. 不断增强意志力

意志是自我完善的保证，而人的意志是锻炼出来的。许多高职生有发展自我的良好愿望，也制订了行动计划，但在实施的过程中遇到困难时往往半途而废。丘吉尔在剑桥大学演讲时说他成功的秘诀有三个：第一，绝不放弃；第二，绝不放弃；第三，还是绝不放弃。为此，高职生要不断增强意志力，提高自控力。意志是人们自觉地确定目标，并根据目标支配和调节行为，克服困难，实现预定目标的心理过程，是人类特有的心理现象。它有三方面的特征：明确的目的性、以随意运动为基础和与克服困难相联系。其中，克服困难是意志行动的核心内容。自控力是个体自觉地调节和控制自己的心理活动和行为的意志品质。自控力的强弱对个体能否实现既定目标起着举足轻重的作用。高职生只有不断增强意志力，提高自控力，才能抵制外界的各种诱惑，并把自己内部的心理活动调节到有利于目标实现的最佳状态，最终达到自我实现。

3. 勇敢超越自我

超越自我是对自身能力或素质的突破，这不仅是心理潜能的激发，更是人性的完善、境界的提高和智慧的凝结。完善自我、超越自我不是一帆风顺的过程，需要付出艰辛的努力，是一个"新我"形成的过程，是从"小我"走向"大我"，从"昨天我"向"今日我"，并向"明日我"迈进的过程。珍惜已有的自我，追求更好、更高的自我，做一个"自如的、独特的、最好的自我"。每个人都具有无限的潜能。

要做到勇敢超越自我，可以从以下两个方面做努力：一是勇于尝试。对于自己没有经历过的事情可以给予自己尝试的机会，允许失败的可能。二是坚持小步子大跃进。研究发现，坚持和积累比素质和技巧重要得多。每天进步一点，水滴石穿，经过多次的小步子和大飞跃，我们的潜力就能凝聚成相当可观的实力。对于大多数人来说，智力的差距并不大，知识和技巧也差不多，自我超越的重点更应该倾向坚持和积累。

高职生自我意识发展的过程就是其自我成熟的过程，是其自我不断走向完善的过程，也是从个人小我走向社会大我的过程。相信每一位大学生都能够在正确认识自我的基础上投身于热烈的人生实践中，锁定生命的坐标，体验自我的成长，做一个自强自立的人，做一个开放和开阔的人，做一个健康幸福的人。要相信自己，在全面认识自我、积极悦纳自我、有效调控自我的基础上，只要坚持不懈地努力奋斗，我们就一定能超越自我，从而塑造理想的自我。

经典分享

乔韩窗口理论

美国心理学家 Jone 和 Hary 提出关于人自我认识的窗口理论，此理论用他们两人的名字命名，即乔韩窗口理论。他们认为人对自己的认识是一个不断探索的过程，每个人的自我包含四部分：公开的我、秘密的我、盲目的我、潜在的我，如表3-1所示。

表3-1 乔韩窗口

类别		自我观察	
		认识到	未认识到
他人观察	认识到	A 公开的我	B 盲目的我
	未认识到	C 秘密的我	D 潜在的我

该理论认为，每个人的自我都由这四部分构成，但其比例是不相同的，而且随着个人的成长与生活经历，自我的四个部分也会发生变化。一个人A部分越大，自我认识就越正确，自我评价越全面，心理就越健康，越有利于自身发展；B部分越大，说明对自我认识偏差大，可能盲目夸大了自己的优点和缺点，盲目自负或自卑；C部分越大，表明越害怕别人看清自己，进而否定自己，总是按照别人对自己的评价和期许来表现自己，隐藏真实的自我，因而C越大，越觉得别人不理解自己；D的存在使我们无法完全认识自己。

因此，高职生应如实地展示自我，并主动征求他人的意见，留心观察和分析他人对自己的态度，力图缩小B部分，力争全面认识自我；同时，应按照自己的本来面目展示自己，不要有意掩饰自我，以缩小C部分。因为当一个人秘密领域缩小，公开领域扩大，其生活会更加真实，不论是与人交往还是自处，都会显得更加轻松愉快而有效率，而盲目领域和未知领域变小，人对自己的认识越清楚，越能在生活中扬长避短，进而发挥自己的潜能。

心理训练

我是谁

一、训练目的

认识并接纳独特的我，认识并接纳独特的他人。

二、训练时间

30 分钟。

三、训练内容

1. 先向一位学生连续问 5 次"你是谁"。每次回答不能重复。当出现"我是一个学生"或"我是一个男生"这样的回答时,要求其尽量选择能反映个人特点的,真正代表独一无二的自己的语句。然后大家边思考边写出 20 句"我是一个……的人"。

2. 将自己所陈述的 20 项内容做下列归类:

(1) 反映身体状况(属于你的体貌特征的,如年龄、形体等)的。

(2) 反映情绪状况(反映你常持有的情绪态度)的。

(3) 反映才智状况(表现你的智力、能力)的。

(4) 反映社会关系状况(属于品德、与人关系等方面)的。

3. 最后评估一下自己的陈述是积极、肯定的,还是消极、否定的。在每句话的后面标上加号(+表示肯定、满意)或减号(-表示否定、不满意)。看看自己的加号和减号各有多少。

4. 如果自己的加号个数多于减号,说明自己的自我接纳状况良好。相反,减号个数将近一半甚至超过一半,这表明自己不能很好地接纳自己,本人的自尊程度较低。这时自己需要内省一番,寻找问题的根源,如哪一方面过低评价了自己?是什么原因造成的?有没有改善的可能?

成 长 反 思

1. 高职生自我意识发展的特点是什么?

2. 在自己身上存在哪些自我意识发展的矛盾冲突?

专题 3.3 健康人格的标准和塑造

名人名言

知人者智，自知者明；胜人者力，自胜者强。

——老子《道德经》

导入案例

自恋的小李

小李，女，19 岁，大一学生，她觉得自己非常的优秀，外形也非常的好，常常对其他同学说，自己是班里最美的女生。但客观情况是她成绩一般，长相也一般，她高傲的谈吐让同学们非常不适应，同学们对她也非常不理解，最后大家都躲着她，但她不以为意，丝毫不认为是自己的问题。

分析：小李的情况在心理学上称为自恋型人格障碍，每个人或多或少都有自恋的情况，如果超过一定的度，影响了周围的人，且严重缺乏自我认知，就会构成人格障碍。

一、人格的含义及特征

（一）人格的含义

人格一词来源于拉丁文 Persona，原指戏剧表演时演员所戴的面具，而后引申为演员所扮演角色的特征。

心理学中，人格经常也被称为个性，是人们相对稳定的个性心理特征和独特个性心理倾向的总和，反映了一个人总的心理面貌，是在长期的社会生活中形成、发展起来的。

一个人的人格，不是指某一方面的人格特点，而是多方面人格特点的有机整合。每个高职生的个性心理特点和个性心理倾向的诸多因素有机结合在一起，就构成了自己的人格。人与人之间显著的差别就在于人格。

（二）人格的特征

人格是构成一个人的思想、情感及行为的特有的统合模式，是稳定的、内部的、一致

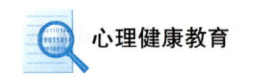

的、区别于他人的心理品质，它有多种特征。

1. 独特性

个体的人格是在遗传、环境和教育等因素的交互作用下形成的。不同的遗传、生存及教育环境，形成了各自独特的心理特点。俗话说"龙生九子，各有所好"，即使是同卵双生子，人格上也有差异。所谓"人心不同，各如其面"，人的心理差异就像人的面孔，千姿百态，千差万别，每一个人都是一个与众不同的个体。这就是人格的独特性。

2. 稳定性

人格的稳定性是指那些经常表现出来的特点，是一贯的行为方式的总和。个体在不同生活情境中会表现出大体一致的心理品质，这就是人格的稳定性。而在行为中偶然发生的、一时性的心理特征和心理倾向，并不能代表个体的人格特征。俗话说"江山易改，本性难移"，就是指人格的稳定性。

人格是相对稳定的，但并不意味着它在人的一生中是一成不变的。每个人的人格都可能随着生理的成熟和现实环境的改变或多或少地发生变化，这是人格可塑性的一面，正因为人格具有可塑性，才能培养和发展人格。儿童的人格在形成过程中易受环境影响发生较大的变化，可塑性较大；成年人的人格比较稳定，可塑性较小，但也并非不能改变。因此，人格是稳定性和可塑性的统一。

3. 统合性

人是极其复杂的，人的行为表现出多元性、多层次的特点。人格的组合千变万化，包含在人格中的各种心理特征彼此交织，相互影响，构成了一个有机的整体，具有内在的一致性。人格统合性是心理健康的重要指标。当个体的人格结构在各方面彼此和谐统一时，他的人格就是健康的；反之，则可能出现适应困难，甚至出现人格分裂。

4. 功能性

人格决定着一个人的生活方式，甚至决定着一个人的命运和成败。当面对失败和挫折时，性格坚强的人能发奋拼搏，积极生活；性格懦弱的人会一蹶不振，消极生活。这就是人格功能性的表现。

5. 社会性

人格的社会性是人作为社会性生物所独有的特征，也必然会反映一个人生活环境中的社会文化特点，即体现出人格的社会制约性。不同时代的人拥有不同的时代特征，而这些时代特征会沉淀下来，通过生物遗传或是社会文化"遗传"的方式，给每个人打下精神烙印，这些烙印就是我们的人格基因。可以说，脱离了人类社会实践活动，就不可能形成人的人格。例如，在封建社会，"女子无才便是德"；而今，"女子能顶半边天"，这正是人格社会性在不同时代的不同体现。

二、健康人格的标准

健康人格是一种状态，通常指人格结构中的各个方面得到协调、充分的发展，能有效地适应变化着的社会生活环境以利个体身心的发展，对身心健康、潜能发挥等诸多方面产生积极有效的影响。

（一）亚伯拉罕·马斯洛关于健康人格的标准

美国心理学家亚伯拉罕·马斯洛通过对数千名大学生和数十位著名历史人物的具体研究，归纳了人格健全、心理健康的 15 个特征。

（1）对现实世界有敏锐的洞察力。
（2）能接受自己、他人和现实。
（3）言行坦率、自然和纯真。
（4）不过分关注自己，而以问题为中心。
（5）具有超然于世的品格和独处的需要。
（6）独立自主。
（7）时时常新的新鲜感。
（8）常常能体会到狂喜、惊异和崇高等所谓高峰体验。
（9）对人类充满深厚的爱。
（10）其亲密朋友不多，但感情深厚。
（11）具有民主态度。
（12）具有很强的道德感。
（13）有幽默感。
（14）有创造性。
（15）不盲从。

（二）高职生健康人格的标准

根据我国的具体情况，学者们提出了健康人格的标准。

（1）能客观认识自我。首先是接纳自我，乐于接受一切属于自己的东西，对遭遇的坎坷和挫折持有积极的心态和看法。其次是了解自我，对自己的优势和不足了如指掌，知道如何看待自己同别人之间的差别。最后是完善自我，有明确的奋斗目标并为之不懈努力。

（2）具备合理的知识结构。高职生应具备完善的科学知识结构，并拥有良好的观察力、记忆力、注意力、想象力和创造力，各种认知能力能有机地结合并发挥应有的作用，能服务于社会和人民。

（3）具有良好的思维习惯。高职生既要善于独立思考问题，也要善于灵活多变地思考问题，能根据客观情况变化，适度调整原有方案。

（4）富于进取性、创新性和协调性。高职生应具有拓荒者的胆识和气魄，有强烈的好奇心和旺盛的求知欲，敢于摆脱陈旧的观念，乐于改正自身错误。

（5）富有团队协作精神。现代社会中为了在竞争中获胜，就必须加强团体协作以形成合力。社会发展、成就事业不仅要求高职生要有一定的知识技能，更重要的是要求他们能把个人才智能力融入集体之中，有与他人合作创业的心境和欲望，有为团队发展壮大的协作互助能力。

（6）具有良好的心理品质。高职生应具有较强的适应能力和坚韧不拔的意志力，积极、愉快、乐观地面对生活，能及时化解心理挫折和困扰，对周围的客观世界有着较强的适应性；坦然面对竞争、失败和压力，社会活动范围广，与大多数人建立一种良好的人际关系，富有同情心和爱心。

（7）要有宽阔的胸怀。"己所不欲，勿施于人。"高职生无论做什么事，都要推己及人，将心比心，设身处地为别人着想，并在工作实践中刻苦历练自己，养成具有凝聚力、感召力、影响力的优秀人格，这是成就事业的基础和保证。

三、健康人格的塑造

当代高职生应努力寻找塑造健康人格之路。这里介绍几种塑造健康人格的方法。

（一）认识自我，优化人格

认识自我是改变自我的开始。为了有效地进行人格塑造，就应该充分了解自己的人格状况，认识自我的三观、能力、兴趣和需要，了解自己的气质类型和性格特征，只有准确把握自我的人格状况，才能为优化人格提供基础和条件。人格塑造是为了实现优化整合人格，以达到人格的健全。为此，就要在充分认识自我的基础上，明确人格塑造的目标、内容、途径、方法。优化整合人格就是随着个体心理的成熟，人格的各个方面逐渐由最初的互不相关，发展到和谐一致状态的过程。

优化人格整合，一要择优，二要汰劣。择优即选择某些优良的人格特征作为自己努力的目标，如自信、勇敢、勤奋、坚毅、善良、正直等。汰劣即针对自己人格上的缺点、弱点予以纠正，如自卑、胆怯、抑郁、冷漠、懒惰、任性、自我中心等。当然，择优与汰劣往往是同步进行的。只有择优汰劣才能不断健全和发展高职生的人格。

（二）夯实基础，完善人格

人格健全需要智力基础，有了智力基础，人格发展的速度与质量才有保证。现实生活中，不少人格发展缺陷是由无知引起的，无知容易使人自卑、粗鲁，而丰富的知识则使人自信、坚强、理智。学习科学文化知识，增长智慧的过程也是完善优化人格的过程。

英国科学家培根认为："读史使人明智，读诗使人灵秀，数学使人周密，科学使人深刻，伦理学使人庄重，逻辑修辞之学使人善辩。凡有所学，皆成性格。"在当代中国，受应试教育影响，许多理工科学生缺乏人文知识，文科学生缺乏科学精神，这对于人格的健全发展是不利的。因此，高职生应有意识地补充薄弱领域的知识，做到科学与人文并重，夯实知识基础，才能将学习成果最终转化为人格。

（三）积极实践，磨砺人格

除了努力学习科学文化知识，高职生还应该积极投身到各种实践当中去，在实践中锻炼能力、培养兴趣、满足需要、发展并完善价值观和人生观，同时还可以磨砺人格。可以说，实践是人格发展的必由之路。一个人的勤奋、坚韧、乐观、细致等人格特征都是长期实践锻炼的结果。高职生应积极参加各种有益身心健康的实践活动，如近年来校园内兴起的青年志愿者活动对于高职生人格的发展与塑造就很有意义。

（四）融入集体，发展人格

个体的发展与成熟就是不断社会化的过程。在这个过程中，通过与他人、集体和社会的相互作用，自己的某些人格品质或受到赞扬、鼓励，或受到压制、排斥，从而有助于个体做出有针对性的调整，而且集体能够伸出手来帮助个体择优汰劣。在与他人的交往和比较中，能够正确地认识自己，既能看到自己的长处，也能了解自己的不足，从而实现人格的优化与塑造。因此，要想塑造健康人格，必须发展良好的人际关系、尊重社会习俗、关心他人的需要、真诚地赞美、不作无建设性的批评、多与他人沟通意见、保持自尊和独立等。

（五）锻炼身体，强健体魄

人格发展的过程是生理因素、心理因素与智力因素协同作用、相互促进的过程，健康的体质是人格健全发展的物质基础。一个体弱多病的人是难以发展健康人格的，拖沓、懒惰、急躁、怯懦等人格发展缺陷与没有坚持体育锻炼有明显的关系。只有身体健康，才能有更充沛的精力学习科学文化知识，参加社会实践，增强自信，接受意志的考验，这个过程本身就优化完善了人格。

（六）教育内化，健康人格

个人自身之外的教育、影响和引导有助于良好人格的形成，但最关键的还是把外在的要求内化为自我认同的价值观念，并形成自觉的行为习惯，这才算真正完成了健康人格的塑造。这个过程就是自我修养的过程。进行自我修养需要做到这三点：一要自励。注意训练真实地表现自己，自觉地强化自己，不断发现新的自我。二要自控。消除紧张、畏惧、焦虑等消极心理，保持乐观向上的积极心态。三要自省。切实克服自我中心心理、自卑心理、自负心理，训练培养自己的自觉性，树立良好的理想信念，主动培养健全的人格，勇于抛弃不良的人格特征。这样持之以恒，日积月累，就会逐步形成健全的人格。

经典分享

阅读帮助建立健康的人格

每个人的人格会受到周围人的影响，马克思也说过，人的本质是一切社会关系的总和。在我们的成长过程中也会跟各种各样的人交往，行为观念和思维方式都会受到影响，人格也就在各种人际关系中被塑造出来。

除了生活中的人们，大量的阅读也会提供这种人际关系。当然，这一类人际关系是虚拟的，但是同样对人们人格塑造起着重要作用。阅读不同的著作，也就相当于跟不同的作者交流，吸收消化作者带来的思想和故事。

例如，柏拉图的《理想国》教导我们如何管理好一个国家；《物种起源》告诉我们自然界适者生存，并依靠进化论前行；《乱世佳人》给我们讲述了一个战争背景下的爱情故事；《肖申克的救赎》带给我们希望以及对自由的向往。

阅读变成了沟通，让我们体验别人所拥有的真实的情感，抑或理解这个世界最底层的逻辑原理。阅读带来了人际关系，作者是我们的老师、我们的朋友，一本又一本地为我们讲述着这个世界。

阅读会提高我们的认知，大量的阅读会使我们对这个世界越来越熟悉，生活中的一些疑惑也会在不知不觉中慢慢解开，并且看着书中的内容有时还会有感同身受的感觉。而这种感同身受也就是知道了别人跟自己有过同样的困惑或是经历，这样的感受会帮助个体获得肯定，而获得肯定是人们生存前行的力量源泉。

在我们阅读的时候会有这样一种现象，阅读一本之后感觉意犹未尽，将这本书延伸的相关作品找来继续阅读，或者阅读一整个系列的书籍。这样进行阅读之后，就对于相关领域有了充分的认识理解。阅读得越多，对事物进行判断的时候，考虑的东西也越来越多，下结论也不再如往日那么武断。

阅读一类书籍，会建立相应类别的知识体系，明白在这一个体系里的原理规则。阅读的书籍足够多，我们就会明白生存的意义究竟是什么，什么样的事情值得我们去做，什么事情不值得我们浪费生命。

分析： 通过阅读，我们自身的理念，周围环境的影响，书中带来的感受会相互摩擦融合，使我们变得更有包容性。完整健全的人格就是由此而来，这样的人格会推动着我们不断前行。

心理训练

独特的我

一、训练目的

帮助学生进一步认识自己，并学习接纳每个人的独特性。

二、训练时间

30分钟。

三、训练内容

1. 学生分成6～8个人一组。每人1支笔，1张卡片，视频手语操"我真的很不错"。通过学做手语操"我真的很不错"，让学生在"我真的很不错"手语操中坚定对自我的悦纳。

2. 热身活动。学生分成6～8个人一组，面对面而坐。要求学生仔细思考，用一种动物代表自己，并在卡片上写下这种动物的名字。等所有人写完后，同时亮出卡片，请组内成员看看在这个小小动物园中有哪些动物，哪些与自己相似，哪些与自己不同。然后让大家讨论，轮流介绍自己为什么会选这种动物代表自己，该种动物的优点和缺点是什么。

要求：当一个学生说话时，其他学生要认真倾听，与发言者保持目光接触，但整个过程中不能发言。

（1）欣赏自己。小组成员轮流对其他人表达对自己的欣赏。

（2）小组交流：当自己表达对自己的欣赏时，自己内心的感受；当自己看到别人认真地听自己表达时，其内心的感受；自己真诚地表达，同时抱着对他人的兴趣，去了解团体中的每一个人。

3. 做真实的自己。

（1）真诚、负责任地表达。小组成员轮流对其他人表达对自己的看法，包括优点和缺点。

（2）小组交流。自己对自己的真实感受负责，自己尊重别人有自己的看法，别人的看法是客观的存在，不会影响自己的情绪。

成长反思

1. 如果我们已经觉察到自己人格上的瑕疵，但都说"江山易改，本性难移"，我们是否可以不寻求改变？

2. 孤独在我们人格的形成过程中，是必须经历的吗？你如何认识孤独带给自己的成长体验？

综合训练和拓展学习三

一、投射练习

请你完成以下句子，然后与同学分享。

假如我是一种植物，我希望是 _____，因为 _____。

假如我是一种动物，我希望是 _____，因为 _____。

假如我是一种食物，我希望是 _____，因为 _____。

假如我是一种家具，我希望是 _____，因为 _____。

假如我是一种颜色，我希望是 _____，因为 _____。

假如我是无所不能，我希望是 _____，因为 _____。

二、心理活动

理想的我

【活动目的】帮助学生建立积极的自我信念，逐步实现理想的我。

【活动时间】15 分钟。

【适合人数】学生分成 6～8 个人一组。

【活动准备】2 张纸，1 支笔，歌曲《真心英雄》或《勇往直前》。

【活动过程】

（1）想象你想成为的那个人（理想的我）：闭上眼睛，全身放松，尽可能清晰地想象出你想成为什么样的人——漂亮的我、自信的我、快乐的我，你的长相如何？你的感觉如何？你将在哪里？

（2）制订行动计划：找出自己已具备的实现理想的我的有利条件与不利条件，为了使自己成为想成为的那个人，你将从哪些方面去努力，拟定一个具体可行的行动计划，并付诸行动。

（3）齐唱歌曲：全体学生手拉手围成大圆圈，齐唱歌曲《真心英雄》或《勇往直前》。

【讨论要点】

交流：当你清晰地想象出自己想成为什么样的人时，你的感受如何？这个活动中，你有什么感触？

【活动总结】

现实"我"与理想"我"的统一，重在行动。在接下去的学习生活中，按自己制订的行动计划朝理想"我"努力奋进。

模块四　提升学习效能

模块导读

"玉不琢，不成器。人不学，不知义。"学习是人最基本的需要之一，是人的本质特征，是个体生存发展的重要手段。学习可以改变命运，知识可以成就未来。从我们来到这个世界上开始，一直到生命的终结，每个人都要一直面对学习这一重要的课题。对学生来说，学习是主要任务。学会学习，提高自身的学习能力，也是高职生完善自我的外在要求和内在动力。

通过本模块的学习，高职生能够进一步理解学习的含义，了解学习的相关内容，熟悉高职阶段的学习特点和高职生常见的学习问题，以便更好地掌握高职阶段学习的应对策略与学习能力培养的渠道。

模块目标

序号	目标维度	具体内容
1	知识目标	（1）了解学习的定义及作用； （2）了解高职阶段的学习特点； （3）了解高职生学习中常见的心理问题； （4）了解多元智能理论
2	能力目标	（1）能自如应对高职阶段常见的学习心理问题； （2）能自主调整学习心态，提升学习效能
3	情感和态度价值观目标	激发学习动力，建立良好的学习心理状态

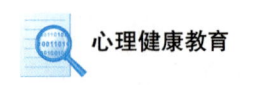

专题 4.1　学习和学习特点

名人名言

博学之，审问之，慎思之，明辨之，笃行之。

——《礼记·中庸》

导入案例

学习的困惑

进入大学后，小华对大学的学习充满了期待，为自己立下了拿到专业第一的学习目标。本以为自己能够一帆风顺地度过大学学业生涯，然而事实并非如此。在这里，老师们很少过问学生的学习情况，不再像中学那样细致入微地指导每一个学生，布置的作业很多但没有硬性要求，弹性很高。这种新的学习方式让他感到迷茫和困惑，小华不知道是否应该继续保持以前的学习方式，甚至开始怀疑自己的能力和价值。他的成绩开始下滑，学习变得越来越吃力，离自己当初设定的目标也越来越远。

分析： 小华在大学阶段遇到的学业挑战，主要是由于学习方式的转变和缺乏适应新环境的学习策略所导致的。相比中学阶段，大学学习更加强调学生的自主学习和独立思考能力。这种变化对于习惯了被动学习的学生来说，无疑是一个巨大的挑战。

一、学习的定义和作用

（一）学习的定义

学习的概念有广义与狭义之分。从广义上讲，学习是人和动物在生活过程中通过实践训练而获得的由经验引起的相对持久的适应性的心理变化。在这个定义中，体现了四个观点：一是学习是动物和人共有的心理现象，虽然人的学习是相当复杂的，与动物的学习有本质区别，但不能否认动物也有学习。二是学习不仅是本能活动，更是后天的习得和养成的活动。三是任何水平的学习都将引起适应性的行为变化，不仅是外显行为的变化（有时并不显著），也有内隐行为或内部过程的变化，即个体内部经验的改组和重建，并且这种变化是长久的。四是不能把个体的一切变化都归因于学习，只有通过学习活动产生的变化才是学习，而由于疲劳、生长、机体损伤或其他生理变化所产生的变化并不是学习。狭义的学习是指人的学习，是指个体在生产实践活动过程中，以语言为中介，自觉、主动、积极地获得知识和技能等的过程。

（二）学习的作用

1. 学习是个体生存的必要手段

学习是生物适应环境的手段。环境是不断变化的，生物为了适应环境并求得生存，除了具备一些先天的本能，还要通过学习获得个体经验。人类的学习不仅要获得个体行为的经验，更主要的是在社会生活实践中，积极主动地掌握社会的历史经验，并利用它们改造现实生活环境。事实上，人的能力主要是学习的结果，能力的发展依赖于学习过程。因此，学习本身就是人类能力的一种持续的、终身的、最为重要的构成要素。

2. 学习可以促进人的成熟

随着年龄的增长，人的生理和心理会逐渐成熟。但成熟并不是完全脱离环境和学习影响的纯自然过程，尤其是早期的学习、训练以及相应的文化环境，对人的感觉器官和大脑等机体功能的发展有着巨大的影响。除了促进生理成熟，学习还可以促进人的心理成熟，而且个体的心理发展并非到青年时期就已完成。研究表明，中老年时期的学习依然能够促进人的心理发展。因此，"活到老，学到老"是很有道理的。

3. 学习可以提高素质

（1）学习可以提高人的文化修养。人类在社会历史发展过程中创造了大量的物质文化与精神文化。特别是精神文化，如文学、艺术、教育、科学等方面的成果，尤其需要我们通过学习去获得，以提高自己的文化修养。缺乏文化修养的人不能算作真正健全的人，现代社会的新型人才必须是具有较高文化修养的人。

（2）学习可以优化人的心理素质。优秀人才应该具备诸多方面的良好心理素质，如高尚的品德、敬业的精神、目标专一的个性以及坚忍不拔的意志等。这些都可以通过学习来获得。

4. 学习是文明延续和发展的桥梁和纽带

人类文明的延续和发展，就如同一场规模宏大而旷日持久的接力赛：前代人通过劳动和生活获得维持生存和发展的经验，不断总结、积累、提高，形成知识和技能，传给后人；后辈人在学习前人经验的基础上，进行进一步丰富和提高，以适应时代与环境的变迁。如此代代相传，便形成了一部人类文明延续发展史。

经典分享

人类的学习

学习是一个含义极广的概念，它是人或动物在生活过程中获得个体行为经验的过程。人和动物的学习，既有共同之处，又有本质区别。一般说来，动物的学习都是无意识的，而人的学习主要是有意识的；更重要的是，动物的学习是被动地适应环境，而人的学习在于能动地认识世界和改造世界。另外，人类的学习是个体与其他人在进行社会交往中通过言语的中介掌握历史经验的认识过程，这更是动物无法比拟的。

人类的学习是复杂多样的。小孩认识动物、使用筷子、懂得文明礼貌是学习，成年人掌握如何开汽车是学习，学生在学校里上学是学习，科学家在发明创造中也有学习。学习是个体在生活过程中由于反复的实践和积累经验而带来的行为或行为潜力的比较持久的变化。

分析： 对人类而言，学习不仅是生存的本能，而且是有意识地、能动地改造世界、发展自身的过程。学习带来个体自身的变化，也是科技发展和社会进步的源泉。

二、高职阶段的学习特点

进入高职院校后，高职生生活、学习方式都发生了变化。学校不仅强调学生学习能力的培养，同时重视学生综合素质的培养。因此，高职生的学习就呈现出一些相应特点。

（一）专业性、技能性

高职生的学习活动是一种以掌握专业知识和技能为特征的社会活动，围绕着如何使高职生尽快成为高级专门人才而进行。所以，在高职阶段的学习生活中，高职生应更加注重专业课向着更专、更精的方向发展。但专业性并非单一性，职业教育提倡培养出来的学生要"一专多能"，各学科之间要相互联系、相互交叉、相互渗透。所以高职生在学习专业知识的同时，也要注意扩大知识面，广泛地涉猎各学科知识，更好地满足社会对人才的需要。相比于普通高校，高职院校的培养目标更加重视学生专业技能的学习和实践锻炼，在培养方案、教学计划中都把实践教学和技能培养置于相当重要的地位，在课程设计、毕业设计与毕业论文中也都体现了对专业知识技能活学活用的能力要求。

（二）自主性

高职生的学习虽然也要按照教师要求进行，但有相当大的自主性，并不像中学那样绝大部分时间是被动地完成教师布置的任务。教师课堂讲授要求做到少而精，这就要求学生在课外通过自学掌握更多内容。此外，高职生自我支配的时间较多，这就意味着高职生要有较强的自学能力和学习计划的能力，能够根据自己的兴趣、爱好制订适合自己的学习计划，合理安排好自己的学习时间。

（三）广博性

步入高职院校，高职生会发现除了基础知识，还有许多专业技能知识及人文社科知识可以学习。高职校园里那些形形色色的社团活动和社会实践活动又为高职生接触社会、融入社会提供了多种多样的机会。因此，无论在学习还是生活中，高职阶段学习的广博性可想而知。

（四）创造性

不同个体由于智力、知识经验、认知风格等的差异会表现出不同的创造性。高职阶段的学习相比于中学也更具创造性，这主要表现在高职生除了书本知识，对书本之外的新观点、新理论也需要进行深入的研究与探索。不仅要学习科学文化知识，而且要探究专业方法和专业技能，了解本专业的前沿发展。目前，高职院校普遍重视学生创新能力的培养，加强了学生实践环节的培养，以提高学生的创新能力。

心理训练

学习的五环节

一、训练目的

熟悉学习的五个环节，掌握有效学习方法。

二、训练时间

约 30 分钟。

三、训练内容

1. 热身活动——智囊袋。

（1）教师事先准备 15~20 件小物品（如剪刀、胶水、笔等），放置于一个袋子内。

（2）教师说明活动方式：这里有一个智囊袋，里面装有许多物品。教师会一一呈现物品，学生要用心记，不可用纸笔。每个人看完后，将所记得的物品名称写下来。

（3）进行"智囊袋"活动。

（4）教师重新呈现物品，请学生对照统计自己正确写下的物品数目，计算得分。

（5）请记得最多的 3 位学生分享他们是如何记忆的。

（6）教师引导：即使是最简单的记忆也要讲求方法，因此学习也要讲求方法，才能达到事半功倍的效果。

2. 导入新方法。

教师:"谁都想成为一个聪明的、学习效率高的人,但是,大家是否知道聪明与否和学习环节有关?学习环节是可以通过了解和实践运用来掌握的。今天我们就一起来学习掌握学习的五环节。"

分组:按卡片同类分组,可分为预习组、解惑组、辅导组、复习组和考查组等。

四、拓展活动

1. 脑力激荡。

(1)请学生罗列并讨论平日学习中曾经历的学习环节,以及哪些环节有助于提高学习效率(每个组发一张宣传纸和一支水彩笔)。

(2)每个组将写好的宣传纸张贴在黑板上,每个组派一名代表上台讲解。

2. 学习五环节。教师补充和介绍学习过程的预习、解惑、辅导、复习和考查五个环节。

五、分享时刻

全班学生自由发言,分享感受。

成 长 反 思

1. 中学阶段的学习和高职阶段的学习有什么不一样?

2. 怎样把握高职阶段的学习内容?

专题 4.2　常见的学习心理问题及应对

📎 名人名言

路漫漫其修远兮，吾将上下而求索。

——屈原《离骚》

📎 导入案例

"混"毕业证

李明，某职业院校大一新生，高考填报志愿时，听别人说会计专业是一个有前景的专业，将来就业稳定，于是就填报了会计专业。入学后，李明很快发现自己对会计专业课程并不感兴趣。对于上课，他总是能逃就逃，遇到考勤严格的老师，他就在课堂上睡觉。起初，他以为凭借自己的高中基础，即使不怎么听课也能应付考试。然而，期末考试给了他一个沉重打击——多门课程不及格。面对这样的成绩，李明并没有选择反思和改变，反而开始自暴自弃。他将大部分时间都浪费在玩网络游戏上，对学业越来越不上心。辅导员多次找他谈心，希望他能端正学习态度。但李明对此不以为意，认为大学就是来"混"毕业证的。他开始旷课、逃学，甚至有时候连考试都不参加。

分析：本例中，李明的学习动机明显不正确。他没有意识到学习的重要性，也没有为自己的未来做过任何规划。当面临学习困难时，他没有选择积极应对，而是选择了逃避和放弃。如果学生没有正确的学习动机，那么他们很难在学业上取得好的成绩。针对这种情况，大学生应主动寻求自己感兴趣的学习内容，激发学习热情和潜力。同时要注意反思自己的学习动机，适当淡化外在因素的影响，更加注重自己内在的提高。

一、高职生常见的学习心理问题

（一）学习自主性两极分化

学习自主性两极分化的情况在高职院校学生中较为突出，这也使得学生的学习能力和成效相应产生较为明显的分化。部分学生由于过去学习的内在动机不正确，外因驱使较为明显，在进入高职院校后，依然没有摆脱在教师、同学、家长的督促下才能学习的习惯，自主学习能力较差。不过，也有自主性较好的学生，进入高职院校后就已经着手规划未来并积极做相应的准备了。

（二）学习适应性参差不齐

部分高职新生由于中小学时期习惯了单向接受式的教学方式，进入高职院校后无法适应互动体验式、学生主导和自主学习为主的教学方式。

无法适应的高职生往往表现出过度焦虑和厌学等心理反应。心理学研究认为，学生在学习过程中，保持适当的焦虑是必要的，但严重的学习焦虑则会对学习产生不利影响。高职生学习中的过度焦虑表现为学习压力大，精神长期高度紧张，思维迟钝，记忆力下降，注意力涣散，情绪烦躁，寝食难安，神情恍惚，郁郁寡欢。这些不良心理反应在考试前往往表现得更为明显，甚至可能引发失眠、多汗、尿频、腹泻、神经衰弱、注意力不集中、记忆力衰退等症状。

厌学现象在高职生中也不少见。这是一种典型的心理倦怠反应，具体表现为：学习被动，缺乏内在动力和热情；作业拖拉、抄袭、敷衍了事；上课不认真听讲、无精打采，下课则生龙活虎、精神百倍；经常无故迟到，千方百计逃课；大量时间花在上网、打牌、踢球等娱乐活动上。厌学的学生往往学习态度冷漠、缺乏学习兴趣、学习如走马观花、满足于一知半解，学习上不用功、怕苦怕累、怕动脑筋，遇到一点困难就畏缩不前。

（三）部分人学习目的急功近利

有些高职生持实用主义的学习态度，即对学习内容的选择注重实用性，为用而学，目的过于功利化，主观色彩浓厚。个人主观认为对自己今后发展有用的课程，如英语、计算机等，就肯学、苦学、多学，而对一些公共课或自己认为没有实用价值的课程就少学或不学；轻视专业理论的学习，重视实用知识、技能的学习。这部分学生往往偏科严重，也容易出现浮躁、畏难、焦虑等学习心理特征。浮躁心理体现了心境和情绪上的波动性，具体表现为行动盲目、缺乏思考和计划，做事心神不定、缺乏恒心和毅力，急功近利、不求甚解、不能脚踏实地；畏难心理表现为在学习上碰到挫折时就选择逃避，逃到另一"现实"（如网络世界）中，或逃向幻想世界等；焦虑心理则表现为精神紧张、思维迟钝、注意和记忆力下降、情绪躁郁等心理状态。

（四）由于比较和差距容易产生自卑心理

高职校园往往会聚了来自全国各地的学生。许多学生感受到自己过去一度引以为傲的才能受到了前所未有的挑战，部分学生在感觉自己对专业学习还未能适应好的时候，已经被其他人拉开了距离。有的学生在通过努力后仍感觉自己看不到希望，因而丧失信心、产生自卑心理，甚至认为自己什么也做不好，产生破罐子破摔、自暴自弃的心态。

学习自卑在高职生中并不少见，不少学生由于高考失利给自己的定位就是"高考失败者"，或者在入学后面对他人时否定自己，产生一种低人一等的心理，对自己的能力缺乏自信，对未来、前途悲观失望。

二、高职生学习心理问题的成因

学习心理问题的产生、存在和发展，不仅会影响到学业，也会对其身心发展产生不良影响。研究发现，造成高职生学习出现心理障碍的主要原因主要有以下几个方面。

（一）认知偏差

社会上很多人对高职教育缺乏客观、合理的评价，一方面是由于我国的高等职业教育起步较晚，与普通高等教育相比在许多方面还存在一定的差距，导致许多人因此否定高职教育；另一方面是由于中国传统思想中的封建腐朽观念，不少人认为从事技术工作的操作型人员算不上人才。高职生存在的一些厌学、自卑、冷漠的心理都能从这里找到根源。

（二）学习动机不当和兴趣缺乏

学习动机是学生将学习需要和愿望转变为学习行为的心理动因，是发动和维持学习行动的内部力量。适当的学习动机是学习取得良好效果的重要保证，但高职生在学习过程中常出现学习动机不足或过强的情况。

1. 学习动机不足的表现及原因

高职生学习动机缺乏的表现主要有学习目标缺失、注意力分散、厌学、懒惰等。

（1）内部的原因：是指来自高职生自身的原因。一是学习动机不正确，社会责任感不强；二是对所学专业缺少兴趣；三是不正确的归因，如学生成绩优秀，其可能将自己的成功归因于能力并继续充满信心，也可能将成功的原因归于运气并希望下次考试再碰上好运气；四是对自己的能力缺乏正确的评估和判断。

（2）外部的原因：是指来自社会、学校、家庭等方面的原因。例如，学校专业设置可能过细、口径过窄，一定程度上脱离社会需要，导致学生择业困难；课程设置不合理，教学内容陈旧、方法单一，教学效果不佳；教学管理不严，教学条件跟不上，等等。有的家庭急功近利为子女选择专业，而不考虑子女对这些专业是否有兴趣、是否适合。有的学生面临学习之外的社会诱惑过多，如电子游戏、网上聊天等，学习兴趣就会大幅度降低。

2. 学习动机过强的表现及原因

高职生同样也面临着来自社会、学校、家庭等各方面的压力，许多学生因此拼命学习，其中有些是因为自己的成就动机过强、有些则是奖惩动机过强，最终都导致学习动机过强。成就动机强的学生急于取得成就、满足各方期待，并想事事超过他人。在学习中常

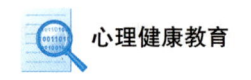

常对自己当前的行为和表现不够满意；经常给自己设置那些很难达到的目标，使得自己长期处于高负荷运转状态。奖惩动机过强的学生则是对奖惩考虑过多，他们以考试为中心，上课小心翼翼记笔记，下课认认真真对笔记，考试前辛辛苦苦背笔记；学习强度过大，每天学习时间太长，没有劳逸结合，容易出现过度焦虑和相伴随的生理心理问题，最终导致学习成绩下降、身心健康受损。

造成学习动机过强的原因有以下四点：一是对自己能力认识不足，估计过高，抱负与期望超出自己实际水平；二是不恰当的认知模式，如简单机械地认为"只要我付出了努力，我就一定会成功"；三是某种补偿心理，如一些学生由于业余爱好较少，于是试图通过突出的学习成绩得到他人的认可，因此产生了过于强烈的学习动机；四是他人不适当的强化，即有些学生由于学习刻苦而常常受到教师和同伴的赞扬并因此更加努力，但不是其内在的学习兴趣使然。此外，自尊心过强、做事过于认真、追求完美、好强、固执等性格特征，严厉的家庭教育方式和家长的期望值过高，也往往导致学生的学习动机过强。

（三）不良的社会环境及家庭环境的影响

看到社会上的一些不公平现象和不正之风后，有的高职生便觉得读书无用，滋生厌学情绪；享乐主义的影响使得部分学生不能正确地处理好休闲娱乐和学习的关系，终日迷恋上网、游戏，热衷交友游玩，上课无精神，学习无兴趣；有些家长自身认识具有局限性，对孩子不仅不能正确引导，甚至还起到负面作用，影响学校的教育效果。

三、高职生常见的学习心理问题的调适

学习与心理健康关系十分密切，它们之间相互联系、相互制约，学习的状况会直接影响到高职生的身心健康。

（一）学习动机不当的自我调节

1. 学习动机过强的自我调节

学习动机过强的青年职生，可按以下策略进行自我调节：一是要正确认识自己的潜质，制定恰当的学业目标与学业期望，调整成就动机，同时脚踏实地、循序渐进、不好高骛远；二是转换表面的学习动机为深层学习动机，淡化外在奖励特别是学业成就的因素，正确对待荣誉与学业成绩；三是端正学习态度，树立远大理想，保持旺盛的学习热情，朝向长远目标坚持不懈努力；四是运用科学的学习方法，合理用脑、劳逸结合，运用有效的学习策略提高学习效率。

2. 学习动机不足的自我调节

对于学习动机不足的学生可按以下策略做自我调节：一是正确认识学习的价值，确立

高职阶段的学习目标，重新规划学业与人生；二是调整心态，以积极的心态对待学习和学习中遇到的挫折与困难，用自身的意志战胜惰性；三是改进学习方法，提高学习效率与学业自我效能感，注重学业的自我价值与社会价值；四是培养学习兴趣，主动快乐地去求知，孜孜不倦地去探索和研究。

（二）记忆力不好的自我调节

记忆力不好是许多高职生感到头痛的问题，因为它不仅直接影响学习的效率，还会影响学习的兴趣和情绪。记忆力虽然有先天遗传因素，但也可以通过后天的训练得到培养和提高。

1. 保持良好的情绪状态

心理学研究发现，愉快的心情会引起人体内的一系列生理变化，如肌肉舒适放松、心脏有规律地跳动、体温略微上升等。这些变化会带来身体上的快感，在这种状况下学习，记忆效果会显著提高；而在不愉快的心情下，会心率加快、血压升高，人的精神无法集中、记忆效果也不佳。

2. 遵循记忆规律，掌握科学记忆方法

德国心理学家赫尔曼·艾宾浩斯（Hermann Ebbinghaus）研究发现：遗忘在学习之后立即开始，但遗忘的进程并不是均匀的，最初遗忘速度很快，以后逐渐缓慢，也就是说遗忘的规律是先快后慢。因此，他提出保持和遗忘是时间的函数这一理论，并根据自己的实验结果绘成描述遗忘进程的曲线，即著名的艾宾浩斯记忆遗忘曲线（如图 4-1 所示）。

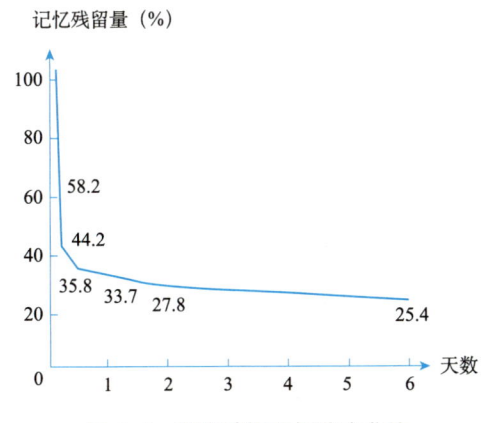

图 4-1 艾宾浩斯记忆遗忘曲线

根据遗忘的规律，高职生可以采取多种方式进行复习，尤其是在刚刚学习完的时候要多复习。例如，运用"近因效应"与"首因效应"的知识技巧，不断变换记忆内容的起始位置；将知识总结归类，找出事物的内部规律，既是复习又能加深理解。

要提高记忆力，除了明确记忆的目的和任务、积极地思考和集中注意力，还应掌握一些科学的记忆方法，如善于理解、尝试背诵、综合识记、多种感官、勤于观察、对比联

想、制作图表、分门别类等。遵循记忆规律，提高记忆效率是一个非常好的学习方法。

3. 科学用脑

"刀不磨要钝，脑不用不灵。"大脑要经常使用，且使用要讲求科学。

（1）保证睡眠时间。通过睡眠解除生理疲劳，保证人体机能的和谐与平衡。

（2）及时转移大脑兴奋中心、变换活动内容或使活动内容丰富化。可以采取各学科系统安排、交叉进行的方式，达到轮换休息的目的。

（3）加强身体锻炼。体育锻炼可以培养坚强的意志和进取精神，有利于适应紧张的复习和考试，增强对紧张学习以及长时间学习的承受能力，减缓或推迟疲劳的产生。

（三）考试焦虑及调适

1. 考试焦虑的概念

考试焦虑是一种常见的学习心理问题，是学生担心考试不能达到预期目标，或可能产生不良后果而出现的紧张不安、恐惧的情绪状态。多数人在面临重要考试时都会产生一定程度的考试焦虑，这是正常的、无害的。但过度的考试焦虑对学习及身心健康危害很大。过度考试焦虑的主要表现为：情绪上，心烦意乱、躁动不安、无精打采、紧张、担忧；认知上，注意力不集中、记忆力下降、学习效率低；行为上，坐立不安、手足无措；生理上，头痛、肠胃不适、食欲下降、失眠等。个别学生在考场上还会出现视力障碍、判断力下降、大脑一片空白等情况。造成这种现象的原因主要是没有树立正确的考试态度或平时对知识掌握不够扎实，当然也与自身的考试经历和不良心态有关。

2. 考试焦虑的自我调适

（1）正确认识考试，稳定情绪。不要过分看重考试对个人前途的影响，更不能片面地认为只有考试取得好成绩才是对自己的肯定。我们每一个人都要认识到，考试只是检验学习结果的一种手段而非目的，并不能全面反映学生的学习能力。成绩对个体将来的就业或成功有一定的影响，但绝不是决定因素。

（2）做好充分的考试准备。制订可行的考试计划，平时多努力，应该解决的问题尽量解决掉，扎实地掌握知识，并且考前认真复习。考试前做好精神、物质上的准备工作，有利于放松紧张心情、有条不紊地进入应试状态。除了要调整好情绪，还要保证充足的睡眠，重视科学用脑，不要"开夜车"；注意起床时间不要离考试时间太近，起床后应活动一下，以最好的状态来备战考试。

（3）正确评估自己，树立信心。考前不要盲目乐观，使自己始终处于自信而不自满、自尊而不自负的心理状态；更不能低估自己，要振奋自己的士气、树立信心，这是防止"晕场"的有力保证。即使对眼前的考试由于准备不充分而缺乏信心，也不要过于悲观，要正确评估自己，肯定自己已经做出的努力，争取在临场发挥中有更好的表现。

（4）自我放松，积极自我暗示。积极的自我暗示对人的心理和生理都有很大的帮助，在考试之前要给自己一个积极的心理暗示"我一定行"。考试过程中如果因过度紧张而出现大脑一片空白的情况，可以反复暗示自己"放松，不要紧张"，如果仍处于紧张状态，可以做几次深呼吸。

经典分享

考试焦虑及考前不良心态

紧张的复习又来临了，经常听到高职生说自己的头脑"发木"，不太灵光，怎么也记不住，为什么会出现这种情况呢？主要原因有以下几点：

1. 面临考试会引起情绪紧张、急躁、烦恼。"心烦气躁"的状态下怎么能去集中精力看书呢？这样势必影响自己的接受能力、记忆力，也就是出现刚刚说到的"发木"状态。

2. 高职生对考试缺乏信心，总感觉这也不知道、那也不了解，于是认为自己什么都不知道。这种心境会影响正常的复习心态。

3. 用脑不当。许多学生一到考试前就搞突击、"开夜车"，每天只睡两三个小时，造成大脑供氧不足，头脑晕晕乎乎，这样怎么会有好的学习效果呢？

4. 学习方法不当。有些学生一上复习课就烦躁，不理睬教师，只顾埋头做自己的。其实教师的引导作用是很重要的，要依照教师的引导来进行复习。有的学生凭兴趣复习，只复习自己成绩好的一门；有的学生从弱点着手，只复习自己的薄弱点。这两种方法都要不得，因为大脑的不同部位功能不同，长期使用同一部位，会使大脑疲劳，就像橡皮筋一样，时间长了就会失去弹性。

5. 暗示。在高职院校，同学之间的言语很容易影响到自己。例如，当身边有一个人说他头脑"发木"的时候，你就会去注意这种现象，并关注自己；当有10个人这样说的时候，你就可能会加入他们的行列，也觉得自己的头脑开始"发木"，什么也记不住了，形成一种"传染"效应（其实是自我暗示和从众心理造成的）。

如何防止、克服以上情况呢？主要注意以下两点：一是要有正确的考试观，敢于正视考试压力；二是要根据自己的学习时间特点，充分利用高效的记忆时间，采取合理的多样化的复习方法，有效地记忆和巩固所学知识。

分析： 考试焦虑、烦躁、缺乏信心是考前常见的心理状态。如果感觉到过度压力，我们就可能头脑发蒙、心情烦躁；而要形成适度的压力感，就需要我们能够正确认识考试压力、日常做好准备、考前正确地评估自己、学会放松自己。即使这次准备不足没考好，我们也可以争取在下次考试中取得更好的成绩。

（四）保持积极的心智模式

心智模式（Mental Models）的概念由英国心理学家肯尼思·克雷克（Kenneth Craik）

于 1940 年提出。从本质上看，心智模式是人们在大脑中构建起来的认知外部现实世界的"模型"，影响人们的观察、思考以及行动。图 4-2 反映了个体心智模式的形成，它从与外界的交互中通过直接经验或实践形成，在与他人的沟通交流和学习中进一步得到修正，又会通过科学系统的思考发展出新的推论模式。

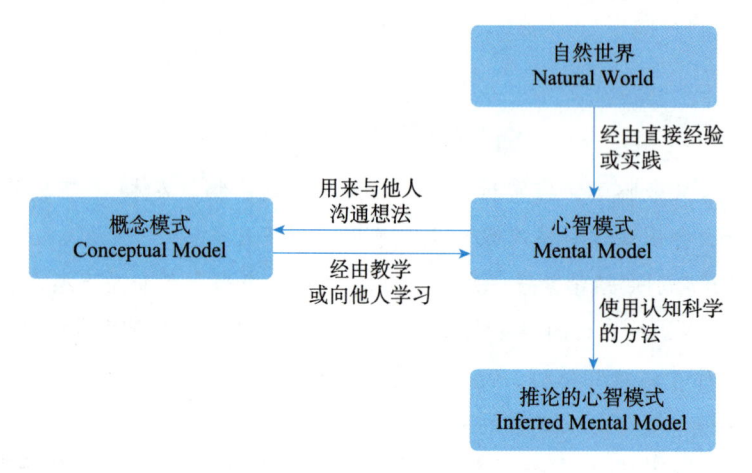

图 4-2　心智模式的形成

从功能上看，心智模式有积极和消极之分。积极的心智模式帮助我们健康成长，而消极的心智模式则会成为学习发展的障碍。要培养发展积极的心智模式，我们可以从开放的认识、乐观的心态、积极主动的行动等角度入手进行培养，也可以借鉴一些良好的思维与行为习惯，如斯坦福心理学家卡罗尔·德韦克提出的"成长型思维"，以及美国著名的管理学大师史蒂芬·柯维（Stephen Richards Covey）所总结的"高效能人士的七个习惯"。

"成长型思维"是卡罗尔·德韦克（Carol S. Dweck）在其著作《终身成长》中提出的。她认为，固定思维与成长型思维两者的主要差异体现在以下八个方面：

（1）固定思维的人规避挑战，成长型思维的人欢迎挑战。

（2）固定思维的人痛恨变化，成长型思维的人拥抱变化。

（3）固定思维的人总是关注限制，成长型思维的人总是寻找机会。

（4）固定思维的人对改变现状无能为力，成长型思维的人认为凡事皆有可能。

（5）固定思维的人不接受批评，成长型思维的人珍视反馈、主动学习。

（6）固定思维的人喜欢待在舒适区中，成长型思维的人喜欢探索新事物。

（7）固定思维的人有时觉得努力无用，成长型思维的人认为每次失败都是一堂课。

（8）固定思维的人认为毕业后无须过多学习，成长型思维的人认为学习是终生的事业。

史蒂芬·柯维所提出的"高效能人士的七个习惯"则是积极主动、以终为始、要事第一、双赢思维、知己知彼、统合综效、不断更新。

这方面的研究和实践资料还有很多，高职生可以在学习之余多做了解和练习，努力培养自己的积极心智模式。

心理训练

有备而来——我不怕考试

一、训练目的

克服考试焦虑。

二、训练时间

30~45 分钟。

三、训练内容

1. 热身活动。角色扮演，可供表演的内容如下：

（1）拿考得不好的成绩给父母看（考试考坏时）。

（2）拿考得好的成绩给父母看（考试考好时）。

（3）发现好朋友因考试成绩不理想（整天垂头丧气时）。

2. 发展活动。演讲会：教师先请学生将桌面收拾干净，向学生宣布演讲题目，并给他们2分钟的时间准备即兴演讲，之后抽2~3位学生上台演讲1分钟。演讲结束后，询问学生刚才准备演讲的心情，引导学生回想当时的生理和心理状态。然后，教师针对刚才学生演讲所表现出来的焦虑状态，结合临考期间学生的表现，询问学生这些情况出现的频率是否增加（可请学生以自身经验补充说明）。

3. 分享讨论。

（1）为什么演讲会上会出现焦虑状态？

（2）探究出现焦虑的原因。

（3）寻找放松自我的方法。

成长反思

1. 高职生容易出现哪些常见的学习心理问题？

2. 如果你的同学正在经历考试焦虑，你将如何帮助他？

专题4.3　学习能力培养和潜能开发

名人名言

吾生也有涯，而知也无涯。

——《庄子·内篇》

导入案例

逆袭之路

李强，一个出身普通家庭的高职生。高中时期，李强的成绩并不突出，未能考入理想的大学。进入高职院校后，他意识到只有通过努力学习、精进技能，才能打开通往更广阔世界的大门。于是，他决定用实际行动证明自己的价值。

在校期间，李强不仅刻苦钻研专业知识，还积极参与各种实践活动。他利用课余时间自学了多门课程，不断提升自己的技能水平。同时，他还主动加入学校的创业团队，参与项目开发，锻炼自己的实践能力。

毕业后，李强进入了一家知名企业实习。虽然他的学历并不占优势，但他凭借扎实的专业知识和过硬的技能，很快在实习生中脱颖而出。他主动承担责任，勤奋工作，得到了企业领导和同事的认可。

实习期间，李强意识到自己在某些方面还有所欠缺，于是决定继续深造。他利用业余时间自学了相关课程，并成功考取了相关证书。这些努力不仅提升了他的个人能力，也为他的职业发展打下了坚实的基础。

凭借不懈的努力和持续的学习，李强逐渐在行业中崭露头角。他参与了多个重要项目，为企业带来了显著的业绩提升。同时，他还积极参与行业交流，与同行分享经验，不断扩大自己的影响力。

如今，李强已经成为一名行业精英。他用自己的实际行动证明了：只要肯努力、敢于挑战自己，高职生同样可以逆袭成为行业的佼佼者。

分析：李强从一个普通家庭的孩子，通过不懈的努力和持续的学习，逐渐成长为行业的精英。天道酬勤，只要方法得当、积极努力，高职生的人生一定可以逆袭！

一、培养学习能力

人本主义心理学理论认为，人类具有学习的自然倾向和学习的内在潜能，学习是一种自发的、有目的、有选择的过程，人可以通过学习塑造自己的行为并从中得到满足。同时，学习方法的学习和掌握非常重要，最好的学习是学会如何进行学习。随着学习生活由基础教育向高等教育转变，发展方向由升学为主向就业为主转变，高职生在学习策略、学习方式和学习方法等方面必然会面临新的挑战，由于这个时期学习的任务要求更高、学习内容更加丰富、学习难度加深、教师的教学个性化等因素，客观上也要求学生必须具备自主学习能力和建立获取信息的能力。因此，学会有效地学习是高职阶段的重要学习目标。法国政治家埃德加·富尔（Edgar Faure）在《学会生存》一书中写道"未来的文盲，不再是不识字的人，而是没有学会学习的人"。

（一）培养自主学习能力

自主学习是指学习者在确定学习目标、选择学习方法、监控学习过程、评价学习结果等方面进行自我设计、自我管理、自我调节、自我监控、自我判断、自我评价和自我转化的主动学习过程。高职学习阶段的自主学习，不只包括自觉主动，更包含了自己对学习方法的探索和对学习的定位。高职生首先要确定自己的学习目标，给自己制订学习的计划，学会合理安排自己的时间，真正成为学习的主人。

1. 自觉主动地学习

自觉主动地学习意味着学习者产生一种发自内心的、强烈的求知欲望，是"我要学"而不是"要我学"。从入学开始，高职生就应从中学时的被动学习转为主动学习，积极地管理自己的学业，积极地规划高职学习生活。

2. 掌握良好的学习方法

"工欲善其事，必先利其器。"在学习上如果想取得好的成绩，必须有科学高效的学习方法，高职学习阶段更应该意识到学习方法的重要性，尤其是要注意提高学习效率。在高职学习中要把握住的几个主要环节是预习、听课、记笔记、复习、总结、做作业、考试。这些环节把握好了，就能为学习打下坚实的基础。

3. 培养自主学习的能力

自主学习主要通过个体来完成对学习计划的拟定、监控和调节，因此元认知策略的培养是个体自主学习能力提高必不可少的条件，是学习策略培养的核心。所谓元认知，是指对认知的认知，即对个体自身的感知、记忆、思维等认知活动本身的再感知、再记忆、再思维，个体相应的监控和调节活动策略就是元认知策略。元认知能力的培养要着眼于元认

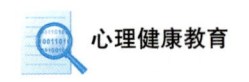

知的认识功能和监控功能的提高，即教会学生根据自己的智力特点、学习材料的特点、学习任务与要求灵活地制订学习计划，并学会对自己的学习情况进行自我监控，如采用自我记录技术、自我记分技术、自我提问技术等来对自己学习进展情况做记录和分析。同时，高职生还要注意学习相应的自我调节和监控手段，如通过反馈等方法来对不适当的学习步骤和学习策略进行调整，使之沿着正确的轨道进行。

（二）激发学习动机

学习动机是激发个体进行学习活动、维持学习活动持续性，并使行为朝向一定学习目标的一种内在的心理状态。学习动机具有指引学习方向、集中注意力和增添学习内驱力的多重作用。

高职生要想正确激发学习动机，可以通过高职生自我提升和教师引导这两方面来实现。

1. 学生应努力增强自我效能感

根据美国心理学家阿尔伯特·班杜拉（Albert Bandura）的自我效能理论，提高学生自我效能感主要有三种方式：一是增加学生的成功经验。个体亲历的成功经验对效能感的影响是非常大的，不断的成功会使人建立起稳定的自我效能感，这种效能感不会因为一时的挫折而降低，而且还会泛化到类似情境中。二是积极的自我强化。使学生进行积极的自我强化，关键是使学生建立合适的可以达到的目标，使其能在较近的目标达到后看到自己的进步。三是言语说服。这是一种极为常用的方法，就是凭借说服性的建议、劝告、解释和自我引导来改变人们的自我效能感。

2. 教师应注意引导激发学生的学习动机

高职院校的教师经常使用一些外在的强化手段来激发学生的学习，这种方法在行为控制方面有作用，但在形成正确的学习动机方面却有其局限性。教师应该引导学生在所学内容的内部寻找乐趣，发现学习本身的意义；允许学生做选择，鼓励学生成为自主的学习者，用热情激发学生的兴趣和好奇心，让他们关注自己能力发展的需要；让学生"投入活动"而非"干完拉倒"；让学生体验到掌握知识或技能后的成功和自身能力的提高。因此，帮助学生形成稳定的内部学习动机是职业教育教学活动的主要目标。

经典分享

奖励与内在动机

心理学家德西（Edward L. Deci）对外部奖励与外部动机、内在动机之间的复杂关系进行了实验研究。1971年，德西在实验中发现：大学生本来可以兴趣盎然地进行某项学习活动，但是如果在他们学习时给予一定的报酬，那么后来在得不到报酬时，他们对这项学习就不那么感兴趣了。在实验中，德西让大学生用"索马"（SOMA）立方块摆成各种规定的图形。实验分3天进行，每天规定摆出4个图形，要求每个图形必须在13分钟内摆完。德西把参加实验的大学生分为实验组和对照组。两组的区别是：实验的第二天，实验组的被试者每摆出1个图形，便会得到1美元的报酬，而对照组不进行任何改变。结果发现，本来两组大学生对这种游戏都很感兴趣，即内在动机很强，但是实验组的大学生由于在内在动机激励下从事智力游戏的同时得到了外部强化——1美元奖励，他们第三天的内在动机明显低于第一天。对照组由于一直是在内在动机的激励下进行智力游戏，则没有出现这种情况。德西据此得出：第二天的外部强化降低了大学生进行智力游戏的内在动机。他认为，外部奖励使人感到他们的行为受到外部力量的控制，因而降低了自信感，而自信感是与内在动机相连的一种内部奖励，因此外部奖励的实施就导致了内在动机的削弱。

分析：如果仅仅将学习视为一种获得奖励的手段，是不利于学习的。只有内心真正热爱学习，认识到学习本身的价值，才能让学习更有动力。这个实验也提示了教育者应该提供有趣的学习体验，让学生感受到学习的乐趣，从而增强学习动机。

（三）注重多种能力的培养

高职教育具有明显的职业定向性，要求学生除了扎扎实实掌握书本知识，还要培养研究和解决问题的能力。因此，学生在注意自主学习能力的培养的同时，还要注意思维能力、表达能力、组织管理能力和创造能力的培养，从而为将来适应社会工作打下良好的基础。

1. 培养思维能力

思维能力能揭示客观事物的本质特征及内在联系，并主要表现在概念形成和问题解决的活动中。思维能力主要包括使认识过程简化的分析能力、使认识过程深化的综合能力、对具体事物认识理论化的抽象能力、从共性出发探究个体以便更深刻认识共性的归纳能力、从已知事物出发与未知事物进行比较从而揭示未知事物运动规律的类比能力、把不同事物或同一事物的不同部分中的东西联系起来的概括能力等。培养思维能力有助于高职生理解知识、巩固知识，也有助于更好地运用知识，学会学习。

2. 培养表达能力

表达能力是指人们以语言或其他方式展示自己思想感情的能力，是交流科学技术思想、交流感情的工具。表达能力主要包括口头表达能力和书面表达能力：口头表达能力，就是将自己的思想、观点、意见、建议用最生动、最有效的表达方式传递给听者，对听者产生有效影响的一种能力；书面表达能力，就是将自己的实践经验和决策思想，运用文字

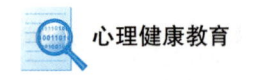

表达方式，使其系统化、科学化、条理化的一种能力。口头表达能力要求的是语言的流畅性、灵活性和艺术性；书面表达能力要求的是文句的逻辑性、艺术性和条理性。对高职生来说，表达能力在将来的工作中是极为重要的，因此在校期间要加强锻炼、不断提高。要多读书，以增强自己表达思想的深刻性、观点的新颖性、内容的丰富性；要多实践，多培养自己思路的敏捷性，表达的条理性、准确性和生动性。

3. 培养组织管理能力

组织管理能力包括计划能力、组织实践能力、决断能力、指导能力和平衡能力。随着大学毕业生就业制度的改革，具有一定的交往能力和组织工作能力的高职生更受到用人单位的普遍欢迎。许多单位挑选应聘者时，在注重其学业成绩的同时，对其是否担任过学生干部、做过社会工作也很感兴趣。因为无论从事何种工作，都离不开一定的组织管理。要把工作开展起来，把计划付诸实施，把他人的积极性协调起来，把大家的智慧发挥出来，没有一定的组织管理能力是不行的。因此，高职生应积极参加社会活动，尽量多做些社会工作，不断增强自己的组织工作能力。

4. 培养创新能力

没有创新就没有未来。高职教育也非常重视学生创造性的培养。有研究者认为，高职生创造性培养涉及六个方面的个人因素：强烈的好奇心和求知欲、联想的独特性和新颖性、个性的独立性、知识的有效性、不怕犯错误、正确的价值观。从个人成长来说，创新可以改变命运，使自己开创更大的事业。创造性的才华能使人更快做出与众不同的成绩，创新是突破事业停滞状态的重要环节。在我们成长的旅途中会遇到各种挫折，使我们陷入人生发展的困顿时期，这时候运用原来的思维、方法和知识往往无法解决难题，应该运用创造性的思维方法，打破定式乃至传统。为培养创新能力，高职生可以多参加一些社会活动，如在社团活动中锻炼策划能力或在社会实践活动中提高自己的创新能力和创新意识；在专业探索和实践活动中也要注重开拓创新能力的锻炼，增强开拓创新意识，为在今后的工作中有所发明创造奠定良好的基础。

二、发展多元智能

传统上，学校一直只强调学生在逻辑思维能力方面的发展，但这并不是人类智能的全部，不同的人会有不同的智能组合。例如，建筑师及雕塑家的空间智能较强，运动员和芭蕾舞演员的身体运动智能较强，公关人员的人际智能较强，作家的内省智能较强。为此，美国哈佛大学教育研究院的发展心理学家霍华德·加德纳（Howard Gardner）在1983年提出了"多元智能理论"。霍华德·加德纳从自己亲身实践与研究中总结出了影响人的八大智能，即语言、音乐、逻辑、空间、运动、内省、交往和自然观察。霍华德·加德纳认为，这是每个个体身上都相对独立存在着的、与特定的认知领域和知识领域相联系的八大智能。

（一）语言智能

语言智能指听、说、读和写的能力，表现为个人利用语言描述事件、表达思想并与人交流。这种智能在作家、演说家、记者、编辑、节目主持人、播音员、律师等职业上有更加突出的表现。

语言智能的开发会影响人的思想的表达、思维的发展。重视语言智能的开发，不仅会使人的思想表达更完整清晰，而且思维组织力也会进一步加强。

（二）音乐智能

音乐智能指感受、辨别、记忆、改变和表达音乐的能力，表现为个人对音乐包括节奏、音调、音色和旋律的敏感度及通过作曲、演奏和歌唱等表达音乐的能力。这种智能在作曲家、指挥家、歌唱家、乐师、乐器制作者、音乐评论家等人员身上有出色的表现。

音乐智能影响人的精神健康和智力发展。音乐智能开发会使人的右脑功能得到较高层次的发展，不仅能陶冶性情，还有助于智力发展。

（三）逻辑智能

逻辑智能指运算和推理的能力，表现为对事物间各种关系，如类比、对比、因果和逻辑等关系的敏感度及通过数理运算和逻辑推理等进行思维的能力。数学家、统计学家、会计、计算机程序员、科学家等是这种智能较强的人。

逻辑智能会影响人的分析问题、解决问题能力的发展。人的一生要处理千千万万的事物，都需要靠这种能力来解决，而这些推理、判断、分析能力正是从逻辑智能中建立的。

（四）空间智能

空间智能指感受、辨别、记忆和改变物体的空间关系并借此表达思想和感情的能力，表现为对线条、形状、结构、色彩和空间关系的敏感度及通过平面图形和立体造型将它们表现出来的能力。画家、雕刻家、司机、向导、建筑师、水手等是这种智能较强的人。

空间智能会影响人们用直觉把握事物能力的发展。人所接触的事物往往首先靠眼睛在空间中有效地把握。空间智能开发不仅会影响把握的准确性，而且会影响对空间对象的判断力。

（五）运动智能

运动智能指运用四肢和躯干的能力，表现为控制自己的身体、对事件做出身体反应及利用身体语言来表达自己的思想和情感的能力。运动员、舞蹈家、外科医生、手艺人等都

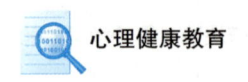

有这种智能优势。

运动智能会影响人的身心全面发展。加德纳强调人的身体的任何活动，特别是身体的协调运动都是智力的综合作用的表现。

（六）内省智能

内省智能指认识、洞察和反省自身的能力，表现为意识和评价自身的情绪、动机、欲望、个性、意志，并在自我意识和自我评价的基础上形成自尊、自律和自制的能力。这种智能在优秀的政治家、哲学家、心理学家、教师、诗人等人员身上往往有出色的表现。

内省智能强能使人更容易走向成功。个体只有认识到自己的客观情况，在每做一件事之后都能积极内省，才会少犯错误，并顺利通向成功之路。

（七）交往智能

交往智能指与人相处和交往的能力，表现为觉察、体验他人情绪、情感和意图，并据此做出适宜反应的能力。销售家、政治家、教师、心理学家、社会工作者等往往是这种智能较强的人。

交往智能会影响人与他人合作能力的发展。从小重视人的交往力，有助于被他人接纳，并在走向成功的道路上轻松赢得他人的合作与帮助。

（八）自然观察智能

自然观察智能指个体辨别环境（不仅是自然环境，还包括人造环境）的特征并加以分类和利用的能力。植物学家、动物学家、环保主义者、物理学家、形象设计者等是这种能力较强的人。

自然观察智能会影响个人探索创新能力的发展。探索、创新是人类向未来世界进军的重要能力。要让人们走向大自然，激活潜在的、与生俱来的自然观察智能，培养好奇心，引发探索，创新欲望。

综上所述，八大智能对一个人的发展都很重要，不可或缺。高职生要重视培养开发自己的多种潜在智能，这不仅对自身发展具有重大现实意义，也是全面提升学生群体素质所迫切需要的。

三、开发个人潜能

潜能的概念起源于古希腊哲学，古往今来的教育家、心理学家、教师及家长也都对学生的潜能开发高度重视。人们认为，进行实践和教育的目的就是不断发现人的潜能并实现其潜能。马克思在《资本论》第一卷中把这种人类自身的自然沉睡的潜力概括为人的潜能。这种潜能就是人的体能和智能的总和。通俗地说，潜能是指有待于开发的处于挖掘状态的潜伏的一种能力。

古今中外许多成功之士成功的奥秘不是他们具有超凡脱俗的本领，而是他们能够探求并开发自己的潜能。人的潜意识深处有着无限的智慧、力量，以及所需要的其他能力。因此，高职生可以通过努力开发自己的潜能，不断提高自己的学习能力，以获取更多创造性的收获。开发个人潜能通常需要关注以下几个要点。

（一）把握学习的关键期以适应潜能的变化性要求

潜能是变化发展的，即每种潜能都处在"可能状态"之中，而这种可能状态的开发又往往存在着某种"关键期"。关键期这一概念是由诺贝尔奖获得者、奥地利习性学家和心理学家康拉德·柴卡里阿斯·洛伦茨（Konrad Zacharias Lorenz）提出来的。他利用人工孵化灰色雁，并日夜观察由蛋孵化成雁的过程，他观察到，野鸭、鹅、灰雁等动物的幼崽具有这样的本能行为：把看到的第一个移动目标作为追逐并学习的对象。洛伦茨把这种行为称为"印刻现象"。这种"印刻现象"是一种快速的先天学习，发生在个体生命中一个短暂的关键期。客观刺激只有在这个时期内出现，印刻才能产生或者最为有效。如果错过了这一阶段，就不容易出现这样的好时机。由此可见，高职生的有效学习、潜能的实现也要抓住机遇，充分利用资源，在学习的关键期内尽可能掌握更多的知识和技能；同时，要注意正确认识自身的"最近发展区"，适时为自身的学习确定合适的提升目标，增强学习的有效性。

（二）增加学习的自主性以契合潜能的能动性要求

潜能的能动性概念强调，行动者自己的主动性是保证某一结果实现的关键。首先，高职生要注意培养学习的独立性，这种独立性是相对于依赖性而言的。高职教育与义务教育和高中教育最明显的区别是高职教育要求学生有较强的独立学习能力。因此，高职院校的教师也必须尊重学生的独立性，积极鼓励并创造各种机会发挥学生的独立性，培养学生的独立学习能力。其次，高职生要注意增强自控能力。潜能的能动性要求学生规划解决好各阶段能否学习、学习什么、怎么学习等问题，它突出表现为学生对学习的自我计划、自我调整、自我指导、自我强化，即在进行学习活动之前能确立明确的学习目标，选择正确的学习方法，安排合理的学习步骤，以及树立应达到的学习目标；在学习过程中，能按照预先的计划如期进行。自控能力能规范学习者的学习行为，从而使学习者不断进取，持之以恒。最后，高职生要注重学习的内化。高职生在学习知识的同时，还要注重理论联系实际，在实践中反复练习所学的知识技能，这样才能使自己所学的知识真正成为自身的一部分。

（三）正确认识自我以适应潜能的社会性要求

潜能具有社会性，即潜能的发挥受到各种社会因素的制约。正确认识自我、充分利用外部条件是促进高职生潜能发挥的重要途径。在这个世界上，认识自己才是最难的事情，这是因为自我是多层次的，并且在不同的时期有不同的表现。因此，客观地、正确地认识自我，对学习是很有帮助的。要正确地认识自我，就要恰当地利用各种社会关系，经常和朋友或他人交流，了解别人对自己的看法，了解别人对自己所作所为的评价，从中反思和再认识自我。在学习中，如不能正确认识自我，明确自己的学习目标，就容易陷入迷惑之中。此外，通过与别人的比较，认清自己的优缺点，有利于明确自己的定位，在保持现有优的同时，集中弥补自己的不足和缺陷，从而提升自我。高职生应尤其重视这一点。由于以前的学习方法不再适用，也不能再单独依靠教师开展学习活动，因此高职生必须在自己感兴趣的基础上探寻适合自己的学习方法。

人的潜能随着人自身的发展及其外部条件的变化而变化。高职学习阶段是学生完善知识结构、学习专业特长、完善自我的重要阶段，因此应抓住机遇开发潜能，并借此不断提高学习能力。

经典分享

将军射"虎"

"林暗草惊风，将军夜引弓。平明寻白羽，没在石棱中。"诗中那位"夜引弓"的"将军"，就是被人们称为"飞将军"的李广。据说，他在镇守北方边境的时候，曾发生过这样一件事：天色已晚，李广带兵巡逻，路过一片松林。一阵疾风吹来，树木野草发出"沙沙"的声音。猛然间，李广发现前方的草丛中，影影绰绰蹲着一只老虎！他连忙举弓搭箭，运足气力，拉开硬弓，"嗖"的一声，一支白羽箭射了出去。第二天，天刚蒙蒙亮，李广的随从便来到射虎的地方。呀！几个人惊呆了——原来李将军射中的不是老虎，而是一块巨石！那支白羽箭深深地扎进石头里，兵士们怎么拔也拔不出来。李将军后来再射，却怎么也射不进石头里了。

分析：人是不断发展的，我们每个人都有很大的发展空间。人的潜能犹如一座有待开发的金矿，其中可能蕴藏着我们远未发掘出来的巨大价值。在特殊情境下，我们的潜能可能被激发出来。我们也可以在心中想象一个自己期待的"自我"形象，激励自己的斗志，通过实践努力挖掘和释放自己的潜能。

心 理 训 练

时间管理：做自己的时间馅饼

一、训练目的

回顾自己的日常时间分配情况，进行反思和重新规划。

二、训练时间

30～40 分钟。

三、训练内容

1. 根据自己的思考并参照最理想的"时间馅饼图"分配示例（如图 4-3 所示）绘制一张自己的最理想的"时间馅饼图"，而后再尽量回忆在过去的一周中参加的各项活动，包括工作、学习、兴趣爱好、锻炼身体、休闲活动、交友等，然后根据每项活动所投入时间的多少并参照实际的"时间馅饼图"分配示例（如图 4-4 所示），绘制自己的实际的"时间馅饼图"。

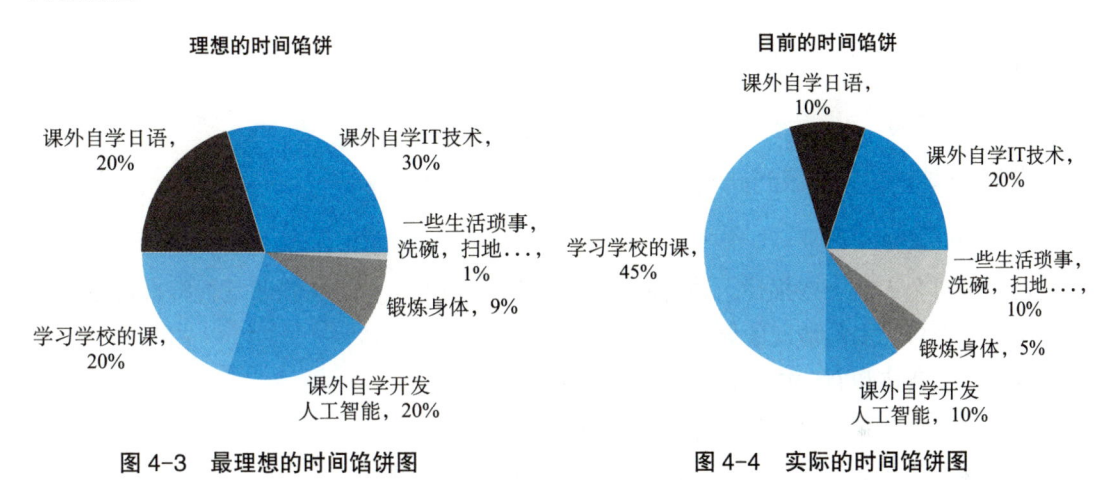

图 4-3　最理想的时间馅饼图

图 4-4　实际的时间馅饼图

2. 完成时间馅饼图的绘制后，请思考下面的问题。

（1）对照一下自己绘制的最理想的"时间馅饼图"，看看它是否与你实际的情况相匹配。

（2）最理想的"时间馅饼图"与你目前实际的时间分配状况之间有何差别？是什么造成了这种情况？能不能进行改进？如何进行改进？

（3）请拟出你今后时间管理的具体计划。

在进行时间管理时，请记住时间管理的一个重要原则：自己将时间耗费在某些事情上的唯一理由，就是为了实现自己的近期和远期目标。

成 长 反 思

1. 你将如何正确培养自己的学习动机和兴趣？
2. 霍华德·加德纳认为影响人的八大智能是什么？
3. 结合自身学习情况，拟定你的学习计划。

综合训练和拓展学习四

一、心理测试

多元智能理论小测试

1. 测试目的

熟悉多元智能理论，了解自己相对较强的智能所在。

2. 测试时间

约 15 分钟。

3. 测试内容

以下是对个人的一些描述。请对照你自己的实际情况，对这些描述是否符合自己做出判断（在符合自己实际情况的题号上打"√"）。

（1）你在背诗和有韵律的词句方面很出色。

（2）你能注意到自己愁闷和高兴的情绪变化。

（3）你常常问诸如"时间是从什么时候开始的"等问题。

（4）你很少迷路。

（5）你的动作很优美。

（6）你唱歌时音阶很准。

（7）你经常会问打雷、闪电和下雨是怎样形成的等问题。

（8）说过的一个词你用错了，你就会纠正。

（9）你很早就会系鞋带，很早就出人意料地学会了骑车。

（10）你特别喜欢扮演某个角色并编出剧情。

（11）外出旅行时，你能记住沿途标记，可以说出"我们曾到过这个地方……"。

（12）你喜欢听各种乐器发出的声音，并能通过辨音认出它们。

（13）你画图画得很好，能清晰描绘物体。

（14）你善于模仿各种身体动作及面部表情。

（15）就像喜欢根据大小和颜色把玩具分类一样，你善于划分种类。

（16）你长于把动作与情感联系起来。例如，"我发昏了才做出这事……"。

（17）你能够相当精彩地讲故事。

（18）你能够对不同的声音发表意见。

（19）某人被引荐，你有时会说："她使我想起了×××。"

（20）对别人能完成与不能完成的事你能做出准确的评论。

（21）在看电影、电视时，能够很快看出谁是坏人。

（22）观察力强，能发现事物的细枝末节。

（23）说话早，表达能力强。

（24）喜欢下棋打牌。

（25）学歌学得快。

（26）能够熟练地掌握各种工具器械。

（27）不卑不亢，有自信心。

（28）有"眼力见儿"，能够应酬和接待客人。

（29）很少不知所措。

（30）从小就喜欢读书，无须大人督促。

（31）能很快学会等量转换。例如，500克是1斤，3尺是1米。

（32）从小就爱摆弄乐器，长大一些后，能识别出没有歌词的乐曲演奏曲。

（33）是拆装玩具、折纸的能手，别人都说你手巧。

（34）知道如何计划自己的事情。

（35）喜欢养动植物。

（36）能够区分不同动植物的品种。

4. 结果解释

选择（1）（8）（17）（23）（30），表现出的是语言智能；

选择（6）（12）（18）（25）（32），表现出的是音乐智能；

选择（3）（7）（15）（24）（31），表现出的是逻辑智能；

选择（4）（11）（13）（22）（29），表现出的是空间智能；

选择（5）（9）（14）（26）（33），表现出的是运动智能；

选择（10）（16）（20）（27）（34），表现出的是内省智能；

选择（2）（10）（19）（21）（28），表现出的是交往智能；

选择（35）（36），表现出的是自然观察智能。

注：第10题属于两种智能。

倘若你对上面与某项智能有关的问题上回答的"是"相对较多，那么，你就可能在那方面具备较强的能力。

二、心理活动

我的大学学习目标

1. 活动目的

帮助学生认识到制定学习目标的重要性，掌握制定学习目标的方法和技巧。

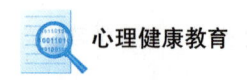

2. 活动时间

约 30 分钟。

3. 活动步骤

（1）写下大学期间最想要完成的三个目标。然后，假设由于特殊原因，你必须去掉其中一件没法完成的事。如果又有意外发生，你还得去掉其中的一项。剩下的就是你最想为之奋斗的目标了。

（2）将模糊目标清晰化。例如，将"我要找到一份好工作"变成更清晰明确的目标"我要当教师"。

（3）细化目标。大目标确定之后，要细分为小目标，看看具体从哪些方面入手。如将目标"我要当教师"细化为"我想当什么类型的教师，是大学教师还是中小学教师，是什么学科的教师"。然后分析实现目标需具备的条件，就能针对实际情况而行动。如"我想当中小学教师，需具备的条件包括：教师资格证书、教学能力、板书能力、课件制作能力等"。

（4）把具体目标分解到大学的各个学期，如每个学期、每个月、每周、每天甚至每个小时要做什么，以达成什么目标。

（5）还可以列出实现具体学习目标过程中的有利条件、不利条件及应对措施，帮助学习计划顺利启动。

上述过程可记录于表 4-1。

表 4-1　我的大学学习目标

目标对策	有利条件	不利条件	应对措施
目标 1			
目标 2			
目标 3			
……			

模块五　良好的人际交往

📖 模块导读

人是社会性动物，正如马克思所言："人的本质并不是单个人所固有的抽象物，在其现实性上，它是一切社会关系的总和。"人际交往在人的一生中占据重要地位。良好的人际关系是人身心健康、事业成功、人生幸福的需要。进入高职院校后，高职生面临着新的环境、新的群体，重新整合各种关系，处理好与交往对象的关系成为他们新的生活内容。良好的人际关系不仅是高职生心理健康水平、社会适应能力的重要指标，也是今后事业发展与人生幸福的基石。因此，在高职学习期间是人际关系走向社会化的一个重要转折时期，如何处理好人际关系，成为高职生的必修课。本模块旨在让高职生了解人际关系的基本理论知识，分析高职生人际关系的特点、存在的困扰及调适的方法，帮助高职生了解自身人际交往状况，指导和训练高职生的人际交往，从而达到建立良好和谐的人际关系的目的。

📖 模块目标

序号	目标维度	具体内容
1	知识目标	（1）了解人际交往与人际关系的含义； （2）了解高职生人际交往的特点； （3）了解人际交往中的常见心理效应； （4）了解高职生人际交往中的常见障碍
2	能力目标	（1）掌握高职生人际交往中常见障碍的应对方法； （2）能运用人际交往的原则和方法，建立良好的人际关系
3	情感和态度价值观目标	正确认识良好人际关系的重要意义，乐意与人交往

专题 5.1　人际交往与人际关系

名人名言

天时不如地利，地利不如人和。

——《孟子·公孙丑下》

导入案例

寝室风波

某高校寝室，住着来自不同地域、性格各异的四位女生：小玲、小芳、小露和小美。小玲是个活泼开朗的北方女孩，笑声爽朗，是寝室的开心果，喜欢晚上熬夜学习，为了奖学金而努力。小芳则是个温婉的南方女孩，文静内向，对古典文学有着深厚的兴趣，常常在寝室的小角落里沉浸在书海中。小露是个热情的女孩，乐于助人，总是为室友们解决各种生活上的小问题。小美则是个时尚的女孩，追求生活品质，对室友们的日常习惯有着较高的要求。

起初，四人相处得颇为融洽。然而，随着时间的推移，小美开始因为一些小事和室友们产生矛盾。她认为小玲晚上熬夜学习影响了她的休息，小芳占用公共区域看书让她感到不便，小露经常带朋友回寝室玩闹让她觉得吵闹。终于有一天，寝室里的矛盾爆发了。小美因为一件小事和室友们发生了激烈的争吵，让整个寝室陷入了混乱。大家情绪激动，互相指责对方的过错。这场争吵让大家都感到非常疲惫和失望，不知道应该怎么办才好。

分析：青年学生初进校门，都会遇到新的人和事。大家生活在不同的家庭背景和文化环境中，各自的生活习惯可能存在很大的差异，这些差异可能导致室友之间的矛盾和冲突。如何与新同学相处，如何提高自己的交往能力，是每个高职生必须解决的问题。

一、人际交往与人际关系的含义

（一）人际交往的含义

人际交往是指人与人之间的一种心理和行为的沟通过程，是指人们运用语言或非语言符号交换意见、传达思想、表达感情和需要的交流过程。

（二）人际关系的含义

人际关系是指人与人在交往中建立的直接的心理上的联系。人际关系是社会关系的一个侧面，它是以情感为纽带，以人们的需要为基础，以交往为手段，以自我暴露为标志的一种心理关系。人际关系的好坏反映着人们心理距离的远近。

二、高职生人际交往与人际关系的类型

高职生交往类型大致可以分为如下三种：

一是积极型。这类高职生往往对交往认识深刻、行动积极、表现出较大的兴趣和热情，他们大多热心参加学生社团活动，主动承担社会工作。

二是被动型。这类高职生往往对过去封闭的交往形式不满意，渴望真诚、深厚的友谊，但感到缺少知心朋友。他们常常因怕耽误学习，较少主动交往，更多是被动卷入。

三是沉静型。这类高职生人数少，他们习惯过平静的生活，性格一般比较孤僻，平日少言寡语，不善交往，只保持和少数人交往和接触。

人际关系类型是指人际关系行为模式与个体的个性相结合，形成其特有的人际关系倾向。心理学认为，人的气质无好坏之分，以气质为其底色的人际关系类型，当然也没有好坏之分，根据高职生交往的对象与范围的不同，人际关系类型有以下几类。

（一）同学关系

同学是高职生人际交往的主要对象，高职生可根据各自兴趣、爱好和性格的不同，结成或松散或紧密的交际圈。例如，学习圈内的学生有一个共同的学习理想；娱乐圈内的学生都爱好某种体育运动、文艺活动等；社团圈内的学生大多性格开朗活泼，喜欢主动与人交往，具有突出的交际、公关、合作和表达能力；还有以地域为基础，以老乡感情维系的老乡圈，其关系较为亲密，来往较多。

（二）宿舍关系

宿舍关系是高职生人际交往中最频繁的，也是最难相处的人际关系。同宿舍的同学关系有的亲密如同手足，但"同室操戈"的情形也时有发生。由于距离过于接近，随着时间的延续，室友彼此的优缺点就会尽露无遗，同时由于来自不同地域和家庭，室友的性格、生活习惯、思想观念、价值标准存在差异，所以易造成不和谐的宿舍关系。

（三）师生关系

师生关系直接影响到学生健康地学习和成长。师生关系应该是民主、平等的，但实际上学生常常处于被动、服从的地位。调查显示，学生只有遇到与学习有关的功课问题、学

业问题，才去寻求教师的帮助。至于个人的心理、情感、家庭、交友、恋爱等问题，则很少有人去找教师咨询，这反映出当代师生关系总体的不密切。

（四）网络关系

网络人际交往是信息时代人们在网络空间里进行的一种新型的人际互动方式，这种虚拟的交往空间极大地满足了学生复杂多样的交往动机。网络是一把双刃剑，网络人际交往对学生的健康成长既有正面效应，也有负面效应。

三、高职阶段人际交往的特点

（一）有强烈的交往动机

交往是人的心理需要之一。健康、正常的交往如能得到满足，就会形成一种向心力，对工作、学习起到促进的作用；如果得不到满足，就会产生空虚感和烦恼，甚至会影响个性的健康发展。很多高职生远离故土、亲人和朋友，容易产生失落感、孤独感，渴求得到周围同学的关心体贴、爱护、信任和理解。特别是一年级新生，由于环境的改变，第一次离开家庭，他们倍感孤独，十分急切地需要与人交往。

（二）交往的范围扩大

以往的交往多限于同班、同宿舍，但随着社会开放和物质文化生活水平的提高，高职生对精神生活有着更高、更迫切的要求，他们渴望走出校园，在与社会人群的交往中满足这方面的需要。这应该说是一种积极的社会心理倾向，它是学生走向社会，开阔视野的原动力之一。但是如果管理不好，就会对校园的组织纪律和正常的生活秩序产生一定的影响。同时，高职生也重视与异性的交往。高职生正处于性心理成熟时期，希望了解异性，得到异性的理解、尊重和爱慕，高职生活又提供了许多与异性同学交往的机会。因此，与异性交往的愿望常会转化为具体行动。

（三）注重交往双方的平等性

市场经济的发展使青年学生不但要求政治上平等、民主，而且要求交往中平等、民主。高职生交往的平等、民主观念，使交往双方冲破了等级观念的羁绊和心理障碍，使交往方式从单向"辐射"转变为双向"交流"，那种"我是老师，你是学生，我说话，你得听"的交往方式正逐渐为人们所摒弃。

（四）交往动机复杂化

市场经济的发展促使人们用价值的观点来衡量、审视一切社会活动，也强化了高职生交际的价值观念。高职生的交往不再是单纯的情感交流，而是在注重情感交流的同时，越来越注重与自身社会利益相关的务实性，呈现出情感交际与功利交际并重的趋势。过去，高职生交际的主要对象是体现"血缘""地缘""业缘"关系的亲属、同乡、同事及好友，并以情感上的交流、心理上的相容为满足，较少考虑交际的价值。现在，在交际的对象、内容、范围及样式上，出现了注意价值的趋向，追求实惠。社会上流传着几句话："在家靠父母，出门靠朋友。""多一个朋友就多一条路。"在市场经济的大背景下，这种观念必然要影响青年学生。

四、高职生人际交往的意义

（一）人际交往是高职生正确认识自我的重要途径

高职生正确认识自我要通过个人与他人的相互交往才能够实现。具体地说，就是指从他人对自己的评价和态度中认识自我，从和他人的关系中认识自我，从与别人的比较中认识自我，即我们常说的"以人为镜"。把他人的态度和反应作为判断自己的重要参照系，通过自己在他人身上的映像来审视自己在人生态度、人格状况、人际关系等方面的情况，并以此来警示自己、教育自己。只有正确认识自己和周围的环境，才能形成良好的自我形象，塑造完美的人格。同时恰当的自我认知，既能使人避免"夜郎自大"，又能使人摆脱自卑感。

（二）人际交往有助于高职生学习知识和开发智力

在当今的信息时代，高职生在交往过程中获得的信息都会对学习起到积极的作用。书本上的知识毕竟是有限的，而人际交往是获取新知识的有效途径。同时，人际交往中的信息交流有利于启迪思维、开发智能。由于知识的局限，加上社会经验不足，高职生看问题难免陷入僵局。而在与老师、同学的交往中，畅所欲言、思维撞击，就会产生新的思想火花，使自己茅塞顿开。

（三）人际交往有助于高职生走向社会化

人际交往是个人社会化的起点和必经之路。社会化即个人学习社会知识、生存技能和文化，从而取得社会生活的资格，开始发展自己的过程。如果没有其他个体的合作，个人是无法完成这个过程的。从人际关系中得到信息、机遇、扶助就可能助你走上一条成功之路。如果没有其他个体的合作，个人是无法获取生活必需的知识技能的，学会与人平等相处，才能自立于社会，取得社会认可，成为一个成熟的社会化的人。

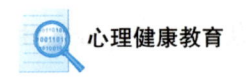

(四) 人际交往有利于高职生的身心健康

心理学研究证实：心理病态大多由于人际关系失调所致。与人发生冲突会使人心灵蒙上阴影，导致精神紧张、抑郁，不仅可致心理障碍，而且可刺激下丘脑，使内分泌功能紊乱，进一步引起一系列复杂的生理变化。如果能时常与人保持良好的交往状态，则会心情舒畅。高职生在彼此的交往过程中，相互倾诉各自的喜怒哀乐，进行感情交流，可获得心理上的满足感，增进彼此之间的亲密感。通过交往，高职生能满足生理、心理上的需要，保持良好的情绪，培养开朗的性格和乐观的生活态度，促进自己的身心健康。

经典分享

生活的美好在于与人相处

2003年7月29日，40岁的意大利洞穴专家里奇·蒙塔尔曾只身到意大利中部内洛山的一个地下溶洞里，亲身经历一个长达一年的名为"先锋地下实验室"的实验活动。"先锋地下实验室"设在溶洞内一个68平方米的帐篷内，里面除了配备有科学实验用的仪器，还设有起居室、卫生间、工作间和一个小小的植物园。在洞外山顶上的控制室里，研究员通过闭路电视系统观察蒙塔尔一个人在长期孤独生活的情况下生理方面会产生哪些变化。在2000多米深的溶洞里，死一般的寂静，刚开始20多天左右，由于寂寞与孤独，蒙塔尔曾经感到害怕，怀疑能否坚持到底，但是后来他还是顶住了。他每天的生活除了给果树和蔬菜浇水，就是看书、写作或看录像片。一年中，他看了100部录像片；实验室内还备有一辆健身自行车，他共骑了1600多千米。度过了一年多暗无天日的地下生活后，蒙塔尔于2004年8月1日重见天日。这时，他的体重下降了21千克，脸色苍白瘦削，人也显得憔悴，免疫系统功能降到最低点；如果两人同时向他提问，他的脑子就会乱。他变得情绪低落，不善与人交谈。虽然他渴望与人相处，希望热闹，但他的确已丧失了交际的能力。里奇·蒙塔尔说："在洞穴里度过了一年，才知道人只有与人在一起时，才能享受到作为一个人的全部快乐。过去，我是一个喜欢安静的人，常常倾向于独处。现在，让我在安静与热闹之间选择，那我宁可选择热闹，而不要孤寂。我之所以在洞穴中坚持了一年，只是为了搞科学实验。我丧失了许多与人交往的能力，这需要在今后的生活中重新纠正。但我不后悔，因为这场实验使我明白了一个人生的奥秘：生活的美好在于与人相处。"

分析：人只有与人在一起时，才能享受到作为一个人的全部快乐。这个实验揭示了一个人生的奥秘：生活的美好在于与人相处。

心理训练

同声相应

一、训练目的

与他人拉近心灵的距离，最关键的是找到共同的声音，它可以打破人与人之间的陌生感，营造积极、轻松的氛围，从而增强人际交往能力。

二、训练时间

40分钟。

三、训练内容

1. 在大教室中，设置轻松的音乐背景。教师引导：据说，一个人的成功，15%靠专业能力，85%靠人际关系和沟通技巧。那么，怎样让彼此陌生的我们可以很快打消隔膜，彼此亲近起来？怎样跨出人际交往的第一步？只有彼此间达到亲近乃至心有灵犀的境地，才有可能。今天所做的"同声相应"就是一次有趣的尝试（注意：寻找和聚拢的整个过程都不许说话，只需不停地唱着）。

2. 发给每位学生一张歌名卡，每张都有编号为1~6的6首歌名，教师宣布进行"寻歌"：每人都选定其中一首自己喜欢也会唱的歌，然后全体聚拢，听到"开始"口令之后，每人便低声哼唱自己选定的歌，同时寻找与自己同歌的人，再设法让所有同歌者聚拢在某一处，最先聚齐的学生高声同唱这一首歌，表示任务完成。

3. 让最先完成任务的学生介绍做法和体会。

4. 分享讨论。

（1）你了解到的信息对于改善人际关系和增进友谊有作用吗？

（2）整个过程中你是否积极主动？为什么？

成长反思

1. 思考你自己的人际交往有哪些特点？

2. 知道了人际交往的重要意义后，对于自己的成长有哪些影响？

专题 5.2 影响人际交往的心理因素

名人名言

交得其道，千里同好，固于胶漆，坚于金石。

——《谯子·齐交》

导入案例

孤独的小杨

小杨，某校大一学生，总是独来独往，似乎与周围的人格格不入。其实小杨并不是不喜欢与人交往，而是不知道应该如何与人建立友谊。

每当看到其他同学在课余时间聚在一起聊天、游戏，小杨总是感到羡慕和渴望。他尝试加入他们的行列，但总是感觉自己像个局外人，不知道该如何插话，如何融入他们的世界。有一次，小杨鼓起勇气参加了一个社团的招新活动。他看到一群正在热烈讨论的同学，便尝试加入他们的讨论。然而，他很快发现自己不知道该说什么，只能尴尬地站在一旁听着。当他终于鼓起勇气想发表自己的观点时，却发现话题已经转向了另一个方向，他只好默默地退出了讨论。

小杨也曾试图通过社交活动来扩大交际圈，但他总是感到手足无措，不知道该如何与人建立联系，如何保持对话的进行，更不知道如何在交往中展现出自己的个性和魅力。

分析：小杨的困境主要是人际交往能力不足所导致的。但是人际交往能力是可以通过不断学习和实践来提高的，只有愿意付出努力和时间，才能够提高自己的人际交往能力。

一、影响人际交往的因素

（一）表层因素

1. 空间距离

人与人之间在空间位置上越接近，越容易形成密切关系。正如上下床铺同学，因为空间距离很近，使双方相互交往、相互接触的机会更多，彼此之间容易熟悉，或成为好朋友，或成为彼此价值观不同的熟人。虽然地理位置不是人际关系好坏的唯一的、决定的因素，但是"远亲不如近邻"，空间位置接近的优势，无疑是影响人际交往的一个有利的条件。

2. 交往频率

交往是人际关系的基础，人们只有在交往中才能彼此了解、相互熟悉，进而相互帮助、建立友谊。交往的频率越高，越容易形成共同的语言、共同的态度和共同的兴趣，越容易获得共同的经验等。否则，交往频率过低，可能会产生冷落之感，以致感情疏远。不过，交往频率过繁，也可能破坏对方的工作和生活秩序，引起反感。

3. 外貌仪表

一个人的长相、穿着、仪态、风度都会对他人产生吸引力，在交往初期，这些因素显得极为重要。虽说人不可貌相，但外貌仪表所起的作用是客观存在的。

（二）深层因素

1. 个性品质

个性影响着交往的态度、频率和方式，从而影响着人际关系。以气质而论，具有多血质和黏液质的人，其人际关系一般来说，要好于胆汁质与抑郁质的人。以能力而论，能力强的人往往使人产生钦佩感与信任感，具有吸引力。以性格而论，诚实、正直、开朗、自信、勤奋、幽默、热情的人较之虚伪、孤僻、懒惰、固执、狂妄的人具有较强的人际吸引力。因此，人格特点在建立良好的人际关系中是非常重要的内在因素。

2. 特点相似

人与人之间若对具体事物有相同或相似的态度，有共同的语言、理想、信念和价值，就容易产生共鸣、同情、理解、支持、信任、合作，从而形成密切的关系。

3. 特点互补

互相满足是形成人际关系的前提条件。如果没有需要和满足需要的期望，空间距离虽近，也可能是"鸡犬之声相闻，老死不相往来"；一旦有了需要和满足需要的期望，空间距离虽远，也可能是"天涯若比邻"。良好人际关系的形成取决于交往双方彼此满足需要的方式和程度，如果交往双方的基本需要都能从交往过程得到满足，其人际关系就会密切、融洽；如果双方的需要都不能从交往中得到满足，彼此之间就缺乏吸引力；如果双方的需要在交往中受到损害，彼此之间就会产生排斥与对抗。

二、人际交往的心理效应

（一）首因效应

首因效应又称第一印象。在人际交往中，人们往往注意开始接触到的细节，如对方的表情、身材、容貌等，而对后来接触到的细节不太注意。这种由先前的信息而形成的最初的印象及其对后来信息的影响，就是首因效应，即我们常说的"先入为主"。第一印象赖以产生的信息是有限的，第一印象不一定是真实可靠的。由于认知具有综合性，随着时间的变化、认识的深入，人完全可以把这些不完全的信息贯穿起来，用思维填补空缺，形成一定程度的整体印象。

（二）近因效应

近因效应，指的是最后的印象对人们认知具有的影响。最后留下的印象，往往是最深刻的印象，这也就是心理学上所阐释的后摄作用。首因效应与近因效应不是对立的，而是一个问题的两个方面。在高职生的人际交往中，第一印象固然重要，最后的印象也是不可忽视的。在对陌生人的认知中，首因效应比较明显；而在对熟识的人的认知中，近因效应比较明显。这就告诉我们，在与他人进行交往时，既要注意平时给对方留下的印象，也要注意给对方留下的第一印象和最后印象。

（三）光环效应

光环效应又称晕轮效应，指的是在人际交往中，人们常从对方所具有的某个特性而泛化到其他有关的一系列特性上，从局部信息形成一个完整的印象，即根据最少量的情况对别人做出全面的结论。所谓"情人眼里出西施"，说的就是这种光环效应。光环效应实际上是个人主观推断泛化的结果。在光环效应状态下，一个人的优点或缺点一旦变为光环被扩大，其缺点或优点也就隐退到光环背后被别人视而不见了。

（四）投射效应

投射效应是指在人际交往中，形成对别人的印象时总是假设他人与自己有相同的倾向，即把自己的特性投射到其他人身上。所谓"以小人之心，度君子之腹"，反映的就是投射效应的一个侧面。投射可分为两种类型：一种是指个人没有意识到自己具有某些特性，而把这些特性加到了他人身上；另一种是指个人意识到自己具有某些不称心的特性，而把这些特性加到他人身上。

（五）刻板印象

刻板印象是社会上对于某一类事物或人物的一种比较固定、概括而笼统的看法。主要表现为在人际交往过程中主观、机械地将交往对象归于某一类人，不管他是否呈现出该类人的特征，都认为他是该类人的代表，进而把对该类人的评价强加于他。刻板印象作为一种固定化的认识，虽然有利于对某一群体做出概括性的评价，但也容易产生偏差，造成"先入为主"的成见，阻碍人与人之间深入细致的认知。

三、人际交往的一般原则

（一）平等原则

平等，是人与人之间建立情感的基础，只有以平等的姿态出现，不盛气凌人，不高人一等，给别人以充分的尊重，才有可能形成人与人之间的心理相容，产生愉悦、满足的心境，形成和谐的人际交往关系。

（二）相容原则

相容主要是心理相容，是人与人之间的融洽关系，即与人相处时的容纳、包含、宽容及忍让。相容表现在对交往对象的理解、关怀和喜爱上。尊重和理解别人的选择，不过高要求别人，就可以减少误解，从而达到心理相容。

（三）互利原则

互利原则也称为交换性原则。互利原则，既包括物质方面，也包括精神方面。人际交往的最基本动机就在于希望从交往对象那里得到自己需求的满足。在运用互利原则时要注意，互助互惠并不是等价交换，更不是庸俗的交易，而是一种自觉自愿的相互付出、相互奉献。交往的双方相互关心、相互帮助、相互支持，既要考虑双方的共同价值和共同利益，以满足共同的心理需要，又要促进相互间的联系，以深化双方的感情。

（四）信用原则

人与人离不开交往，交往离不开信用。信用即指一个人诚实、不欺骗、遵守诺言，从而取得他人的信任。要做到说话算数，不轻许诺言，一旦许诺，要设法实现，以免失信于人。当然，真诚是人际交往的第一要素，但并不是唯一要素。对于初涉人世的青年学生来说，不仅要学会善于表达自己的真情实感，还必须学会善于分辨那些虚情假意之辈，一味的单纯和真诚有时是会碰壁、行不通的。孔子说"唯仁者能好人，能恶人"，就是说"仁者"应有爱憎分明的态度。

心理健康教育

经典分享

"一个盐罐"的互动

有一家老式餐馆,餐厅很窄小,里面只有一张餐桌,所有的客人都坐在一起就餐,彼此陌生,都觉得不知所措,气氛十分尴尬。突然,一位先生拿起放在面前的盐罐,微笑着递给旁边的女士,说道:"我觉得青豆有点淡,您或者右边的客人需要盐吗?"女士愣了一下,但马上露出了笑容,并向他轻声道谢。这位女士给自己的青豆加完盐后,便把盐罐传给下一位客人。不知什么时候,桌上的胡椒罐和糖罐也加入了"公关"行列,餐厅里的气氛逐渐活跃起来,饭还没有吃完,全桌人已经像朋友一样谈笑风生了。他们中间的"冰"被一个盐罐轻而易举地打破了。

分析:这个故事给我们的启发是:人与人之间的隔膜其实很脆弱,打破隔膜关键在于"破冰"。只要每人都愿意迈出一小步,一个微笑、一句问候,就会打破这层隔膜。

心理训练

学会欣赏和赞美他人

一、训练目的

我们周围的人,不可能具备一切能使我们的生活方便舒适的品质,因此我们要学会理解和欣赏人们本来的样子。欣赏每个人,是一种视角和胸怀,也是一种能力。

二、训练时间

40分钟。

三、训练内容

1.发掘他人的优点。

(1)把参加训练的学生分成小组,每个小组有5~6个人。

(2)让每个学生认真发掘自己所在小组其他学生的优点。

(3)由一名学生讲述自我感受到的优点。

(4)其他学生用真诚的言语把自己对该生的美好印象描述出来。

(5)轮流主持,收集大家的优点。

2.收获赞美心。

(1)教师发给每个学生4~5个赞美心卡片。

(2)请学生在每个赞美心卡片上,分别写上小组内其他学生的姓名。

(3)在姓名下面写上对该生的良好印象。

（4）按姓名把赞美心卡片交给每位学生。

3.谈谈体会和感受。

请参加训练的学生谈谈活动后的感受。根据以下几点，检测一下自己的赞美是否有效。

（1）对方知道你所赞扬的具体行为吗？

（2）对方知道他的行为对你的帮助吗？

（3）你知道对方对你的赞扬的感受吗？

（4）对方是否感受到你是真诚的？

（5）对方是否受到鼓励，并重复类似的行为？

（6）对方是否知道你对他的行为的感受？

成 长 反 思

1.在人际交往过程中有哪些因素影响了自己的人际交往效果？

2.在人际交往中应该坚持怎样的原则？

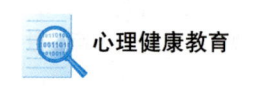

专题 5.3 建立良好的人际关系

名人名言

人生所贵在知己，四海相逢骨肉亲。

——《雁门集》

导入案例

丽丽的人际交往蜕变

丽丽是一名普通的大学生，她从小性格内向，不善言辞。进入大学后，丽丽渐渐意识到，如果不改变自己，她将错过很多机会和体验。于是，她决定迈出第一步，开始尝试改变自己。

丽丽的第一步是加入学校的社团。她选择了一个与自己兴趣相关的社团，这样即使在与他人交流时感到紧张，也能因为共同的兴趣话题而稍微放松一些。在社团活动中，她尽量多参与、多发言，尽管刚开始时她的声音很小，表达也不流畅，但她并没有放弃。

随着时间的推移，丽丽开始逐渐适应社团的氛围，与同学们的交流也越来越自然。她意识到，其实很多人和她一样，初次接触时都会感到紧张和不自在。

除了加入社团，丽丽还开始主动参加各种讲座和研讨会。这些活动不仅让她学到了很多知识，还让她有机会与来自不同专业、不同背景的同学交流。丽丽逐渐发现，每个人都有自己的长处和不足，她并不孤单，也没有必要过分担心自己的表现。

通过不断的努力和实践，丽丽学会了主动与人交流、表达自己的观点，也学会了倾听和理解他人。她的大学生活因此变得更加丰富多彩，结交了许多志同道合的朋友。

分析：丽丽的故事告诉我们，克服人际交往障碍并不是一件容易的事情，但只要我们勇敢地迈出第一步，并持续不断地努力和实践，就一定能够战胜内心的恐惧和不安，与他人建立深厚的友谊和联系。同时，我们也要学会理解和尊重他人，以开放和包容的心态去接纳不同的观点和文化，这样才能在人际交往中更加自信和从容。

一、高职生常见的人际交往障碍及应对

人际交往障碍是指高职生在现实生活中无法按照自己的意愿与别人进行必要的交流与

沟通，个体为此感到苦恼，明显影响个体正常生活的一种现象。

（一）社交自卑

社交自卑感严重的人，大多性格内向、感情脆弱、多愁善感、自惭形秽，觉得自己这也不如人，那也不如人，总担心别人瞧不起自己，在人际交往中处于一种自我否定的心理状态，在行为上表现为消极等待、被动防守。这种行为主观上是为了保护自尊，客观上却压抑了自己的潜能。如不能加以克服，会影响一个人个性的健康发展，影响到与他人的正常交往及学习、生活和未来的职业。对于社交自卑心理，可以采取以下策略进行调适。

1. 正确认识自己，提高自我评价能力，善于发现自身的长处、优势和潜能

社交自卑障碍者一般不能客观地评价自己，往往自我评价过低，过于求全责备和追求完美，放大自身的缺点和不足，看不到自己的优点和长处。所以，应该学会客观、辩证地认识事物，看待自己和他人，发现自身的优势、长处和潜能，不断增强自信，克服自卑心态。

2. 积极发展自我，不断完善自我

人往往因为某些方面的不足而产生社交自卑。要改变社交自卑心态，就必须敢于正视自身的弱点和不足，努力提高自己，积极发展自我、超越自我，使自己由弱变强、由劣变优、由失败走向成功。

3. 进行积极的自我暗示、自我鼓励

在社交场合不要消极地暗示自己"我不行""我会失败的"，而是进行积极的自我暗示："我能行""我会干好的""我是最优秀的，我一定会成功"。通过积极的自我暗示可以调整自己的心理状态，振奋精神，鼓舞士气。

4. 及时从社交失败的阴影中解脱出来，提高社交技巧，大胆参与人际交往

有不少人愿意与其他人广泛交往，由于缺乏交往技巧和经验而受挫，以致产生自卑，对社交望而生畏。高职生应摆脱害怕失败的心态，努力学习人际交往的技巧，不断积累社交的经验，提高社交的能力，主动参与社交，培养自己的勇气和能力。

（二）孤傲自负

有少数高职生认为自己各方面都比别人强，在与他人交往时总是居高临下，盛气凌人，不把别人放在眼里，只关心个人的需要，强调个人的感受，很少去替别人着想；与同伴相处，高兴时手舞足蹈、海阔天空地讲一通，不高兴时就乱发脾气，根本不管别人的感受；对于别人的优点和成绩不予认可，甚至嫉妒，对别人的缺点和不足常常讥讽嘲笑。其结果令人厌恶反感，致使人际关系紧张。对于孤傲自负心理，可以采取以下策略进行调适。

1. 正确地评价自己和别人

人际交往高傲自负者一般没有客观正确地评价自己和别人，往往过高评价自己，过低

评价别人，对人对己产生错误的认知和判断，由此产生一种错误的心态。要解决这一问题，首先要从自我认识上下手，改变过去错误的认识。既看到自己的优点，也要看到自己的缺点；既看到别人的缺点，也要看到别人的优点。而且要多看自身的不足，多看别人的长处，并抱着虚心学习的态度与人相处。

2. 学会平等交往，理解对方

在改变自我认识的基础上，尝试着以平等的身份与他人交往。要学会尊重别人，学会理解别人，学会倾听和接受别人的意见，培养谦虚谨慎的人格品质。

3. 互相学习，互相帮助，交流感情，建立友谊

在平等的交往中，要虚心向别人学习，取长补短，并尽自己所能去帮助他人，通过交往沟通感情、交流思想、建立纯真的友谊。

（三）社交恐惧

社交恐惧的外部表现是害怕在众人面前出现，害怕被人注意，害怕与人交往，严重者不敢与人对视，拒绝与同学建立关系。对于社交恐惧心理，可采取以下策略进行调适。

1. 采用认知领悟的方法，克服交往恐惧心理

具有交往恐惧心理的人往往有过交往挫折的经历，把失败的后果和影响无限扩大，过度否定自己的潜能，害怕再遭受失败。认知领悟法即对过去经历中被潜抑的精神创伤，重新用更成熟、更理性的眼光去看待它，重新认识和评价，从思想上改变错误的认识，逐渐减轻和消除恐惧心理。例如，有一位高职生因上中学时有一次在全班同学面前讲话失败，到了高职院校后仍然竭力回避与同学交往，对人际交往产生了恐惧心理。这位学生就是把失败的体验扩大了，在自己的内心中用消极的观念否定自己，陷入深深的自责和自卑，从而失去再面对同样情景的勇气，不敢与人交往。如果能对这一事件重新认识领悟，认识到这种事情很多人都发生过，是很正常的，锻炼得多了就能改变这种状况，不要过于爱面子、追求完美等，就能逐渐消除社交恐惧的心理障碍。

2. 采用系统脱敏法克服社交恐惧心理

系统脱敏法一般包括三个步骤：第一步是全身肌肉和精神放松，可以通过自我暗示或听轻音乐使肌肉和精神放松；第二步是将恐惧的情景按照引起恐惧体验强度的大小由低到高排列成等级（例如，把引起恐惧体验的情景分为三个等级，一级是最低强度的刺激情景，二级则较一级强度增大，三级刺激强度最大）；第三步是想象等级中最低一级的恐惧情景，当出现恐惧反应时，便结合放松训练，使之与恐惧情绪对抗，直到恐惧感消失。之后，可以再接着想象下一等级的恐惧情景，按照前面的方法逐渐脱敏，直到消除所有等级的社交恐惧反应。

3. 学习社交技巧，加强实践锻炼，不断提高社交能力

常言说"艺高人胆大"，社交恐惧者往往缺乏社交技巧，不知道该怎样与人交往，面

对社交活动时心里害怕。所以留心学习社交技巧，主动参与社交活动，努力提高社交能力，可以逐步增强自信，克服恐惧心理。

（四）社交嫉妒

1. 社交嫉妒的识别

社交嫉妒是指在社交活动中，因与他人比较发现自己在才能、名誉、地位、境遇、相貌等方面不及他人而产生的抱怨、敌视、憎恨等消极的情感态度。这种态度会使人把强于自己的人看作是对自己的威胁，是自己未来发展的障碍，从而从心理上不予接纳，甚至由于强烈的危机感而产生敌视、憎恨的情绪。在社会上，由于对他人的才能、学业成绩、相貌、家庭经济等方面的不满也会产生嫉妒心理，总希望别人比自己差，希望自己成功而别人失败，甚至对别人幸灾乐祸。

2. 社交嫉妒的调适

社交嫉妒是一种十分有害的心理，不仅给个体带来精神上的痛苦和不安，也会影响与他人之间的正常交往和感情的发展，甚至有的人因嫉妒丧失理智，对他人实施攻击伤害，最终害人害己，危害社会。对于社交嫉妒心理，可以采取以下策略进行调适：

（1）正确看待人与人之间的差异，正确对待他人的长处。在人类社会的群体中，人与人都是有差异的，这才形成了一个丰富多彩的世界。由于先天与后天、自然与社会、主观与客观等多种因素的影响，一个人在某些方面可能具有优势，而在另外一些方面处于劣势，这是非常正常的事。对于他人的长处应该承认，找出不如他人的原因，并虚心向他人学习，努力赶上。只会嫉妒不仅改变不了现状，也不利于心理健康。

（2）善于调整目标，发挥自身优势。追求事事超人既无必要，也不可能。在看到他人长处时，也应该看到自己的优势，确定适合自己的目标，充分发挥自身的潜能，最大限度地实现自我价值。例如，别人在专业的这一领域有优势，我可以在专业的另一领域发展自己，占领制高点；别人善于逻辑思维，我可以发展自己擅长的形象思维。

（3）加强沟通，加深理解。情感不相容者易生嫉妒，情感相容者一般不易产生嫉妒。所以，同学之间应多接触，加强沟通，加深理解，发展纯洁的友谊，成为志同道合的朋友。朋友之间更多的是分享成功、分享幸福，而少生嫉妒。

（4）培养豁达的人生态度，保持良好的心态。勇于承认现实，接受现实，并以积极的态度面对现实。努力克服自我中心、狭隘自私的个性品质，积极培养与人为善的良好品德和乐观向上的心态，胸怀全人类，放眼全世界，把自己看作大海中的一滴水。

（五）社交冲突与报复

由于思想观念、个性和生活习惯等方面的差异，使部分学生在进行人际交往时容易发生矛盾和冲突。在矛盾和冲突发生后，交往者一方认为自己受委屈、被羞辱，甚至感到情感、人格受到了严重的伤害，因而产生反击报复心理，甚至采取报复行动，轻者影响同学团结，重者造成严重的伤害，触犯刑法。对于社交冲突与报复心理，可以采取以下策略进行调适。

1. 正确认识和分析自己所受的伤害

对于什么是伤害，各人的理解不尽相同。同一句话或同一件事，有的人认为是伤害，有的人则不以为意。当你在实施报复前，应该冷静考虑一下，自己到底有没有受到伤害，是否由于自己敏感多疑，在言语、行为方面产生了误会；即使是伤害，也要加以分析，弄清楚别人是有意的还是无意的，是偶然的还是蓄意的，是严重伤害还是轻微伤害等。总之，要三思而后行。

2. 认真考虑报复的后果

在产生报复心理时，应认真考虑报复行为会产生什么后果，是图一时之快，解一时之恨，还是从根本上解决问题。报复可以打击对方，但不一定能改变对方；严重的可能伤害他人的健康或生命，触犯刑法，毁掉他人和自己的前途。

3. 采取适当的方式来解决问题

当个体受到羞辱或伤害时，最好采取某种适当的方式解决，如请某组织或某个人为中介，通过沟通和交流，或者消除误会，或者让对方认识到错误，诚恳道歉，化干戈为玉帛。也可以直接约对方谈话，总之，应通过正当渠道来解决。

4. 学会克制和忍耐

在日常的人际交往中，难免会有矛盾和冲突，除了想办法合理解决，还应学会克制与忍耐。对于脾气暴躁、易冲动的人，遇事应采取冷处理的办法，当矛盾和冲突发生时，通过心理暗示提醒自己冷静、冷静、再冷静，先离开事发地点，转移注意力，等彻底冷静以后再来处理问题。

5. 采取积极健康的方式进行宣泄

当你在交往中与人发生矛盾，感到愤怒、屈辱和压抑而又不希望矛盾升级、报复对方时，可以运用一些积极、健康的方式来排遣不良的情绪，释放消极的心理能量，如写信、写日记，向知己倾诉，参加大运动量的体育活动或劳动，在旷野中喊叫，在宣泄室中对着假人进行拳击，等等。通过积极的宣泄和调整，使不良的心理能量得到释放、心理得到平衡、情绪恢复正常。

二、提升人际交往艺术

良好的人际关系是高职生心理健康成长的基础。每个高职生都希望自己有好人缘，与同学建立良好的人际关系。如何使自己成为一个受欢迎的人？掌握一定的交往技巧与交往方法，就能与他人建立和谐的人际关系。

（一）倾听的艺术

古希腊先哲苏格拉底说过："上天赐人以两耳两目，但只有一口，欲使其多闻多见而少言。"寥寥数语，形象而深刻地说明了"听"的重要性。繁体字"聽"有"耳"、有"目"、有"心"，显示了听需要做到"用耳朵听、用眼睛看、用心聆听"。倾听是一种情感活动，也是一种能力，更是一种艺术。不同的方式和方法，将产生巨大的效果差异。

倾听的五个层次如下：（1）忽视倾听，听而不闻，心不在焉；（2）虚以应对，敷衍了事；（3）选择性倾听，只是听感兴趣的话题；（4）专注地听，但并未用心；（5）真正的倾听，是设身处地地倾听。

真正的倾听不仅要听事实，也要听情感。听事实意味着需要能听清楚对方说什么，听情感要听对方的感受及弦外之音。要达到以上的要求，需要在以下几个方面注意。

1. 用心专注，不打扰

与说话人交流目光，让自己的眼神和表情表现出自己用心、认真的态度。注视对方，但不要自始至终盯着对方。适当发出"哦""嗯"等应答声，表示自己正在倾听，以激起对方继续讲话的兴趣。即便是自己感到不耐烦，也不要急于插话以否定或打断对方的话，可以等到对方的话告一段落时，再表明自己的看法。

2. 理解并积极反馈

在倾听的过程中要理解对方想表达的意思，把对方的思想观点同自己的思想观点对照比较，理解对方的用心并换位思考。在倾听的过程中要给对方一些反馈，如赞同的时候要点头表示赞同。点一点头，实质就是发出一种信号，让对方知道你在赞许他，对方就会兴致很高地讲下去。有时还可以适时提问或插话要求对方把某些要点谈详细一些，或要求补充说明，这样就说明你听得很仔细，同时你还可获取更多的信息。

3. 克服个人偏见

在沟通的过程中，造成沟通效率低下的最大原因就在于倾听者本身。如果倾听者本身有偏见，会对沟通过程造成比较大的影响，所以在倾听的过程中要做到只针对信息本身而不是传递信息的人，诚实面对、承认自己的偏见，并能容忍对方的偏见。

（二）赞美的艺术

美国社会学家赖斯·吉布林在谈到人际交往时曾说："每一个人都是人际关系的百万富翁。然而可悲的是我们中太多的人'窝藏'了这种财富，或者只是吝啬地、少量地施舍出来。甚至更糟的是，根本意识不到我们拥有这种财富。"那么，这种财富究竟是什么呢？就是"惠而不费"的赞美的语言。

那么，在人际交往中，赞美的话怎样说才恰到好处，才能收到令人满意的效果呢？

（1）必须是真诚的。阿谀奉承、溜须拍马，是别有用心者所为，正人君子是不会这么做的。

（2）赞美允许适当夸大，但不应无中生有。

（3）赞美应求具体，就事论事，不要不着边际。如果别人突然对你说："你真够棒的！"你便会感到莫名其妙"我到底哪里棒"，而如果别人就你身上穿的一套新西服而称赞你："嘿，你穿这身西服真精神！"你听后会感到很舒服。

（4）赞美应实事求是。如果故意把别人的短处或缺陷拿来赞扬一番，人家一定会听出你是在捉弄讽刺他。

（5）赞美应掌握一定的分寸。过犹不及，一味说好话，难免会有奉承之嫌。

对于赞美的话，听者也应从上述几个方面略加考察、分析。因为顺耳的话未必都是忠言，赞美过头的话有时也是一种"捧杀"。

（三）微笑的艺术

在现实的人际交往中，确实有很多的高职生不会运用"微笑"这个简单的沟通艺术，一直苦恼于"冰山冷美人"或者"冰山帅哥"的称号，周围的同学反馈这类人常常面无表情、冷若冰霜。

微笑是人生最好的名片，谁不希望跟一个乐观向上的人交朋友呢？微笑能给予他人信心，也能给予自己信心，从而更好地激发潜能。微笑是朋友间最好的语言，一个自然流露的微笑，胜过千言万语。一个人的情绪受环境的影响，这是很正常的，但你苦着脸，一副"苦大仇深"的样子，对处境并不会有任何的改变。相反，如果微笑着去生活，就会增加亲和力，别人更乐于跟你交往，你得到的机会也会更多。只有心里有阳光，才能感受到现实的阳光。微笑是一种修养，且是一种很深厚的修养。微笑的实质是亲切、是鼓励、是温馨。真正懂得微笑的人，总是容易获得比别人更多的机会，总是容易取得成功。

（四）换位思考的艺术

有一则故事：一头猪、一只绵羊和一头奶牛，被牧人同时关在一个畜栏里。有一天，牧人将猪从畜栏里捉了出去，只听见猪大声嚎叫，强烈地反抗。绵羊和奶牛讨厌它的嚎叫，于是抱怨道："我们经常被牧人捉去，都没像你这样大呼小叫的。"猪听了回应道："捉你们和捉我完全是两回事，他捉你们，只是分你们的毛和乳汁；但是他捉我，却是要我的命啊！"

这个故事告诉我们，由于猪、绵羊和奶牛的立场不同，所处环境不同，因此很难了解对方的感受。当然，寓言就是寓言，它需要的是简单、透彻、对比强烈，而在现实生活中，需要判断的事情可就复杂得多了。

在人际关系中也是如此。换位思考的实质就是设身处地为他人着想，即想他人之所想。通过换位思考可以让我们突破固有的思考习惯，学会变通，解决常规性思维下难以解决的事情；通过换位思考可以让我们了解别人的心理需求，感受到他人的情绪并将沟通进行到底；通过换位思考可以让我们揣摩到对方的心理，达到说服对方的目的；通过换位思考可以让我们欣赏到他人的优点，并给予对方真诚的鼓励。

（五）批评与接受批评的艺术

在与人交往中难免会用到批评的武器，也不可避免会接受批评，掌握批评和接受批评的艺术，也是一件非常重要的事情。

1. 从赞美和欣赏开始

在批评时，应遵循一定的步骤以确保有效沟通并减少冲突。在批评时，避免一开始就表达强烈的不满或批评，应尽可能营造一种和谐、开放的氛围。通常，做错事的一方会本能地害怕受到批评，因此，立即进入批评可能会引发其防御性反应。若确实需要批评，宜首先肯定对方所做的事情中的积极方面，从表扬其优点开始，以建立良好沟通的基础。

2. 对事不对人

批评时，一定要针对行为本身，不要针对人。谁都会做错事，做错了事，并不代表他这个人如何如何。错的只是行为本身，而不是某个人。一定要记住永远不要批评人，这有助于使对方认识到你不是在攻击他这个人，而是批评对方的某件事情。批评指向对方的活动就无损于他的整个自我形象，不会伤害对方的自尊，使批评建立在友好的气氛中，使对方感到无拘无束，欣然接受批评。

3. 批评必须是善意的

做任何事情都要有原则和目的，批评也不例外。批评之前要明确批评的目的是什么，希望通过批评对将来造成什么样的影响。被批评者在接受批评后，可能会产生两种截然不同的感受：一种是很快意识到对方是为了自己好，是善意的批评；另一种是觉得对方是在找人发泄心中的不快，是恶意的批评。在这两种不同的感受之下，人们对批评的接受程度会完全不同。因此，当拿起"批评"这个武器时，一定要记着批评的原则和目的，不要把自己的利益放在第一位，要让对方感到批评是有益的劝导，这样就会很容易接受。

经典分享

交友小贴士

1. 学会主动沟通。要尝试融入新的工作或学习环境中去，可以通过主动打招呼或问候等，与他人打开话题，并主动加入他们的活动或倡议中去，这样你在新环境中的形象就会被大家所接受。

2. "己所欲，施于人。"要主动把自己的好东西或乐趣与别人一起分享，把自己的美食、成果或用品与别人一起使用，做到慷慨地对待别人，这样别人就会对你的大方个性表示认可，并与你交往。

3.乐于助人。主动去帮助别人。例如，主动去替别人分担或做一些力所能及的事情，这样别人更愿意接纳你，你以后的学习、生活和工作也能更快地适应。

分析：人际交往是需要方法和技巧的，要想提升人际关系、拓展人脉，就要学会主动交往，严于律己，宽以待人，学会分享，乐于助人，才能开心、快乐地生活、学习和工作。

心理训练

逃离"泰坦尼克号"

一、训练目的

培养高职生在人际交往中的协作精神。

二、训练时间

45分钟。

三、训练内容

1.布置游戏场景。将25米长的绳子在空地上摆成一个岛屿形状；在另一边，摆四个长凳作为"泰坦尼克号"船；地面代表大海；六张A4纸代表六块浮砖；播放《泰坦尼克号》电影音乐。

2.教师讲故事：……"泰坦尼克号"即将沉没，船上的乘客须在《泰坦尼克号》电影音乐结束之前利用仅有的求生工具——六块浮砖（六张A4纸）逃离到小岛上。

注意：出发时，每一个人必须从船舷栏杆（长凳）上跨过，踏上浮砖。在逃离过程中，船员身体的任何部分都不能与海面（地面）接触。自离开"泰坦尼克号"起，在整个逃离过程中，每块浮砖都要被踩住，否则教师会将此浮砖踢掉。全部人到达小岛，并将所有浮砖都拿到小岛上后，游戏才算完成。

3.活动思考：

（1）你在游戏中担任了什么角色？发挥了什么重要的作用？

（2）与你平时在生活中所扮演的角色一致吗？

成长反思

1.怎样克服人际交往中的常见障碍？

2.结合自身情况，谈一谈目前的你可以从哪些方面提升人际关系。

综合训练和拓展学习五

一、心理测试

你是一个受欢迎的人吗？

1. 测试目的

通过测试了解你受人欢迎的程度。

2. 测试时间

40 分钟。

3. 测试内容

如果下列题目符合你所想的或你所做的，请画"+"，相反则画"-"。

（1）当你离开和朋友相处的地方时，朋友会感到依依不舍吗？

（2）当你有病在家休息时，是否有朋友围绕在你的身旁谈天说地，使你不感到孤独？

（3）你很少会为一点小事与别人争吵吗？

（4）你是否觉得有很多人都给你留下了美好的印象，从而使你喜欢他们？

（5）朋友感到有趣的事，你也感到有趣吗？

（6）你愿意做你朋友喜欢做的事吗？

（7）经常有朋友约你叙谈聊天吗？

（8）友人是否常常请你组织安排或主持舞会、野外郊游等集体活动？

（9）你是否喜欢参加或被别人邀请参加各种社交聚会？这些聚会预先在你眼前出现的时候，你会感到愉快吗？

（10）是不是常常有人欣赏、夸奖你的仪表、才能和品德？

（11）数日不见的朋友，你会立刻记起他（她）的名字吗？

（12）当你与各类型脾气和个性的人打交道时，是否能很快地适应？

（13）遇到一个陌生人时，你认为他喜欢你的可能性大，还是不喜欢你的可能性大？

（14）你能否相当容易地去找你需要找的人？

（15）你是否愿意与他人共度周末假日？

（16）你是否能在短期内与你所遇到的各种人物熟悉热络起来？

（17）你觉得你所遇到的人，是否大多数都容易接近呢？

（18）他人是否很少指责、批评甚至恶语于你，而且很快地原谅、理解你的过失和错误？

（19）你与异性是否容易相处？

（20）你的朋友是否容易受你的感染，接受你提出的意见和建议？

4. 评分标准

"+"得 5 分，"-"得 0 分，然后累计你的总分。

5. 结果分析

如果你的总分在 70 分以上，你可以非常自豪地说："我是一个很受欢迎的人。"

总分为 60～70 分，你可以稍稍乐观："我是个比较受人欢迎的人。"

总分为 50～60 分，你可聊以自慰："我在别人眼里印象不坏。"

总分为 40～50 分，你还可以松口气："我还不让人讨厌。"

总分在 40 分以下，你必须引起注意，因为这表明你不受人欢迎。

二、心理活动

绘制自己的"人际财富图"

1. 活动目的

了解自己的人际关系网络，掌握自己的人际资源。

2. 活动时间

20 分钟。

3. 适合人数

全班同学。

4. 材料准备

每个人准备一张白纸、一支笔，然后跟着教师的指导语和示范，绘制自己的人际财富图。

5. 活动过程

（1）在白纸的中央画一个实心圆点代表自己。

（2）以这个实心圆点为中心，画三个半径不等的同心圆，代表三种人际财富或者人际圈。同心圆内任意一点到中心的距离表示心理距离。将亲朋好友的名字写在图上，名字越靠近中心圆点，表明他与你的关系越亲密。

（3）写在最小同心圆内的人属于你的"一级人际财富"。你愿意让对方走进自己心灵的最深处，分享你内心的秘密、痛苦和快乐。这样的人际财富不多，却是你最大的心灵慰藉，也是你生命中最重要的成长力量。

（4）写在第二大同心圆内的人是你的"二级人际财富"。你们彼此关心，时常聚在一起聊天戏耍，一起分享快乐，一起努力奋斗。虽然你们之间有些秘密是无法分享的，但这类朋友让你时常感到人生的温馨。

（5）写在最大一个同心圆内的人属于你的"三级人际财富"。他们可以是平时见面打个招呼，但是需要帮助时也愿意尽力帮忙的朋友；可以是曾经比较亲密但渐渐疏远，却仍然在你心中占有一席之地的朋友；也可以是平时难得见面，却不会忘记在逢年过节问候一声的朋友。

（6）同心圆外的空白处代表你的"潜在人际财富"。尽量搜索你的记忆系统，把那些虽然比较疏远但仍属于你的人际财富的人的名字写下来。

6. 评价讨论

一般而言，一个成年人需要与大约120个人维持不同程度的人际关系，其中包括2~50个心理关系比较密切的人。如果人际关系过疏或过密，都容易引发个体的心理问题，或孤独无助，或自我迷失。你的人际关系现状如何？是否合适？你认为是自己身上什么性格品质给你带来了好人缘？如果你的人缘不太好是什么原因导致的？整理自己的人际财富，反思自己在人际交往中所体现出来的性格特点，找出自己需要继续发扬和改进的地方。

模块六　合理利用网络

模块导读

互联网作为人类文明的产物，全面而深刻地影响了人类的思想和行为方式，在人类文明史上具有划时代的意义和地位。

网络技术与人类行为领域的结合，促使网络社交、电子商务、在线教育、网络医疗、网络游戏、共享服务等丰富多彩的互联网生活形态产生。与人类文明史上其他时期相比，人们在互联网时代的自我表露、娱乐休闲方式更加多样，人际交往方式有更多选择，学习、研究活动更加便利。

网络信息的丰富多样性虽然为我们提供了更多的知识，但也可能导致信息过载和注意力分散等问题。大量信息的涌入可能使我们难以专注于某一任务，进而影响工作效率和生活质量。此外，网络社交的匿名性和虚拟性虽然为人们提供了更自由的表达空间，但也容易滋生网络暴力和欺诈等不良行为。

因此，网络在提供便捷服务的同时，也给人们的心理和行为带来了一系列深远的影响。了解网络对人类心理与行为的影响，掌握网络心理问题的调适方法，并形成合理的网络使用习惯，对于我们在数字化时代中保持身心健康和促进社会和谐发展具有重要意义。

本模块将深入探讨网络对人类心理与行为的影响，旨在帮助学生掌握网络心理问题的调适方法，并形成科学合理的网络使用习惯，不断提升自身的网络素养和心理素质，以便更好地应对网络带来的挑战和机遇。

模块目标

序号	目标维度	具体内容
1	知识目标	（1）了解网络与网络心理； （2）了解网络对大学生的双面影响； （3）了解网络成瘾的成因及矫治
2	能力目标	（1）学会网络心理问题的调适方法； （2）健康网络心理的培养
3	情感和态度价值观目标	（1）正确看待网络； （2）形成合理使用网络的良好习惯

专题 6.1　网络与网络心理

名人名言

网络正在改变人类的生活方式，就像电改变了 19 世纪，石油改变了 20 世纪一样。

——［美］比尔·盖茨

导入案例

李明的电商创业路

李明是职业技术学院的学生，他的创业故事是一个充满挑战与机遇的典范，在互联网快速发展的时代背景下，他的创业之路得以顺利展开。他敏锐地捕捉到有机蔬菜市场的潜力，利用电子商务这一互联网平台，决心将家乡的优质有机蔬菜推向更广阔的市场。

互联网的普及和发展为李明提供了创业所需的技术支持和市场渠道。通过电子商务平台，他能够轻松地连接生产商和消费者，实现产品的在线交易。

经过一段时间的努力和创新，李明的电商平台逐渐崭露头角，销售额不断攀升。他的成功不仅实现了个人梦想，更为家乡的有机蔬菜产业打开了新的市场渠道，带动了当地经济的发展。

分析：李明以敏锐的洞察力和超前思维捕捉时代脉搏，将互联网视为改变生活、推动社会进步的力量。他的故事启示我们，互联网时代，每个人都有可能成为改变世界的力量，关键在于有梦想、勇气和行动。

一、网络的发展

（一）互联网的诞生及其作用

从农耕时代到工业时代，再到信息时代，技术力量不断推动着人类创造新的世界，也在不断改变着人类的行为。在互联网出现之前的现实世界中，地域和文化的限制将人类分隔在各自的时段和空间里，人们以不同的节奏和智慧改变着世界。互联网的出现，打破了这种分隔，使得世界各地不同文化、不同行业领域的人随时进行联结成为可能。人类迎来了一个崭新的时代。

互联网成为以高创新和高潜力为标志的最具魅力的新行业、新工具、新思维和新动力。网络技术与生活内容的结合，使网络社交、电子政务、电子商务、网络金融、在线教育、网络医疗、网络游戏、网络婚恋等丰富多彩的网络行为方式得以出现。随着网络生活史的延续，互联网的大数据进一步改变着人类行为的组织方式与生活方式。

网络技术与人类行为领域的结合，产生丰富多彩的互联网生活形态。基于互联网的大数据，人类个体的生活方式和群体的组织方式开始改变，尤其是人工智能改变生活的趋势让人类充满期待，网络群体智慧的进步终将彻底改变人类与技术的关系。

（二）我国网民的网络使用特征

2024年3月中国互联网络信息中心（CNNIC）发布的第53次《中国互联网络发展状况统计报告》数据显示，截至2023年12月，我国网民规模已达到10.92亿，20~29岁的网民占比为13.7%；同时青年网民掌握各项数字素养与技能的比例均显著高于整体网民水平。从上网时间看，我国网民人均每周上网时长达到26.1小时，每天平均超过3小时40分钟。其中，特别值得注意的是在我国网民群体中，网络视频（含短视频）用户规模已达到10.67亿，占网民整体的97.7%，目前用户还在不断上升，并且用户活跃度较高。

我国互联网发展呈现出蓬勃向上的态势，互联网已经成为推动经济社会发展、提升人民生活水平的重要力量。

二、网络空间的心理特性

随着互联网技术和应用的迅猛发展，交互模式从人机互动转变为社会互动，可以说，互联网空间已成为一个更加丰富多彩的虚拟世界。这个世界对个人和社会都具有非常重要的意义，它将人们不同的思想与意图交织在一起，它为人们提供了创造的机会，并且使网络空间成为一个社会空间。在网络这个新的社会环境和心理环境中，一定会衍生出反映人类行为方式和内心经验的新的规律，包括相关的生理反应、行为表现、认知过程和情感体验。网络心理学正是探索这个第三空间中人的心理与行为规律的应用心理学学科。

进入移动互联网时代，人们在深层的心理层面上很容易将网络空间看作自己的思想与人格的延伸。伴随着网络互动产生的放大效应，人们甚至会感到自己的思想与他人的思想可以轻易相通，甚至可以混合重构为一体。个人思想之间的界限模糊了，融合智慧正在成为人类思想史上新的存在和表现形式，而这也正在改写着人类的思想史。

（一）跨越性

网络的跨越性带来的是沟通行为的便利性，只要个体连接进入网络，就可以随时随地与他人联系，获得信息、得到支持和帮助、购买商品、完成合作等。一方面，这样的便利性扩展了个体的生活广度，使得个体可以通过网络获得之前不太可能获得的商品、信息或者人际关系；另一方面，也改变着个体对自身与周围世界关系的定位，使得个体可以随时随地处理工作与生活的相关事务，让自我知觉的影响范围更大。

（二）非同步性

现实中的人际交往和互动，基本上是同步进行的。但网络提供的是非同步性的交流沟通，个体可以随时终止沟通或者开始沟通。非同步性虽然使得部分交流不及时，但是却为个体提供了更多的可选择性和可控制性。个体有足够的时间和空间选择回应的方式，不必担心可能因慌乱而出错，个体还可以同时与多个对象进行沟通。更重要的是，非同步性可以大规模积累不同时段个体提供的信息，信息分享和扩散速度也超越了以往任何时代，从而可以以多种形式的大数据形成巨量的群体智慧。

（三）匿名性

匿名性是指个体在网络空间里可以隐匿自己的个人特征，包括性别和身份信息、外貌特征甚至人格倾向。相比现实世界个人身份的唯一性和确定性，网络匿名性对大学生的自我认同探索具有吸引力，尤其对于那些在现实中因外在特征受到限制的人更是如此。随着网络环境的进化，要求实名制的网络行为规范越来越多地被个体接受，但是这不会影响匿名性作为网络空间的基本属性对网络活动者的内在吸引力。

（四）去抑制性

这种特性主要表现有两种：一是人们可能会利用它表现令人不快的举动或情绪，通常是辱骂他人或者实施网络暴力等行为；二是它可能让人们诚实而开放地面对某些个人问题，而这些问题是在面对面的交流中无法讨论的。网络连接的扩展，也就意味着个体在网络中的行为、言论和自我形象有可能会受到更多人的关注，存在着潜在的大量的"观众"。由于去抑制性的影响，个体在网络中可能发表一些较为奇怪和独特的言论、呈现出比较标新立异的装扮、分享独特见解或者经历，甚至分享自己的生活等。这种网络上的"晒"和"秀"的展示性已经成为网络行为的一个特点。

三、网络心理的相关理论

（一）心流理论

"Flow Experience"在中文语境下存在多种译法，如心流、流畅等。心流是个体对某一活动或事物产生浓厚兴趣，并因此完全投入其中的一种情感体验，这种体验源于个体对当前活动的直接参与，而非回忆或想象等间接方式。研究结果显示，互联网使用中的多种活动均能够引发心流,包括收发电子邮件、检索信息、发布帖子、参与网络游戏、网络聊天以及电子购物等。这些活动为网络使用者提供了愉悦和沉浸的体验。

在网络心理学领域,心流理论主要关注学习领域,特别是网络学习、人机交互以及网络成瘾等研究方向。例如,研究表明,学生在远程学习中所体验的心流能够激发其内在学习动机,使他们对远程学习持更积极的态度,并主动利用网络进行学习。针对网络游戏的研究也发现,在控制游戏本身和情境变量的条件下,适度的游戏水平更有可能让玩家产生心流体验。这种体验往往使他们对网络持有更积极的态度,并表现出更积极的行为倾向。

在网络成瘾的研究中,心流理论也发挥了重要作用。一些研究者认为,网络成瘾者往往是因为他们在网络活动中体验到了强烈的心流,导致其过度沉迷于网络世界,难以自拔。因此,对于那些容易沉迷于网络的人来说,控制他们的心流体验可能是一种有效的干预手段,可以帮助他们减轻网络成瘾的风险。

此外,心流理论在人机交互领域也得到了广泛的应用。人机交互的设计目标是让用户在使用过程中获得良好的心流体验,从而提高用户的满意度和效率。

(二)社会学习理论

社会学习理论作为一种心理学的重要理论,认为人们特别是儿童和高职生,主要是通过观察他人的行为来进行学习的。这一理论的核心观点是,人们会模仿他们所观察到的行为,尤其是那些行为产生的结果对观察者有吸引力的行为。观察学习是个体学习的重要方式,涉及多个认知和行为成分。在观察过程中,榜样行为的结果,无论是积极的还是消极的,都会影响观察者是否模仿该行为。

此外,榜样的特征以及榜样行为的特征也会对观察者是否模仿该行为产生影响。例如,儿童和高职生更有可能去模仿那些被媒体展示的且已被渲染的行为(使其看起来很"酷"或获得褒奖的行为)。尤其是当网络视频中的榜样行为由高职生所喜爱的人完成时,观察学习效果更明显。

(三)情绪增强假说

情绪增强假说是一个关于人们如何使用网络来控制情绪,从而获得更好的情绪体验的理论。随着互联网技术的快速发展,网络为人们提供了越来越多的调节情绪的服务与产品,如多人在线聊天室、在线视频、文学作品等。因此,人们越来越多地选择利用网络来调节自己的情绪。

利用以下一些具体的例子更好地理解情绪增强假说。

1. 社交媒体

在社交媒体上,人们可以浏览朋友的照片、动态和分享,了解他们的生活状态。这种社交互动可以带来愉悦和满足感,从而增强个人的情绪。例如,当一个人在社交媒体上看到朋友的成功故事或美好瞬间时,会感到高兴和鼓舞,这有助于提升个人的情绪。

2. 在线游戏

在线游戏是一种广受欢迎的娱乐方式，它可以让人们在虚拟世界中体验到成就感和乐趣。例如，当一个人在游戏中完成一个困难的任务或达到一个新等级时，会感到自豪和兴奋。这种成就感和乐趣有助于提升个人的情绪。

3. 视频分享平台

视频分享平台上的各种有趣的视频可以带给人们欢乐和放松。例如，当一个人观看一个搞笑视频时，会笑出声并感到愉快。这种愉快的情绪有助于缓解压力和焦虑。

4. 在线音乐平台

音乐具有调节情绪的作用。在线音乐平台提供了丰富的音乐资源，人们可以根据自己的情绪和喜好选择合适的音乐。例如，当一个人感到忧伤时，可以选择一些温馨的歌曲来安慰自己；当一个人需要激励时，可以选择一些激昂的音乐来鼓舞自己。

5. 文学作品

在线阅读平台上有各种文学作品，如小说、散文和诗歌。阅读文学作品可以让人们沉浸在故事中，体验角色的情感和经历，提高个人的情绪。

总之，情绪增强假说认为，人们可以利用网络来调节自己的情绪，从而获得更好的情绪体验。然而，互联网对情绪的影响因人而异，有时可能会增强抑郁情绪。因此，在使用网络调节情绪时，人们需要根据自己的情绪状态和需求，合理选择网络内容和方式，以实现情绪调节的最佳效果。

四、网络泛娱乐化

网络环境泛娱乐化指的是网络媒体为了追求效益，一味将娱乐作为导向，"凡事皆娱，事事皆欢。"扩大了娱乐的功能，超出了娱乐的范围。

作为泛娱乐化下生存和长大的一代，大学生成为泛娱乐化俘获的主要受众，深受网络泛娱乐化现象的不良影响。大学生比其他群体拥有更多的时间与精力，加之大学生容易接触到更多的娱乐信息，而泛娱乐化现象具有极强的隐藏与迷惑能力，极力迎合大学生追新奇、想愉悦、易跟风的群体特点，使大学生们无法正确认识其本质与危害，引导大学生群体走向错误的生活方式。

大学生正处于自我价值观形成的关键时期。然而，当前的网络泛娱乐化现象已经促使大学生从主体逐渐变成客体，成为娱乐的附属。各种各样的娱乐节目、直播、短视频等形式，吸引了大量的粉丝和追随者。这种互动与娱乐的氛围，让大学生的娱乐欲望变得越来越旺盛，并形成了一种强烈的"虚拟现实感"，他们不再从现实生活中寻找生命的意义，开始沉迷其周边世界之外的"虚拟社交"之中。

心 理 训 练

变隐居网络为投身现实

一、训练目的

通过对比与举例，探寻现实生活中可以替代虚拟世界快乐的具体事件。在网络中投入得多了，面对现实却有了困惑，我们须把现实中的"我"和网络中的"我"有效统一起来，实现网上网下相互促进、和谐发展。

二、训练时间

15 分钟。

三、训练内容

"打球、散步、游泳、跑步、爬山、旅游、唱歌、看书、购物、跳舞、看电影、听音乐、找朋友聊天……"你在现实生活中喜欢做什么呢？在网络上又喜欢做什么呢？现在同学们就来进行一下网络与现实生活中你的兴趣大比拼吧。

请将你在网络上喜欢做的事情写在左边横线上。接下来，你可以在上面的行为中选取你觉得最有可能替代网络行为的事情，并填写在右边的横线上，也可以填写你认为自己更愿意做的现实事情。

1. 在网络上喜欢做的事情：　　　　　　2. 在现实中可替代该行为的事情：
_____　　　　　　_____

成 长 反 思

1. 你怎样看待网络在生活中的作用？
2. 网络带给了我们哪些积极影响？列举一下。
3. 网络带给了我们哪些消极影响？列举一下。

专题 6.2　网络合理使用与过度使用

名人名言

网络把使用电脑的人连接起来了，互联网的最大成功不在于技术层面，而在于对人的影响。互联网的持续发展对我们所有人都是一个技术上的挑战，可是，我们永远不能忘记我们的创造来自哪里，不能忘记人类给更大的计算机群体带来的巨大变化，也不能忘记人类为将来的变化所拥有的潜力。

——［美］戴维·克拉克

导入案例

王想的故事

王想是一名某职业技术学院软件技术专业的大二学生，他对软件测试技术充满热情。王想深知软件测试在现代软件开发中的重要性，因此他决定通过网络学习来精进自己的技能。

王想利用业余时间，积极寻找优质的在线课程和资源。在学习过程中，他不仅认真听讲，还积极参与课程讨论，向讲师和同学请教问题。通过不断地学习和实践，王想逐渐掌握了软件测试的基本理论和技能。

王想还参加了多个在线编程竞赛和软件测试挑战赛。这些比赛不仅让他有机会与其他优秀的软件测试工程师切磋技艺，而且使他逐步在比赛中崭露头角。

终于，在一个全国性的软件测试技能竞赛中，王想凭借出色的技术实力和稳定的发挥，成功获得了"技术能手"的称号。这一荣誉不仅是对他过去努力的肯定，更是对他未来职业生涯的鼓舞。

分析：互联网已成为获取知识和技能的重要平台，为大学生提供了一个平等且丰富的学习环境。无论身处何地，只要有学习的决心，每个人都能利用互联网接触到高质量的教育资源。通过善用这些资源，大学生不仅可以提高自己的学术水平，还能培养解决实际问题的能力。在职场竞争日益激烈的今天，这种自我提升对于大学生来说至关重要。因此，大学生应该积极拥抱网络学习，将其作为提升个人竞争力的重要途径。

一、网络对大学生的双面影响

互联网如同双面刃，它为大学生提供了无限的知识宝库和广阔的就业机会。网络让大学生能够轻易地接触到世界各地的资讯和动态，无论是学术研究、科技创新还是文化交流，丰富了大学生视野和见识，为大学生打开了通向世界的大门。

然而，互联网的另一面则充满了诱惑。网络世界的虚拟性和匿名性，使得一些大学生沉迷于网络游戏、社交媒体等虚拟空间，过度消耗时间和精力。例如，一些学生可能会花费过多时间在手机软件上，而不是专注于自身的学习或个人发展。

此外，互联网上的信息纷繁复杂、真假难辨，一些不良信息、虚假广告甚至网络诈骗也时常出现，给大学生的身心健康和财产安全带来了威胁。

因此，大学生在享受互联网带来的便利的同时，也应该意识到其潜在的风险。他们应该学会如何辨别网络信息的真伪，避免成为网络诈骗的受害者。同时，他们也应该培养良好的时间管理习惯，确保网络活动不会影响他们的学业和个人生活。通过这种方式，大学生可以最大化发挥互联网的积极影响，同时减少其潜在的负面影响。

二、互联网与孤独感

互联网与孤独感之间的关系呈现出一种复杂的互动模式。

一方面，孤独感可能促使个体在网络交往中更加开放地表达自己，尤其对于那些在现实生活中容易感到恐惧和害羞的人来说，网络提供了一个相对安全和舒适的环境来展现自我。然而，如果个体的自我表露未能得到积极的反馈和关注，可能会加深他们的孤独感。

另一方面，网络也为那些经历心理困扰如抑郁症的个体提供了一个康复的平台。在网络支持小组中，抑郁患者能够通过自我表露获得社会支持、同情和与他人的亲密关系，这有助于提升他们的心理健康水平。

人们在网络空间也可以构建虚拟的自我，体验虚拟自我带来的社会效应。人们倾向于在网络上呈现积极的自我形象，如在网络上展现健康肤色等更有吸引力的照片，或下意识地暴露能够表现自己优势地位的信息，展示更受社会接纳的品质和特性。一般情况下，男性倾向于展示自身社会经济地位，而女性则更多看重美貌。

综上，互联网对孤独感的作用是双重的，它既可能是一个加剧孤独的平台，也可能是一个提供支持和康复的场所。因此，对于个体而言，如何有效地利用互联网来平衡社交需求和心理健康，成了一个重要而复杂的议题。

经典分享

网络社交对性格的影响

不同人格特质的个体在虚拟世界中有着不同的行为表现。例如，内向和神经质的人在网上更容易放飞自我，展现"真我"。而外向和非神经质的人则在传统的面对面沟通中更能展现"真我"。

然而，社会补偿理论揭示了一个重要观点：互联网对于那些有社交恐惧和孤独感的人来说，实际上是一个珍贵的资源。线上环境的独特性，如文本交流、缺乏直接视觉信息以及网络匿名性，为内向者提供了一个更为舒适的自我展示平台。在网络空间中，他们能够以更轻松的方式构建亲密关系，从而有效缓解孤独和抑郁的情绪；他们能够更加自如地与他人建立亲密的联系，并在互动中逐步提升自己的社交技巧。那些通常在现实中表现害羞的个体，在网络交往中往往能够展现出更高的自信度，感受到的社交排斥感也会显著降低，从而表现出显著的社交能力提升。

研究发现，外向和高自尊的用户在现实生活和社交网络上都备受欢迎，简直就是社会增强模型的最佳代言人。而内向和低自尊的个体在现实生活中可能不太受欢迎，所以他们就转向社交网络寻求安慰，成为社会补偿模型的忠实粉丝。

这些研究都在试图揭示人格特质与网络沟通之间的关系，同时指出网络使用也会对人格特质产生影响。现实生活中社交技能高超的人可以更好地利用网络进行社交活动，而社交技能较低的人则可以在网络中找到弥补现实生活中不足的方法。不同特质的个体都可以在网络上找到补偿和充实自我的途径。

分析： 随着网络技术的不断发展，人们对于网络的使用方式也在不断变化。个体在网络中的行为表现和人格特质之间的关系可能会变得更加复杂。因此，了解人格特质如何影响网络沟通，以及网络沟通如何反过来影响人格特质，对于促进个体在网络环境中的健康发展具有重要意义。

三、网络与亲社会行为

网络亲社会行为，指的是在网络环境中，个体出于自愿，采取符合社会普遍期望，并对他人、群体或社会整体产生积极影响的行动和倾向。网络空间中的行为表现极为复杂和多元，其中虽包含欺诈、恐吓等伤害性行为，但也不乏帮助、合作和关爱等正面行为。

值得注意的是，人们在网络环境中的亲社会行为表现往往超过其在现实生活中的表现，这主要归因于以下四点：第一，网络环境的虚拟性使得个体在展现自我时更加真实，从而有助于个体自我概念的拓展；第二，网络环境的虚拟性有助于美化受助对象形象，使助人者形成积极的评价；第三，网络环境的超时空性为助人者提供了更多行善的机会，同时也使得其善举得到更广泛的认可，从而强化其助人行为；第四，网络环境的超时空性减弱了助人者的从众心理，使其更愿意主动承担助人责任。

网络亲社会行为主要体现在以下几个方面：一是无偿提供信息咨询和技术指导，包括发布各类有益信息、解答疑难问题、提供技术指导等；二是无偿提供在线资源，如文档、电影、音乐等，供他人免费下载和使用；三是提供精神安慰或心理支持，如通过在线实时通信工具为遇到挫折的朋友或陌生人提供安慰和支持，或在专门的网站或论坛上为具有相似境遇的人提供关心和帮助；四是网络管理义务服务，如无偿维护和管理网站，确保网站的正常运行和用户权益；五是虚拟资源援助，如在他人需要时无偿提供具有特定价值的虚拟资源；六是提供社会救助，如及时报警救助自杀者，或通过网络平台为需要帮助的人提供疾病救助、学业资助等。

经典分享

中国首位利用互联网寻求帮助的病人

1995年4月，女大学生朱令身患怪病，出现中毒症状，在医生束手无策的危急情况下，朱令的中学同学决定向互联网求救，把朱令的病症用英文写成求助信，发到了中国海外新闻的网络论坛，期待能得到国际专家的指点。据统计，该帖发布后在网上收到国内外1000多封回信。来自世界各地的医生、专家和研究人员看到了这个求助信息，他们根据自己的专业知识和经验，提到了铊中毒的可能性。铊是一种有毒金属，由于其不常见，医生们可能没有立即考虑到这一点。根据网上的建议，朱令的医生们对她进行了铊中毒的检测，最后确诊为铊中毒。

朱令成为中国首位利用互联网寻求帮助的病人，这一事件在当时引起了极大的轰动。人们开始意识到，互联网不仅是一种信息交流的工具，更是一种能够跨越地域、跨越文化、跨越语言的沟通平台。它能够将全球的智慧和资源汇聚在一起，为需要帮助的人们提供及时的支持和援助。

分析： 如今，互联网已经成为全球最大的信息交流和共享平台。人们可以通过它获取到海量的知识和资源，也可以通过它与家人及世界各地的朋友保持联系。而在这一切的背后，都有一个共同的理念在支撑着，那就是"共享、互助、合作"。朱令的故事不仅是这个理念的生动体现，更是互联网发展史上的一个重要里程碑。

四、大学生网络心理的偏差

（一）大学生常见的网络认知误区

1. 通过网络游戏可以挣钱养家

如今的青年学生中有一大部分是网络游戏爱好者，其中有些人试图通过玩游戏赚取钱财，但玩游戏毕竟只是一项娱乐活动，赚取的也只是虚拟的财产，并非真正的财产。尽管有些人通过变卖游戏道具和高等级人物得到金钱，但其获取这些道具和人物所花费的人力物力却是难以计算的。

2. 网络交友比现实中的朋友更可靠

在现实的人际交往中，人们更多的是通过对方的言语、表情、体态和行为等了解对方。而在网络中，很难获取对方的基本信息。单是性别这一最简单的信息，在网上就难以分辨。有些人认为网络上的朋友更能相互理解、相互信任，同时认为对方不知道自己的真实身份，不会伤害到自己或者出卖自己，殊不知网络的陷阱无处不在。

3. 网络可以消愁解闷，发泄愤怒情绪

有些人在现实生活中遭遇挫折时，习惯到互联网上发"恶贴"来发泄自己的不满情绪。在网络新闻评论中，会经常看到低俗的对骂现象，甚至产生了专门的"职业代骂"。辱骂别人对自己无任何好处，发泄也不能真正解决现实问题。一旦对他人名誉造成损害，还可能要承担法律责任。

4. 通过网络可以迅速出名

网络可以一夜之间让人成名，但必须有超越他人的特长。有些人不肯脚踏实地，试图通过哗众取宠的方式引人注意，成为网络红人，如许多网络恶搞者就是这种心理。即使通过这种方式出了名，现实生活中的负面效应给个人生活带来的压力也是非常巨大的。

5. 在网络上可以任意作为而不受惩罚

"在网上，没有人知道你到底是谁。"网上的"身份丧失"，使有些人倍感网络的随意和自由。他们认为在网络上发泄情绪、恶意攻击、制造虚假新闻、传播不良信息等行为都不需要负现实的责任。事实上，在网络上从事违法行为也会受到惩罚。

（二）网络陷阱需谨慎

1. 网络校园贷

在当前的校园环境中，校园贷准确地抓住了大学生存在的一些消费心理，如超前消

费、攀比消费、追风消费、炫耀消费、享乐消费等，于是纷纷向他们推销贷款项目。P2P网络贷款，为大学生提供了一种简便的贷款方式，他们可以轻松地在平台上申请贷款，用于网购，然后通过网络分期付款的方式还款并支付利息。

大学生网贷消费的一个显著特点是对高档电子数码产品的追求。这类产品价格较高，网贷金额自然也较大。此外，网购的方式多种多样，分期消费的产品也越来越多，如分期旅游、餐饮娱乐等，这些新型的消费方式也被大学生广泛接受和选择。

面对这样的消费环境，大学生需要树立正确的网贷消费观念。应该遵循"量力而行"的原则，不应为了满足一时欲望而过度提前消费。网贷虽然方便，但其中风险也不容忽视。一旦贷款超出还款能力，就可能陷入债务困境，影响自己正常的学习和生活。

因此，大学生在享受网贷带来的便利的同时，也要提高自己的金融素养，理性对待消费，合理安排财务。只有在理性消费的前提下，我们才能真正享受到消费带来的快乐。

2. 网络诈骗

网络诈骗是指以非法占有为目的，利用互联网采用虚构事实或者隐瞒真相的方法，骗取数额较大的公私财物的行为。在这种犯罪中，犯罪分子一般利用电话、短信等通信手段和互联网作为媒介，通过虚假信息实施诈骗。电信诈骗的犯罪形式和手段十分多样，有中奖、退费、机票改签、冒充公检法机关工作人员等，但其核心都是犯罪分子利用虚假的信息设置骗局，要求受害人转账或汇款，通过远程方式骗取资金。

近年来，网络诈骗在我国呈现出一种高发态势，甚至可以说是越演越烈，十分猖獗。在网络时代，大学生通常对新技术和互联网较为熟悉，但同时也可能因为缺乏足够的警惕性和安全知识，成为诈骗分子的目标。诈骗手段多种多样，如虚假兼职、虚假购物、网络钓鱼、假冒身份等，诈骗分子利用大学生的好奇心、贪图小利心理、缺乏判断力等特点，进行诱骗和欺诈。

青年学生被网络诈骗的例子有很多，以下是一些常见的例子：

（1）虚假兼职诈骗：大学生在寻找兼职工作时，有时会遇到虚假的兼职信息。诈骗分子发布虚假的兼职广告，要求大学生先支付押金或手续费，并承诺高额的回报。然而，一旦大学生支付了费用，诈骗分子就会消失，所谓的兼职工作也化为泡影。

（2）虚假购物诈骗：大学生在网络购物时，有时会遇到虚假购物网站或虚假商品信息。诈骗分子通过虚假的购物网站或社交媒体平台发布低价商品信息，吸引大学生购买。然而，一旦大学生支付了款项，诈骗分子就会消失，大学生也无法收到所购买的商品。

（3）网络钓鱼诈骗：诈骗分子通过发送虚假的邮件或短信，冒充正规机构或知名品牌，诱导大学生点击链接或提供个人信息。例如，他们可能冒充银行发送虚假的账户异常通知，要求大学生登录链接进行核实，从而获取大学生的银行账户信息和密码。

（4）假冒身份诈骗：诈骗分子通过社交媒体或聊天工具冒充他人的身份，与大学生建立联系并获取信任，然后以各种理由要求大学生转账或支付费用，从而骗取财产。

（5）网络贷款诈骗：诈骗分子通过虚假的网贷平台或冒充贷款机构，诱骗大学生申请贷款。他们可能要求大学生支付手续费、押金或提供个人信息。大学生一旦按照要求进行操作，诈骗分子就会消失并滥用大学生的个人信息进行非法活动。

青年学生在网络使用过程中需要保持警惕，不轻信陌生人的话语，不随意点击可疑链接，不泄露个人信息，不轻易支付费用。同时，要时刻保持安全意识，及时举报和揭露诈骗行为，以保护自己和他人的财产安全。

知识窗

防范网络诈骗的"六个一律""八个凡是"

"六个一律"
- 接到陌生电话，只要谈到银行卡，一律挂断。
- 接到陌生电话，谈到中奖，一律挂断。
- 接到陌生电话，谈到"电话转接公安局/法院"，一律挂断。
- 所有短信，但凡让点击链接的，一律删除。
- 微信里不认识的人发来链接，一律不点击。
- 提到"安全账户"的，一律是诈骗。

"八个凡是"
- 凡是自称公检法要求汇款的，不要相信。
- 凡是叫你汇款到"安全账户"的，不要相信。
- 凡是通知中奖、领奖要你先交钱的，不要相信。
- 凡是通知"家属"出事要先汇款的，不要相信。
- 凡是在电话中索要银行信息及验证码的，不要相信。
- 凡是让你开通网银接受检查的，不要相信。
- 凡是自称领导要求打款的，不要相信。
- 凡是陌生网站要登记银行卡信息的，不要相信。

五、网络世界与真实生活平衡发展

在网络时代，我们将越来越多的精力投入网络空间中。与此同时，现实生活似乎会显得苍白无力。然而，我们不能忽视现实生活的重要性，而是需要将网络空间行为与现实生活有效结合起来，实现网上网下相互促进、和谐发展。

（一）将网络空间行为引入现实生活

在网络中，我们常常能够发掘自身的潜能，展现出更加自由、自信的一面。我们不妨

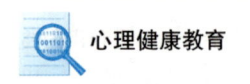

将网络中的成功经验引入现实生活，以此增强生活的自信，促进自我能力的发展。

以自我认知为例，某人可能在现实中觉得自己长相不佳，但在网络空间中，得到了网友的喜爱和认可。这种积极的反馈有助于提升自信心。同样，在现实生活中，可能觉得社会缺乏关心，但在网络中，网友会给予真诚的安慰。这种关爱让人感受到温暖。这些经历都表明，网络空间中的积极体验可以提升我们在现实生活中的自信和能力。

（二）将真实生活中的行为引入网络空间

网络虽然是虚拟世界，但可以与现实世界相结合。在日常生活学习中，我们可以将真实的生活记录于网络，以此进行分享、交流和相互促进学习。例如，在闲暇时发个微信朋友圈，记录自己的心情与生活点滴。或者，在网络上与他人分享学习心得体会，既可以帮助他人，又可以实现自身的价值。

实际上，网络世界固然精彩诱人，但现实生活亦是美妙绝伦。我们的目光不仅要眷恋网络，更要留给现实。结交知心朋友，培养广泛兴趣，寻找快乐时空，丰富业余生活，让网络应用与现实相结合，而不是让亲情、友情从我们的生活中消失。

总之，大学生需要在现实生活与网络空间之间找到平衡，实现网上网下相互促进、和谐发展。通过将网络空间行为引入现实生活，以及将真实生活中的行为引入网络空间，我们将能够更好地享受网络带来的便捷和乐趣，保持与现实生活的紧密联系，过上充实、幸福的生活。

心 理 训 练

把握时间　掌握方向

一、训练目的

提升学生时间感知能力，促进他们提高自我控制能力。同时锻炼学生的时间管理能力，使他们可以更好地平衡网络世界和真实生活的关系。

二、训练时间

30 分钟。

三、训练内容

1. 时间丧失体验：过往的 24 小时。

（1）指导语及训练。

第一步，请回忆通常情况下你一天都做些什么事？用了多少时间？并把它列在表 6-1 的"时间分配"中，表格可自行增加行列。

表 6-1　时间分配

事项	所用时间
上课	8 小时

第二步，请将表 6-1 中列出事项的时间进行汇总，计算出列表中每一件事情所耗时间的总和是多少？

①事项花费的总时间：

②一天 24 小时减去事项总花费时间等于：24-_____=_____

（2）请以小组为单位分享自己 24 小时的时间使用情况及感受。

_____

_____

2. 我的 24 小时新规划。

第一步，想想三年后希望自己是一个什么样的状态，安排你在学校学习和生活的 24 小时，并列在表 6-2 "我的 24 小时新规划"中。表格可自行增加行列。

表 6-2　我的 24 小时新规划

事项描述	所用时间

第二步，个人练习。填完"我的 24 小时新规划"后，请与你前面填写的（表 6-1）"时间分配"进行比较，并按照以下提问完成练习。

- 新的时间安排表做了哪些调整？
- 为什么要这样调整？
- 看到重新安排的时间表你的感受是什么？
- 按照 24 小时新规划生活三年，你会是什么样子？
- 你的感受是什么？

第三步，小组分享。请以小组为单位，将个人练习中的 5 个问题在小组中分享。

第四步，班级分享。请每个小组选派 1 名代表在全班分享。

成 长 反 思

1. 你觉得应该如何避免掉入互联网陷阱？请列举。
2. 你觉得应该如何有效利用互联网提升自己？

专题 6.3　网络成瘾的原因及预防和矫治

名人名言

毫无节制的活动，无论属于什么性质，最后也将一败涂地。

——［德］歌德

导入案例

小孙的网瘾

小孙，某高职大一学生，家境普通，刚入学时雄心壮志，决心在大学大显身手，既要在专业上突出表现，也要在各类技能赛事中一展拳脚。但入学后不久，同学邀约他一起玩一款热门的网络游戏，由于网络让他获得了现实世界中无法得到的喜悦和赞许，他从此一发不可收拾，经常手机不离手，有时候玩得尽兴干脆不去上课，也不爱参加班级集体活动，沉溺于虚拟的网络世界。学期结束时3门课程挂科，当辅导员找他谈话问及他的大学规划和目标时，他一脸茫然。

分析：调查发现，在被退学的学生中，约有1/3的学生是由于沉迷网络导致课程不及格。一旦网络成瘾，人体容易出现头晕、头痛、胸闷、胃肠神经官能症，以及焦虑、抑郁、心烦不适等症状。网络成瘾还会降低人对真实事物的感受性，容易兴奋、忧虑和紧张，危害程度不亚于酗酒和吸毒。

一、网络成瘾的识别

网络成瘾（Internet Addiction Disorder，IAD）又称网瘾，即指上网者由于长时间、习惯性地沉浸在网络中，对互联网产生强烈依赖，以致达到痴迷程度而难以自我解脱的心理和行为状态。例如，网络游戏成瘾、网络关系成瘾、网络信息浏览成瘾、网购成瘾等。

网络成瘾的主要特征：无节制地花费大量时间上网；必须增加上网时间才能获得满足感，不能上网时则出现异常情绪体验；往往导致学业失败、工作绩效变差或现实人际关系恶化；向他人说谎以隐瞒自己对网络的迷恋程度、症状反复发作等。

更重要的是，随着网络的快速发展和普及，人们使用网络的时间越来越长，导致网络成瘾率呈逐年上升趋势。

匹兹堡大学的吉姆伯利设计了下面 8 个问题用来进行网络成瘾的自我判断：

（1）你是否对网络过于关注（如下网后还想着上网的情形或急切期待着下次上网）？

（2）你是否感觉需要不断增加上网时间，才能感到满足？

（3）你是否难以控制、减少或停止自己对网络的使用？

（4）当你准备减少或停止使用网络时，你是否感到烦躁不安、情绪低落、沮丧或易怒？

（5）你上网的时间是否经常比事先预计的长？

（6）你是否因为上网而置重要的人际关系、工作、受教育或求职的机会于不顾？

（7）你是否对家人、医生或其他人掩饰自己对网络的着迷程度？

（8）你是否将上网作为摆脱烦恼和缓解不良情绪（如无助、内疚、焦虑、抑郁）的一种方法？

当回答"是"的问题数达到 5 个或 5 个以上，则有可能网络成瘾。网络成瘾的判定还需结合时间标准（每天非学习工作为目的的上网时间达到 6 小时以上）、社会功能标准（工作学习交往能力失衡）、病程标准（上述状态持续 3 个月以上）来综合判定。

二、网络成瘾的原因

（一）网络环境的高奖赏性与间歇强化特征

网络环境因其高度奖赏性对高职生极具诱惑力，易导致他们难以自控。网络行为具有典型的间歇性强化特征，易于接触的网络内容提供了多种心理奖赏，上网者会获得不可预测的快感，这种奖赏结构强化了上网行为，导致网络过度使用和成瘾现象出现，影响正常生活和身心健康。

（二）对现实的不满或逃避容易使人陷入网络

对现实的不满或逃避容易使人陷入网络。不少青年学生由于学习、同伴交往或家庭关系的不如意，而缺乏自信、心里空虚，这就是典型的满足感缺失。

心理学中的自我决定理论指出，人类有自主、胜任、关系三种基本的心理需要，如果能有效地获得这三种基本心理需要的满足，就可以增强个体自身的内部动机、保障健康成长。自我决定的心理标志在于能够灵活控制自己与环境之间的相互作用。

有不少学生由于某个阶段的学习或人际适应不良而导致基本心理需要的满足感缺失，于是为满足自己的内心就可能选择逃避或寻求替代满足。由于在虚拟的网络世界或游戏中容易重新找到失去的自我和可以满足的成就感，许多学生陷入其中而不能自拔。

综上所述，网络成瘾或异常使用网络的原因，与网络环境的高奖赏性、个体自身的心理需求等因素均有关系。在形成网络成瘾的过程中，个体因素与家庭、学校、社会因素在其中都可能产生影响，而不完全是由于个体缺乏自主性或自制能力不强。但是，其后果又的确是个体对网络过度依赖，而无法控制自己自由出入和正常使用网络。

三、网络成瘾的预防和矫治

（一）网络成瘾的预防

如前所述，造成大学生网络成瘾的核心原因主要有三点：一是网络充满诱惑；二是自我抑制能力欠缺；三是由于基本心理需求得不到满足转而从虚拟世界寻求。因此，针对网络成瘾以及过度使用的原因，在预防上可以采用如下方法。

1. 明确上网目的，形成良性上网行为习惯

对网络成瘾心理过程的研究分析表明，高职生网络成瘾往往是由于内在心理对外部的需求得不到满足，或产生异常的心理需求，而产生不良的上网动机（如从网络交友寻求安慰、从网络游戏中获得成就体验、从网络暴力中释放攻击性等），进一步产生不良上网行为，由于网络情境的强化（奖赏）而逐渐形成网络依赖，如此恶性循环，直至形成网络沉迷、网络成瘾。与之相对应，一开始就明确上网目的，有意识地正确利用网络资源，注意采取良性上网行为，注重网络行为规范和网络道德安全，满足正常的网络心理需求，形成良性循环，这样就不至于堕入网络沉迷的陷阱。

2. 学会面对诱惑，采用隔离法避开诱惑

当无法抵制诱惑时，可以设法避开。网络成瘾程度较重的人往往是在下意识的状态下上网的，对于那些明知过度上网只会加重症状而不能自制的成瘾者，可以在其家人、朋友的帮助下与网络完全隔离一段时间，让他（她）在相对时间里培养其他的兴趣爱好，或者重新安排紧张有序的生活。待其网络成瘾的心理依赖减轻时，再针对性地帮助他（她）科学地安排上网时间。

3. 采取控制法，合理控制接触时间

合理控制接触时间也是减少和避免诱惑的方法之一。要科学安排上网时间，有目的地上网，上网之前应把具体要完成的工作列在纸上，有针对性地浏览信息，选择和取舍信息。同时，要控制上网操作时间，每天上网累计时间不应超过 4 小时。由于网上诱惑太多，对自控能力差者，应设定强制关机时间，准时下网。也可以参与如豆瓣上"戒网小组"之类的活动，或者自己和同伴一起设置"无网日"或"无网时段"，相互督促或共同参与一些其他有意思的活动。

4. 采用转移法，平衡多元生活

当出现上网的冲动并期待上网的快感时，如果没有其他活动占据自己的时间和身心，个人可能就无法控制自己越来越强的上网欲望。但如果可以参加其他活动，如打球、游泳、读书、听音乐、下棋、结伴出游等，而这个活动一样可以带来快乐和满足感，可以帮助转移注意力，那么个人上网的欲望就会降低。在生活中感到苦闷或找不到满足感的人，会更容易沉迷于网络，因此想办法为自己创造多彩的生活，如安排其他自己感兴趣的活动（如运动）、和同伴互动以及在学校多参加社团活动，可以使虚拟空间的诱惑力大大降低。

5. 增强自己的自控力

心理学研究发现，意志力或自控能力与大脑尤其是前额叶皮层的发育有关。前额叶皮层的发育和自我抑制能力的发展要到 22 岁左右才会成熟，即使是成年人，面对网络诱惑时也可能出现沉迷。对青年学生而言，一方面要有意识地远离诱惑，另一方面也要注意锻炼自己的意志力。研究发现，坚持运动、健身、规律作息、习惯性的静坐冥想都有助于提升自控能力，当发现自己意志力不足时，也可以通过与同伴相互督促来形成一种社会支持，帮助自己更好地克服或脱离网络诱惑。

6. 及早发现、及早治疗

如果发现自己出现网络过度使用症状，不要掉以轻心，应及时求助专业的心理咨询人员或机构，仔细分析原因，做到及早发现、及早治疗。

对于网络中的消极面和可能造成过度使用的诱惑，我们要有清醒的认识。我们也可以参照以下标准，看看自己是否符合网络心理健康的标准。

（1）具有网络心理健康的意识和观念。
（2）线上线下保持良好的情绪情感。
（3）线上线下保持人格的完整、和谐和统一。
（4）使用网络不影响正常的学习、工作和生活。
（5）使用网络不影响正常的人际交往。

（二）网络成瘾的矫治

不要把网络过度使用误认为成瘾行为，网络成瘾是精神医学概念，需要到专门的机构确诊，如三级甲等医院的心理科、精神科或者被政府卫生行政主管部门批准的专业网瘾治疗机构。

网络成瘾的矫治手段主要包括药物疗法与心理行为疗法。

1. 药物疗法

药物疗法主要是选取抗抑郁药和心境稳定药来治疗网瘾。这种方法侧重于增强抑制能力、减少戒断反应、减少由戒断带来的情绪低落和抑郁等反应，促进心境稳定。数据表明，这些药物对网络成瘾的治疗具有一定的效果。

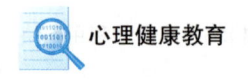

2. 心理行为疗法

心理行为疗法主要侧重于个体和家庭、学校、社会环境的复合影响，从建立作息习惯、自制能力、增强社会支持入手，进行网络成瘾的心理行为矫正。主要做法有：

（1）认知行为疗法。认知行为疗法认为心理紊乱是由病人错误或不合理的信念和看法引起的，通过现实的评价并矫正其歪曲的或功能障碍的想法，可以达到情绪和行为上的改善。这种疗法强调弄清病人上网的认知因素，让病人暴露在他们最敏感的刺激面前，挑战他们的不适应性认知，逐步训练他们上网的正确思考方式和行为。

（2）家庭治疗与社会支持治疗。有研究者认为，对于网络成瘾，医学治疗不是治本之策，家庭教育更重要。家庭治疗的出发点是将家庭看成一个系统，这个系统成员所表现出的行为既影响其他成员，同时也受其他成员的影响。并且，治疗网络成瘾症只有家庭教育还不够，它还需要社会、学校等各个环节共同努力，缺一不可。相关研究进一步指出，要使个体的成瘾症状完全达到戒断，需要其自身的努力、家庭的配合以及社会的监管，多方面来形成综合作用。

（3）生理、心理、环境综合干预方法。有些研究者采用心理干预、药物干预（主要为中医治疗）、社交行为干预和环境干预为内容的综合干预疗法来治疗网瘾。其主要特点是采用中药制剂对症治疗、集体治疗、学习与治疗同步，花费少，经济易行，适合在相关医疗机构指导下在学校推广应用。

（4）"五位一体"综合干预。有学者提出，应建立网络成瘾矫治的医学、心理、教育、军事化管理及社会体验"五位一体"的综合干预模式，倡导个体—家庭—团体循环干预手段，形成静、动态相结合的特色化治疗体系。

（5）正念疗法。正念是一种通过将注意指向当下目标而产生的意识状态，不加评判地对待此时此刻所展开的各种经历或体验。正念疗法包括一系列干预训练方法。研究发现，更加专注的个体能够更灵活地移入和移出不同的大脑状态，焦虑情绪更少。

心理训练

我的网络使用合理吗

一、训练目的

回顾、梳理自己的网络应用时长，反思自我的网络使用习惯。

二、训练时间

30～45 分钟。

三、训练内容

1. 学生分成 6～8 个人一组，选好小组长。每人准备一张纸和笔（教师可提前准备，打印列有时间段和网络应用类型的表格以备填写）。

2. 请学生回顾自己一个典型的周末（如上周末）一天中的手机网络使用习惯，按照早 6:00～晚 12:00 的时段表进行填写，将各时段中自己使用的网络应用的名称和使用时长写下来，然后看看各自在网络使用上花在网络信息搜索（因正常学习、工作需要）、在线教育、网络浏览闲逛、即时通信（聊天）、网络音乐、网络视频（刷剧）、短视频、网络游戏、网络购物等方面的时间各是多少，进而梳理自己在网络学习、工作、生活、娱乐方面的时间支出情况。

3. 学生在自愿和做出保密承诺的前提下，在小组内进行分享。探讨如何更好地使用网络，避免网络过度使用，同时教师可引导学生树立时间是一种投资的意识。

4. 思考：通过分享有什么让你惊讶的发现吗？别人的经验或行为让你有什么感想？有什么启发？后续你打算采取什么样的行动？

成 长 反 思

1. 评估自己是否存在不合理使用网络的行为。如果有，你会如何进行自我心理调适？
2. 对于提升自己的自控能力，你有什么样的方法？

综合训练和拓展学习六

一、心理测试

我的自制力

1. 训练目的

通过心理健康问卷，测试个人的自制力，以寻求提高和改善个人自制力的方法。

2. 训练时间

10 分钟。

3. 训练内容

下列各题中，每题有五个备选答案。根据自己的实际情况，选择一个最适合你的答案：A 为很符合自己的情况；B 为比较符合自己的情况；C 为介于符合与不符合之间；D 为不大符合自己的情况；E 为很不符合自己的情况。

（1）我很喜欢长跑、远足、爬山等体育运动，但并不是因为我的身体条件适合这些项目，而是因为这些运动能够锻炼我的体质和毅力。

（2）我给自己制订的计划，常常因为主观原因不能如期完成。

（3）一般来说，我每天都按时起床，不睡懒觉。

（4）我的作息没有什么规律性，经常随自己的情绪和兴致而变换。

（5）我信奉"凡事不干则已，干则必成"的信条，并身体力行。

（6）我认为做事情不必太认真，做得成就做，做不成便罢。

（7）我做一件事情的积极性，主要取决于这件事情的重要性，即该不该做，而不在于对这件事情的兴趣，即想不想做。

（8）有时我躺在床上，下决心第二天要干一件重要事情，但到第二天这种劲头又消失了。

（9）在工作和娱乐发生冲突的时候，即使这种娱乐很有吸引力，我也会马上决定去工作。

（10）我常因读一本引人入胜的小说或看一出精彩的话剧而忘记时间。

（11）我下决心办成的事情（如练长跑），不论遇到什么困难（如腰酸腿疼），都会坚持下去。

（12）我在学习和工作中遇到了困难，首先想到的就是问问别人有什么办法。

（13）我能长时间做一件事情，即使它枯燥无味。

（14）我的兴趣多变，做事时常常是"这山望着那山高"。

（15）我决定做一件事时，说干就干，绝不拖延。

（16）我办事喜欢挑容易的先做，难做的能拖则拖，实在不能拖时，就抓紧时间匆匆做完，所以别人不大放心让我干难度大的工作。

（17）对于别人的意见，我从不盲从，总喜欢分析、鉴别一下。

（18）凡是比我能干的人，我不大怀疑他们的看法。

（19）我喜欢遇事自己拿主意，当然也不排斥听取别人的建议。

（20）生活中遇到复杂情况时，我常常举棋不定，拿不定主意。

（21）我不怕做我从来没有做过的事情，也不怕一个人独立负责重要的工作，我认为这是对自己很好的锻炼。

（22）我生来胆怯，没有十二分把握的事情，我从来不敢去做。

（23）我和同事、朋友、家人相处时，很有自制力，从不无缘无故发脾气。

（24）在和别人争吵时，我有时虽明知自己不对，却忍不住要说些过头的话，甚至骂对方几句。

（25）我希望做一个坚强的、有毅力的人，因为我深信"有志者事竟成"。

（26）我相信机遇，很多事实证明，机遇的作用有时大大超过个人的努力。

4. 评分标准

单数题号：A 记 5 分，B 记 4 分，C 记 3 分，D 记 2 分，E 记 1 分。

双数题号：A 记 1 分，B 记 2 分，C 记 3 分，D 记 4 分，E 记 5 分。

各题得分相加，统计总分。

5. 结果解释

111 分以上：自制力很强；91～110 分：自制力比较强；71～90 分：自制力一般；51～70 分：自制力比较弱；50 分以下：自制力很薄弱。

6. 合理使用网络，提高和改善个人自制力

（1）设定网络使用时间：为自己设定每天玩网络游戏、刷短视频、网络购物的时间限制，可以使用手机或电脑上的应用程序来帮助监控和限制使用时间。

（2）制定网络使用计划：在每天或每周的开始时，规划好自己打算在网络上完成的具体任务，如工作、学习或休闲活动。遵守这个计划，避免无目的地浏览。

（3）关闭不必要的通知：关闭社交媒体、邮件和其他应用程序的推送通知，以减少分心和干扰。可以在特定的时间段内检查这些应用，而不是一有通知就立即查看。

（4）使用专注工具：利用应用程序或浏览器扩展来屏蔽干扰网站，在特定时间内专注于工作或学习。例如，可以使用专注软件"Forest"来帮助保持专注。

（5）自我监督：每天查看、分析手机各应用使用时间，这有助于自己意识到自身的网络使用习惯，并对不合理的习惯进行调整。

（6）培养替代兴趣：找到其他不依赖网络的兴趣和活动，如做手工、运动。这样可以减少对网络的依赖和过度使用。

（7）设定网络"禁食"时间：定期设定无网络日或无网络时间段，如每周的某一天或每天的晚餐时间不使用任何网络设备。

二、知识探索

网络心理学的研究取向：积极还是消极

网络心理学的研究取向应是重在关注一般的个体网络心理与行为规律，客观地看待个体与网络的关系。开展高职生网络心理与行为研究是高职生教育和培养的长远需求。在过去的20年中，针对网络使用的消极后效的研究主要集中于网络成瘾，而关于网络对高职生的认知、情绪、社会性意志等方面的影响研究还不够深入。

对于高职生，网络心理学的研究不应该仅仅停留在发现问题的层面，更应该去发掘问题和解决问题。广大的心理学研究者，尤其是网络心理的研究者应该多从高职生日常生活中的网络使用实际出发，从家庭教育和引导出发，以实证研究为依据，为社会、学校、家长等提出具体、详细、可操作的不良网络使用干预方法与对策，从而尽可能减少网络使用给高职生带来的消极影响，增强网络使用的积极后效。

当然，不良网络使用干预与对策的提出是一项巨大的挑战。一方面，不良网络使用只是一个综合的概括，具体到网络使用的内容层面，不同的个体可能面临着不同的不良网络使用问题。哪怕仅仅是网络成瘾，也包括网络游戏成瘾、网络信息成瘾、网络社交成瘾、网络购物成瘾等，干预措施需要"对症下药"。另一方面，在移动互联网时代，网络使用的监管难度非常大，网络使用的控制和监督效果可能并不明显。但是，从各个方面提出的干预与治疗办法又显得繁杂，周期较长，在现实层面上可能难以操作。因此，不良网络使用的干预方法与对策的提出可能需要多方共同努力，各方一起为网络时代的高职生出谋划策，循循善诱，引导高职生健康地使用和适应网络。

模块七　心理压力的缓解

模块导读

同是一根稻草，既可以成为压死骆驼的最后一根草给人带来压力，也可以成为"救命稻草"给人带来希望。现代社会是一个充满竞争、挑战、风险和机遇的社会，没有绝对平坦的道路，也没有绝对顺利的人生，我们时刻面临各种各样的压力与挫折。怎样才能适应现代社会的需要，直面激烈的竞争呢？

高职生面临考试、学习、就业、人际等多重压力，由各种压力导致的高职生自杀、违法犯罪事件，让人触目惊心。压力已成为危害高职生心理健康的"第一杀手"。面对压力，不同的应对方式会产生截然不同的结果。弱者困于环境，强者克服环境，智者利用环境。因此，认识并理性地面对压力，是每个高职生必须面对的课题。

高职生只有学会管理和释放自己的心理压力，才能拥有快乐和健康的学习和生活。通过本模块的学习，高职生能够了解有关压力的知识，正确认识压力，掌握正确释放缓解压力的方式。

模块目标

序号	目标维度	具体内容
1	知识目标	（1）认识压力的含义和构成要素； （2）了解压力的反应和症状； （3）了解压力的两面性； （4）了解高职生产生压力的常见原因
2	能力目标	（1）了解压力的管理及应对方式； （2）熟悉高职生压力的管理策略
3	情感和态度价值观目标	培养坚强的意志，积极应对生活中的困难和压力

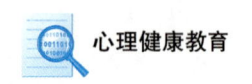

专题 7.1 认知压力

名人名言

承受压力的重荷，喷水池才喷射出银花朵朵。

——［西班牙］格拉西安

导入案例

孤独的小西

小西，女，18岁，某高职院校大一新生。自幼生活条件优越，爱整洁、讲卫生、学习好。入学后，宿舍的同学来自五湖四海，学习、生活习惯有着较大的差异。

由于作息时间不一致，宿舍内部出现了几次小的冲突，小西积极调整自己，接纳差异，努力融入集体。除了作息时间，她发现自己的个人物品也被舍友随意使用，虽然不值钱，但是她觉得非常反感，而舍友则认为"同学之间偶尔借用一下，不是什么大事"，觉得小西斤斤计较、为人冷淡，逐渐疏远了她，吃饭、上课也不再招呼她同行。

在宿舍，小西渐渐被孤立，非常失落，总担心班级同学在背后议论她、嘲笑她。她向辅导员老师提出换宿舍，老师劝导后没有批准。小西觉得特别难过，开始早出晚归，经常在图书馆、自习室学习，只有睡觉时才回宿舍。之后，小西觉得身体也不舒服，经常失眠、食欲下降，甚至胃疼，学习效率也降低了，每天都盼着快点放假，甚至想放弃学业。

分析： 当小西面对巨大的人际交往压力时，首先采取了积极的应对方式，但是受到了挫折，且缺乏进一步调整的能力，于是开始消极应对，致使压力越来越大。因此，学会疏导压力，调整应对方式，对每一位高职生来说都是非常重要的。

一、压力的含义及构成要素

（一）压力的含义

这里所谓的压力是指心理压力，它作为现代社会最普遍的一种情绪体验，存在于我们社会生活的方方面面。对于压力概念的理解，学术界存在不同的观点。时任芝加哥大学国际关系委员会主任莫顿·卡普兰（Morton A. Kaplan）认为压力是对个人产生威胁的工作和环境特征的总和，这里强调了构成压力的外在刺激和事件。加拿大学者汉斯·塞利（Hans Selye）则认为压力产生于个人无能力、无资源应对"外在需求"时的一种非特定的生理反应。后来有研究者从刺激和反应的交互作用角度对压力进行了综合分析，认为压力是环境刺激（压力源）与个人反应（精神紧张状态）之间相互作用的结果，这也是现在对压力较为普遍的看法。

（二）压力的构成要素

压力由压力源、压力应对、应对资源、压力反应、压力结果等要素构成。

1. 压力源

压力源是指那些迫使个体偏离他的正常心理或生理功能的相关因素。压力源可以分为生物性压力源、精神性压力源、生活性压力源和社会性压力源四种类型。

（1）生物性压力源。生物性压力源也叫躯体性压力源，是一组直接阻碍和破坏个体生存与种族延续的事件，它通过人的躯体直接发生作用，从而造成身心紧张状态，包括躯体疾病、创伤饥饿、睡眠剥夺、噪声和环境污染等。

（2）精神性压力源。精神性压力源也叫心理性压力源，是一组直接阻碍和破坏个体正常精神需求的内在事件和外在事件，来自人脑中的紧张性信息。包括错误的认识结构、个体不良经验、心理冲突、挫折、不良个性心理特点等。

（3）生活性压力源。生活性压力源是一些引起个人或家庭发生重大改变的生活事件。按其对人的影响程度主要分为配偶死亡、离婚、夫妻分居、拘禁、家庭成员死亡、外伤或生病、结婚、复婚和退休等。

（4）社会性压力源。社会性压力源是一组直接阻碍和破坏个体社会需求的事件，其可分为两方面：一种是纯社会性的，如重大社会变革、重要人际关系破裂、家庭长期冲突、战争等；另一种是由自身状况造成的人际适应问题。

2. 压力应对

压力应对是指个体在面对压力情境时的各种处理和行为。

3. 应对资源

应对资源是指影响和帮助个体应对压力的个人资源、环境资源。

4. 压力反应

压力反应是指个体在面对压力情境时所产生的生理、心理和行为变化。

5. 压力结果

压力结果是指过度的压力对个体会产生持久性影响，如学习动机减弱或下降，身心健康问题，如忧郁症、心脏疾病、癌症、头痛、肌肉疼痛、疲倦、失眠、冰冷、肠胃失调、月经失调、英年早逝等。

二、压力适应的过程

根据汉斯·塞利的研究,一般情况下,在适应压力的过程中,要经历警觉阶段、搏斗阶段、衰竭阶段。这三个阶段个体的生理、心理及行为特点都会出现一些变化。

(一)警觉阶段

警觉阶段是指个体发现事件并引起警觉,同时准备应对。此时,人体的交感神经支配肾上腺分泌肾上腺素和副肾上腺素,这些激素促进人体的新陈代谢,释放储存的能量,于是主要器官的活动处于兴奋状态,包括呼吸、心跳加快,汗腺分泌加速,血压、体温上升,骨骼肌紧张等。

(二)搏斗阶段

搏斗阶段又叫战斗期或反抗期。继警觉之后,人体全身心投入战斗,或消除压力,或适应压力,或退却。这一阶段人体会出现以下生理、心理和行为特征:

一是警觉阶段的生理生化指标表明恢复正常,外在行为平复,实则处于意识控制之下的抑制状态。

二是个体内部的生理、心理资源及能量被大量耗费。

三是此时个体变得极为敏感和脆弱,即便是微小的刺激,也能引发强烈情绪反应。

(三)衰竭阶段

衰竭阶段又叫枯竭期或倦怠期。由于抗击压力的能量已经消耗殆尽,此时个体短时间内难以继续承受压力。如果一个压力反应周期之后,外在的压力消失了,经过一定时间的调理休息,个体很快就能恢复正常体征。如果压力源持续存在,个体仍不能适应,那么一个能量已经消耗殆尽的人,就必然会发生危险,疾病、死亡都是极有可能的。

三、压力反应和症状

从心理学角度看,人们会因为一些已经发生或即将发生、存在或虚幻的威胁性事件而产生精神困扰,而压力就是这些困扰使得人的精神思想和行为语言受到了一定影响的一种情绪情感体验。

它包含三个方面的含义:(1)压力是一种心理体验;(2)压力形成于人对威胁性事件或情境的反应;(3)压力表现为认知、情绪、行为的结合。由此可见,压力并不直接影响我们的感受和体验，而我们对压力的认识反应或主观评价，决定着我们的感受和体验。

（一）压力反应

1. 心理反应

在压力情境下，个体的感知功能被激活，注意力集中，记忆力增强，思维也变得活跃。个体的认知活动增强，有利于应对压力情境，迎接威胁与挑战。但也可能产生诸如"灾难化"的消极认知反应。消极认知反应还包括自我评价降低，使得个体的自主感知自信心丧失。例如，一个长期得到师生称赞的学生，突然面对一次考试失利，很可能就会一蹶不振，变得怀疑自己。个体的心理反应还集中在情绪方面，最常见的情绪反应包括焦虑与恐惧、愤怒与怨恨、抑郁等。

2. 行为反应

压力条件下的行为反应与心理和情绪反应密切相关，主要涉及面部表情、目光、身姿和动作，也包括声调、音高、语速和节奏等副言语线索。当压力超过当事人承受能力的时候，个体的行为反应可能会显得惊慌失措，以致身体的协调能力和灵活性下降，动作刻板，或运动性不安，搓手顿足，或运动减少而呆滞木讷。

（二）压力的症状

在感受到压力带来的各种负面情绪的同时，会逐渐出现一些比较典型的症状。

1. 生理症状

情绪是压力的重要组成部分，大多数人心情不好时，往往会压抑自己的情感，当这些压力和情绪在言语层面无法被充分表达的时候，就会转而对我们的躯体产生影响，出现如疲劳、失眠、消化不良、胸闷等症状。

2. 心理症状

在压力的作用下人们会有一系列心理上的情绪和行为上的变化。一些典型的症状如易怒、焦虑、情绪失控，常常对高职生的人际关系和自己的身心健康造成恶性循环，严重的时候可能影响其社会功能，如整个人显得萎靡不振，无法完成最简单的日常听课和学习，记忆力衰退，感到无能与强烈的自卑。

四、压力的作用

人在没有压力和失去竞争的情况下，会觉得空虚，进而产生更严重的心理危机。然而，当心理压力过大时，人会感到恐惧和无助。可见没有压力和压力过大都不利于个人发展。根据辩证法，压力是一种矛盾，具有两面性，且二者在一定条件下可以相互转化。

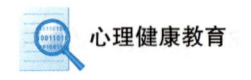

（一）压力的消极作用

压力导致的健康问题日益凸显，在日常的学习生活中，情绪与精神状态都是常见的压力预警信号，如果一个人经常出现负性情绪或者精神空虚的现象，并且这些情绪和现象在不同程度上影响这个人对压力事件的应对以及精神健康时，压力的消极一面就已经显现。

此外，我们还要注意到压力会引起疾病的"潜伏期"。当个体面对压力事件时，所出现的负面情绪会被压抑到潜意识里，如果长期得不到释放，就会出现心慌、胃痛、尿频、多梦等症状。这些症状有的会被自身感觉捕捉到，还有一些变成慢性压力，对大脑、心脏不断产生损伤，最终将自己击垮。

（二）压力的积极作用

生活中，我们常常有这样的感觉：在寒假或者暑假刚开始的时候感觉很舒服，但是过了一两周，就开始感到无聊，希望找点事情做。这个例子说明，一点压力都没有，并不会让我们有非常幸福的感觉，相反有了压力，才有了驱动力，才能调动身体各项机能，更好地适应自然和社会。这就是压力的积极作用。

同样地，不是只有坏事才会引起压力，好事也可能会让你产生压力，因为你可能觉得自己还没准备好去应对它们，如搬入新家、职务晋升等。由于自身能力、资源、解读情境的方式不同，不同的人所遭遇的压力情境各不相同，即使大家遭遇了相同的压力情境，每个人对压力的反应也是不同的。造成这种差异的原因是个体对压力的看法不同，所以如果一种压力能使得某个人成长，那么对这个人而言，这份压力就是好压力。

（三）压力对高职生的作用

1.压力对高职生的积极作用

（1）激励人拼搏进取、自强不息。生命是一连串克服压力的过程。没有压力，就没有成长，人的成长和发展就是不断适应环境压力的过程。

（2）磨炼意志和毅力。俗话说："宝剑锋从磨砺出，梅花香自苦寒来。"承受压力的过程也是人的能力和心智接受磨炼和考验的过程。

（3）提升能力和智慧。压力和挫折可以丰富高职生的阅历，让高职生变得更坚强、更成熟，使高职生学会独立思考、独立面对现实生活、分析问题和解决问题。

2.压力对高职生的消极作用

（1）降低学习效率。有些高职生在经受压力和挫折后，自信心会降低，出现自卑无能的感觉，同时长期处于焦虑不安中，学习能力受到影响，从而极大地降低了学习效率。

（2）损害身心健康。大量的研究表明，长期强烈的、超过了自身调节和控制能力的压力，会导致心理、生理功能的紊乱。因此，长期的压力会危及人的心理健康。

（3）导致性格与行为的偏差。有些高职生在面对巨大压力或重大挫折而无法作出相应的调整时，往往会使某些行为反应变成相应的习惯模式或个性特征。

经典分享

心理压力的10种无声信号

现代生活充满压力，要想活得轻松，就必须解压。要想有效减压，就必须了解压力。美国《预防》杂志最新载文，刊出美国拉什大学医学中心行为科学部主任斯泰万·E·霍博佛尔博士总结出的压力"10种无声信号"：（1）周末头痛；（2）痛经；（3）口腔疼痛；（4）怪梦；（5）牙龈出血；（6）突然出现痤疮；（7）偏爱甜食；（8）皮肤瘙痒；（9）过敏加重；（10）肚子痛。

心理训练

简明心理压力自测

一、训练目的

通过心理测试，了解压力的常见反应和症状，测试自己的压力水平。

二、训练时间

20分钟。

三、训练内容

表7-1列出了30项压力症状，请在符合自身近期三个月实际情况的选项前面打"√"。

表7-1　心理压力量表

是否符合自身实际情况	选项
	（1）睡眠不好
	（2）睡觉时感觉一直在做梦
	（3）深夜突然醒来，不能继续入睡
	（4）与人交际纯属应酬，一点不感兴趣
	（5）稍有一点不顺心就会生气，而且时有不安的情形发生
	（6）眼睛易疲劳
	（7）经常鼻塞
	（8）疲劳感不易解除
	（9）有体重减轻的现象
	（10）有头晕眼花的情形发生

续表 7-1

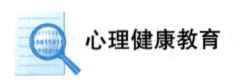

是否符合自身实际情况	选项
	（11）有胸闷情况发生
	（12）头脑不清醒，感觉昏昏沉沉
	（13）站立时，时常有发晕的感觉
	（14）有耳鸣现象
	（15）面对自己喜欢吃的东西，却毫无食欲
	（16）常觉得吃下的东西沉积在胃里不消化
	（17）有腹部发胀、疼痛感觉，且常便秘或拉肚子
	（18）口腔内有破裂或溃烂情形发生
	（19）经常喉痛
	（20）舌头上出现白苔
	（21）肩部容易酸痛
	（22）背部和腰经常疼痛
	（23）稍微做一点事就感到很疲劳
	（24）早上经常有起不来的倦怠感
	（25）不能集中精力专心做事
	（26）经常患感冒，且不易痊愈
	（27）常有手脚发冷的情形
	（28）手掌和腋下常出汗
	（29）突然出现呼吸困难的窒息感
	（30）时有心脏悸动的现象

四、评分标准

每个打钩的题目计 1 分，合计为本测试的总分。

五、结果解释

1. 10 分以下，心理压力轻微，平时留意，注意休息便可以恢复。

2. 11～20 分，说明压力严重，有必要去做心理咨询。

3. 在 21 分以上，可能或者已经出现适应障碍，需要特别注意，积极寻求心理咨询师和心理治疗师的帮助。

── 成 长 反 思 ──

1. 高职生应该如何看待压力？
2. 怎么找到自己的压力源？
3. 如何利用压力的两面性？

专题7.2 压力成因与特点

名人名言

压力是一把双刃剑,能够削弱我们,也能塑造我们。

——[美]马克·吐温

导入案例

无奈的退学

小方是普高生,本来有望考上一所不错的本科,可惜高考前家中有老人病重,花光了家中积蓄,他自己学习也受了较大影响,只考上一所高职专科。小方原本想的是高职只需三年,可以早点毕业工作,帮家里减轻负担。但入学后,他听说学校也有专升本的机会,于是暗下决心:就业、升学两手抓,两手硬,力争要保持全面第一。

大一第一学期,小方的成绩果然名列全年级第一,这使他感到非常光荣。然而,在寒假社会实践动员大会上,看到成绩远不如自己的几名学生干部忙前跑后,备受关注时,小方心里很不是滋味,决心也要在社交方面赶超他们,在各个方面保持第一。

于是,第二学期起,小方将大量的时间精力投入学生活动中,很快得到了同学、老师的认可。第二学期结束时,小方如愿被选为班长、系学生会副主席。然而,一个人的时间和精力是有限的,尽管小方学习仍然刻苦,但大二开始,他的学习成绩还是明显下降。他将成绩的下降解读为自己还不够努力。于是,每当考试不理想时,小方就惩罚自己一天不吃饭,或罚站1小时,以警示自己更加刻苦学习。可即便如此,他的成绩还是一路下滑,渐渐陷入恶性循环之中。

到了大三年级第一学期结束,小方的成绩单里已有5门功课不及格。他感到无颜面对老师和同学,觉得自己在学校毫无存在的价值和意义,最后主动选择了退学。

分析:小方为自己制定了远超过自己能力范围的奋斗目标,这在部分性格好强的学生中较为普遍。"鱼和熊掌"往往难以兼得,出现压力和挫折是必然的,也是很正常的。这些压力和挫折完全可以通过压力管理技巧解决,可惜的是,小方一开始就没有理性、客观地面对压力和挫折。

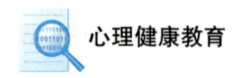

一、高职生常见的压力成因

高职生压力常见的成因各种各样，主要因素包括学业问题、人际交往问题、情感问题、就业问题和家庭问题。

（一）学业问题

步入大学后，许多学生会发现大学也有早晚自习，除了学科考试还有各种技能证书的考试、转本、接本、升本等各类学历提升的培训考试，竞争激烈。日益增加的学业压力主要体现在其学习目标不明确、学习适应不良和学习竞争激烈等方面。

很多的学生在进入高职学校以后，很长时间都不能完全适应自主学习的方式，产生各种学习适应不良的现象。

同时，随着时代的发展，学校不但要求高职生思想品德端正、学习成绩优异，还要考量他们是否在学生组织中担任职务等，可谓竞争激烈，其中的压力更是不言而喻。

（二）人际交往问题

网络时代下，不少在校的学生容易忽视现实中的人际交往，缺乏和他人之间必要而有效的沟通，有的学生一学期下来，自己班级同学的名字都叫不全。有的同学是第一次住进宿舍，缺乏集体生活的经验，往往以理想的标准要求自己和对方，一旦对方令自己失望，就对其全盘否定。此外，有些学生主观性强、情绪波动大，常常在人际交往中受到挫折。

（三）情感问题

高职生正值最美好的青春年华，向往着美好的爱情，渴望体验爱与被爱的感觉。但爱情并非都是甜蜜而美好的，尤其高职阶段刚好是青年人生观、价值观的形成时期，在恋爱中他们常常过于理想化，对感情的处理会比较简单、冲动，甚至造成一系列负面影响，从而引发心理问题。最常见的情感的压力有失恋、单相思与爱情错觉。

（四）就业问题

社会的飞速发展，使得企业对高职毕业生的要求逐年提高，岗位竞争的压力也在不断加大。越来越严峻的就业形势使高职生对自己的未来前途和职业发展充满担忧和焦虑。受学历限制，高职生在择业竞争中很难凸显自身优势，也容易在就业的过程中遇到暂时的困境，面临较大的就业竞争压力。

（五）家庭问题

家庭的经济条件及家庭结构都会给学生带来一定的影响。尤其是贫困家庭的学生，到了高职院校后，看到身边有很多家庭条件优越的学生，会感到自卑、孤独，从而形成较大的心理压力。同样，家庭变化也会影响高职生的心理，如单亲家庭、离异家庭等，都容易给高职生的成长造成心理压力。

二、高职生压力反应的特点

（一）真实和想象的压力并存

对于高职生来说，他们面对的压力有些是客观存在的，如生病、自然灾害、同学之间的冲突、社会文化差异等。还有些是他们想象的压力源，这主要是由于每个人的经历不同，对客观事件的评估也不一样，所以产生的压力感也各不相同。例如，有些学生由于以前与同学交往失败的经历，就假想现在的同学也会难以相处，从而产生莫名的焦虑和压力。

（二）生理反应和心理反应并存

当人们面对较大压力时，会产生一系列生理反应，主要表现在植物性神经系统和免疫系统方面，如呼吸急促、心跳加速、血压升高、头晕、头痛等。

除了生理反应，压力还会引起一些心理反应（负面情绪和消极行为），如焦虑、情绪低落、攻击性增强、悲伤、失眠、暴饮暴食、缺乏安全感，严重者甚至出现逃避、退缩、抑郁等。突发性的巨大压力很可能对个体造成应激性压力症候。

（三）暂时体验和长期体验并存

有些压力是暂时性的，随着压力的消失，压力体验也随之结束，如考试压力，考试过后就会感到轻松。有些压力是长期存在的，如生活环境的改变、学业等。有研究表明，压力是会积累的，随着压力越来越大，存在的时间越来越长，个体也会随之处于能量不足的状态，身心健康会受到影响。

经典分享

学会减负

一个人觉得生活很沉重，便去见哲人柏拉图，以寻求解脱之道。柏拉图没有说什么，只是给他一个篓子让他背在肩上，并指着一条沙石路说："你每走一步就拾一块石头放进去，看看有什么感觉。"那人开始遵照柏拉图所说的去做，柏拉图则快步走到路的另一头。过了一会儿，那人走到了小路的尽头，柏拉图问他有什么感觉。

那人说："感觉越来越沉重。"

"这就是为什么你感觉生活越来越沉重。"柏拉图说，"每个人来到这个世界上的时候，都背着一个空篓子，在人生的路上他们每走一步，都要从这个世界上拿一样东西放进去，所以就会有越走越累的感觉。"

那人问："有什么办法可以减轻这些沉重的负担吗？"

柏拉图反问他："那么你愿意把工作、爱情、家庭或者友谊哪一样拿出来呢？"那人听后沉默不语。

柏拉图说："既然都难以割舍，那就不要去想背负的沉重，而去想拥有的欢乐。我们每个人的篓子里装的不仅仅是上天给予我们的恩赐，还有责任和义务。当你感到沉重时，也许你应该庆幸自己不是另外一个人，因为他的篓子可能比你的大多了，也沉重多了。这样一想，你的篓子里不就拥有更多的快乐了吗？"那人听后恍然大悟。

分析：人生在世本来拥有很多的幸福和快乐，不要总是把过去的负担背在身上、放在心上。要用乐观的心态，多去想想快乐的事情，就会发现心中自然轻松了许多。要学会用积极的心态去面对压力，多想想压力能带来的收获，活出精彩人生。

心 理 训 练

寻找压力源

一、训练目的

寻找常见的几种压力源，并讨论应对方法。

二、训练时间

40分钟。

三、训练内容

1. 每个人填写下面的表格。

我在学习方面的压力来自（最多写两种）_____，
严重程度：_____分（1分压力体验最低，5分最高）。

我在人际交往方面的压力来自（最多写两种）_____，
严重程度：_____分（1分压力体验最低，5分最高）。

我在经济方面的压力来自（最多写两种）_____，
严重程度：_____分（1分压力体验最低，5分最高）。

我在就业方面的压力来自（最多写两种）_____，
严重程度：_____分（1分压力体验最低，5分最高）。

2. 学生分成6~8个人一组，小组内成员每人介绍自己某一方面的压力来源和严重程度，小组选一名代表，在班级中发言。

3. 随机挑选3个小组的代表在班上发言，介绍自己某一方面的压力来源、严重程度和应对办法。

成 长 反 思

1. 每个人都有压力，压力的来源主要有哪些？
2. 高职生的压力反应有何特点？
3. 除了消除压力源、与压力和平相处、变压力为动力，还有哪些应对压力的有效方法？

专题 7.3　压力的应对与管理

名人名言

在科学上没有平坦的大道，只有不畏劳苦沿着陡峭山路攀登的人，才有希望达到光辉的顶点。

——［德］卡尔·马克思

导入案例

暴躁的小于

小于是某高职院校三年级的学生。从一年级入学开始，他就一直觉得自己应该认真学习，用成绩证明自己。虽然身边一些同学进入高职院校之后开始享受生活，无心学业，小于却一直坚持把学习放在首位，大学一年级期末考试，他如愿获得专业课第一的好成绩。但是到了二年级，他觉得不被周围人理解，没有在老师和同学面前获得应有的关注，学习越来越懈怠，成绩也渐渐下滑。进入三年级后，想要报考专升本考试的他，突然发现自己已经荒废了太多的时间。每天复习的时候，小于一想到自己的成绩和期望的差距，就十分沮丧；想到自己浪费了太多时间，就感到非常悔恨；想毕业工作，对就业前景又不太满意。眼看考试快要临近，小于开始吃不香、睡不着，脾气也越来越暴躁。

分析：小于对自己在高职院校的学习有着很高的期望，但是没能一直坚持下来，不够自律。对于现状，小于首先应该基于当前的就业形势，慎重思考升学和择业的利弊，做好目标规划，确定努力的方向。同时，还要正视自己之前的懈怠，调整期望，制定合理的目标，通过脚踏实地的努力，树立自信，走出困境。

一、压力的应对

高职生面对生活中的各种压力时，最常见的应对方式包括问题解决、逃避面对、寻求帮助和合理化等。

（一）问题解决

问题解决是指由一定的情景引起的，按照一定的目标，应用各种认知活动和技能等，经过一系列的思维操作，使问题得以解决的过程。

人生就是解决一系列问题的过程，在面对压力时，人们最常用的策略就是直接采取行动去解决问题，包括评估压力情境、找出行动方案并积极采取行动。例如，当你面临期末考试，会不分昼夜地看书复习，拼尽全力地达到通过考试的目标。这是高职生最常用的成熟性应对策略，化压力作为动力，才有更大可能获得自己期望的结果。

（二）逃避面对

逃避面对是一种不成熟的应对模式，所有逃避的事情和不舒服的情绪都会压抑在自己的身体里。长期以这样的方式应对压力，不仅不能使压力退却，反而会影响自己的身体健康。只有当个体能觉察到，并停止自己的逃避行为时，才能回到压力的情境中来，从面对问题开始，接纳问题和自己的情绪。当个体接纳而不逃避和抗拒问题的时候，自己的能量才会回来，才有能量和能力应对问题。

（三）寻求帮助

当个体在遭遇压力事件的时候，会本能地思考自己在社会关系网络中所能获得的、来自他人的物质和精神上的帮助和支援有哪些，同时尝试了解和寻找与压力事件相关的知识，从而增强自己应对压力的信心。同时，个体还会尝试联系和他们有一样困扰的人们，一方面可以和他们倾诉自己的负性情绪，另一方面可以获得理解与支持，在相互的宣泄和鼓励中，有效缓解压力，摆正自己要积极生活的态度。

（四）合理化

合理化就是制造"合理"的理由来解释并遮掩自我的伤害，是个体无意识地用似乎合理的解释来为难以接受的情感、行为、动机辩护，以使其可以接受。这个理论有很著名的两个案例，一个是"酸葡萄心理"——丑化失败的动机。一个是"甜柠檬心理"——美化被满足的动机来合理化自己的压力情境。

二、高职生压力的管理策略

压力管理指个体对感受到的挑战或威胁性环境主动做出适应性的反应。不同来源的压力有着不同的管理策略。压力管理的本质是针对可预见的压力源进行必要的干预，维护身心健康，提高问题处理的效率，保证学习生活目标顺利实现。为了能很好地适应高职院校乃至今后的学习、生活和工作，我们应进行有效的压力管理，提高自己的压力适应能力。高职生可以从以下几个方面着手进行压力管理，以更积极成熟的方式去面对人生的压力与挑战。

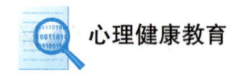

（一）正视压力

1. 克服"鸵鸟心态"

"鸵鸟心态"这种消极的应对反应，虽然可以避免个体在压力情境中持续受挫，但是如果长期使用这样的防御机制，也就令人丧失了解决问题的勇气和可能性。承认自己正面临的问题，这对减轻压力非常关键，只有承认压力的存在才能战胜压力。

2. 调整认知

认知就是我们平时说的想法，通常情况下，有些想法是在我们没有意识到的情况下自动出现的，我们称之为自动思维。和压力相关的思维多为负性思维，那些自动出现的负性思维，常常以扭曲的认知偏差来呈现。

例如，有的高职生打算去参加班委的竞选，还没去就觉得自己一定选不上，这个念头毫无依据。如果我们能在负性思维自动出现的时候，就意识到它的存在，并对这个认知进行调整，建立更积极的认知评价，就可以获得更加积极的心态和良性行为。

当你觉得"我肯定竞选不上班委"的时候，试着用"我要试试，至少我有一个机会来参与这个事情"的观点来应对你的负性思维。当我们用这样的方式，对有偏差的认知进行调整，就可以增强应对压力和解决问题的力量。

3. 加强自我分析

自我分析就是充分认识自己的优点和弱点。通过有效的自我分析，全面、客观地认识和评价自己。一个人只有正视自己，承认自己的价值，坦然面对和接受自己的不足，才能避免因过低的自我评价所带来的自卑，以及过高的自我评价所产生的失落和抑郁，才能变得成熟、自信。

（二）释放情绪

情绪在压力应对中扮演着重要的角色。在压力应对时，情绪会贯穿始终，与压力产生相互作用。积极的情绪将引发更多正向行为，促进压力应对，形成良性循环。

例如，选择去操场上打球、跑步让自己痛痛快快出一身汗或是痛哭一场，都能让情绪得到释放，减轻压力带来的负面影响。所有表达性的活动都能起到情绪释放作用，如倾诉、书写、唱歌、祈祷、喊叫、舞蹈等。情绪能量会随着你的呼吸、语言、声音、汗水、加速的血液循环等得到释放或者转化，让你拥有更好的压力应对状态。

（三）寻求支持

越来越多的研究表明，当一个人独自面对压力的时候，其应激反应的消极作用远远大于在社会的支持下面对压力时应激反应的消极作用。社会支持能够对处于压力情境下的高职生起到重要的支撑作用，有利于个体的身心健康。尤其是个体主观感知到的支持，能在最大限度上帮助其自身提高压力的应对能力。所以在面对心理压力时，高职生主动寻求社会支持是非常有益的。

要想在压力面前不孤立无助，最好构建自己的社会支持系统，而社会支持体系包括亲人、朋友、同学、师长和心理咨询专家及组织机构等。社会支持系统可以在你需要的时候给你情感安慰、行动建议，帮助自己渡过难关。可以提供的支持包括情感支持、信息支持、肯定支持、归属感支持和现实支持等。

（四）觉察和调整自己的生理状态

生理状态是压力最直接的指标。要想有效管理压力，首先要能觉察压力的信号。

1. 有意识地觉知自身的紧张、焦虑等情绪状态

当个体处于压力状态时，自己的生理和情绪上会有什么样的不适反应？记录自己的这些压力反应，然后锁定这些反应指标，以后每当产生这些不适反应时，便发出警告。

2. 学会控制自己的不良生理指标

当自己的压力知觉性提高时，也需要提高自己的生理指标控制力，如心跳、呼吸、血压等。压力与饮食之间的相互影响确实存在，当个体发现自己比平时更爱吃甜食，或者不饿的时候也想吃东西时，就要觉察是不是压力在作祟。因此可以尝试多吃水果蔬菜，用坚果和水果代替零食，多吃豆制品、谷物等，这都有助于身体健康。

3. 减轻和消除自己的心理负担

压力反应，即便是本能反应，也足以使我们身心疲惫。因此，必须卸掉个体身上由压力带来的紧张和焦虑，否则持续性的压力累积效应，迟早会让我们垮掉。

理性辨析和积极归因。多运动，学会经常进行放松训练。改善睡眠，睡觉是缓解压力的有效方法。

（五）关注当下

关注当下是一种心理过程，让人的思想不再漫无目的地发散、妄想，而是把内在和外在的意识体验专注于当下的事物，觉知但不评判。

一些高职生一直无法释怀高考的失利，进入高职院校后也一直焦虑自己未来的发展，甚至出现心慌、失眠等现象。他们的烦恼其实来自自身和外界的评价，当我们不去评价，就会少了很多负性情绪，当我们可以心平气和地把注意力放在自己当下可以做的事情上，并越来越多、越来越好地完成它们的时候，反而能够获得相应的成功和良好的身心状态。

经典分享

胡萝卜、鸡蛋还是咖啡豆

有一个女孩向父亲抱怨她的生活,她觉得凡事都很艰难,不知该怎样挺过去,经常想放弃。

父亲把她带到了厨房。在三个壶里分别装满了水,然后放到高温的火上烧。很快,壶里的水被煮开了。他往第一个壶里放了些胡萝卜,往第二个壶里放了几个鸡蛋,最后一个壶里放了些磨碎的咖啡豆,然后,一句话也没说,等着水把它们煮沸。

大约20分钟后,父亲关掉了火炉,先要她去摸胡萝卜,她摸了之后,注意到它们变柔软了。然后,又拿出一个鸡蛋并把它敲破,把壳剥掉之后,让她观察煮熟的鸡蛋。最后,父亲要她品尝一口咖啡。尝着芳香四溢的咖啡,她微笑起来,说道:"这是什么意思?父亲。"

父亲说,这三样东西面临着同样的逆境——煮沸的水。但它们的反应却各不相同。胡萝卜本是硬的,但受到煮沸的水的影响后,它变得柔软而脆弱。鸡蛋本来易碎,薄薄的外壳保护着内部的液体,但是在经历过煮沸的水以后,它的内部却变得坚硬。不过,最独特的却是磨碎的咖啡豆,当它们被放入煮沸的水之后,它们却改变了水。"哪一个是你呢?"他问女儿,"当逆境找上你时,你是胡萝卜、鸡蛋,还是咖啡豆?"

分析:当面对压力时,显然咖啡豆的方式更聪明、更可取。我们要学会适应压力,与压力共存;或者改变压力,让压力转化成自己成长的动力。

心理训练

自我暗示,缓解压力

一、训练目的

帮助学生感受理想自我,营造积极氛围,缓解压力。

二、训练时间

40分钟。

三、训练内容

1. 拿出手机或者镜子,看看那个熟悉的自己,想一想有什么是你希望改变的?一个更积极、健康的你将会是什么样子?

2. 闭上眼睛,然后想象着变成自己希望的样子,一个更积极更健康的样子,直到内心出现一种相信自己一定会变成这个样子的感觉(停顿10秒),然后慢慢睁开眼睛。

3. 再次看着镜头里的自己，对自己说出一句鼓励、感激或者赞扬的话，如"我觉得你皮肤很白""我觉得你能行"，等等。

4. 在完成这个训练后，将学生分成6～8个人一组，进行小组分享和讨论，并选出一名代表在班级中发言，讲一讲自己和小组同学在训练前后的感受。

成 长 反 思

1. 你平常都采用哪些方法减压？
2. 如何把压力变成动力？

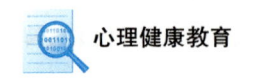

综合训练和拓展学习七

一、心理训练

15分钟卸下压力的7个方法

1. 训练目的

帮助学生优雅、内敛、积极地处理压力。

2. 训练时间

15分钟。

3. 训练内容

（1）勤锻炼。减压和降低焦虑的好方法之一就是运动。你可以加入健身社团、在宿舍或操场锻炼，甚至只散一会儿步。运动时分泌出来的内酚酞可以让人感觉到快乐。你也可以和好友一起锻炼，这样的好处是运动后心情变得平静。

（2）常微笑。微笑和大笑都是立刻放松情绪的最佳途径之一。与朋友开个玩笑，和伴侣看一部优秀的电影或者明媚的阳光都能让我们微笑。

（3）多听音乐。尝试做一些精神舒缓的事情使压力保持在正常水平。听音乐是一种放松减压最好方式，各个年龄阶段、各种收入水平的人群都酷爱它。安静的音乐能使你感到放松、平和。尝试听几种不同的曲风，你就会发现，一些作品好像专门为你而作。一旦你找到了它，任何你需要安静放松的时候，都可以听听它们。

（4）爱阅读。阅读也是减压的好方法。选读一本轻快、喜剧、浪漫或其他系列的书。如果你对宗教、心理方面的书籍感兴趣，当然也可以读这类书籍。任何给人以积极健康的态度看待世界的书都能让人自我感觉良好和让人放松。

（5）尝试冥想。一幅诗情画意祥和的田园诗般画卷，由一望无垠的大草原或广袤的沙漠为背景，触发你所有的感官去体会。你能嗅到空气中弥漫的淡淡的茉莉花香吗？你能听到鸟儿欢唱，感觉到清风拂面吗？你能区分哪一个是想象图景，哪一个是现实吗？下次，焦躁不安时，冥想吧！它会给你带来安静，它会化解你的负面情绪。

（6）懂得感恩。当你感到压力时，试着去细数幸福，把它们记载在感恩日记里。总有一些东西值得你感恩——有时像起床一样简单的事情都值得。想象生活中的美好，当你怀有一颗感恩的心，你也会感到生活更美好。当你用负面的眼光看周围的世界，就更容易变得愤世嫉俗。乐观地思考，有助于化解怒气，让你接触更多美好的事情。

（7）深呼吸。当你陷入伴随压力而来的强烈情绪中，甚至快被压垮时，停下来，深呼吸，这个行动会带来多重益处。在你深呼吸时，更多的氧气被输送到你的大脑使你思维清晰、肌肉放松。它也给你时间进行心理调适，欣赏更壮丽的美景。

二、知识探索

正念减压疗法

正念减压疗法（MindfulneSS—based stress reduction）简称为 MBSR，产生于1979年，美国麻省理工学院分子生物学博士、马萨诸塞州医学院的荣誉医学博士乔·卡巴金（Jon Kabat-Zinn）在麻州大学医学院开设减压诊所，并设计了正念减压疗法，协助病人。以正念禅修处理压力、疼痛和疾病，其本身是用来缓解压力的一套严格、标准的团体训练课程。

1995年，麻州大学再次邀请卡巴金博士设立正念医疗健康中心。他开始进行关于身心互动疗愈效能的研究与相关临床应用，希望能借此有效缓解慢性疼痛与压力引起的种种失调症状。至此，正念减压疗法越来越被人们所熟知，并被广泛地应用。

正念疗法的具体方法采取的是团体训练课程的形式。每个进入减压诊所的患者都需要参加一个为期8周的团体训练班，每周一次，每次2.5~3小时。练习的内容是禅定等正念训练。

疗程将正念（Mindfulness）视为纯粹地注意当下每一秒所显露的身心经验，教导病患应以正确的态度来练习正念修行：（1）不对自己的情绪、想法、病痛等身心现象作价值判断（Non-judging），只是纯粹地觉察它们；（2）对自己当下的各种身心状况保持耐心（Patience），有耐性地与它们和平共处；（3）常保初学者之心（Beginner's Mind），愿意以赤子之心面对每一个身、心事件；（4）信任（Trust）自己、相信自己的智慧与能力；（5）不努力（Non-striving）强求想要的（治疗）目的，只是无为地（Non-doing）觉察当下发生的一切身心现象；（6）接受（Acceptance）现状，愿意如实地观照当下自己的身、心现象；（7）放下（Letting go）种种好、恶，只是分分秒秒地觉察当下发生的身、心事件。

模块八　当爱情悄然来临

模块导读

爱情是人类永恒的话题。法国作家雨果曾这样给爱情定位：人生有两次出生，第一次是在开始生活的那一天；第二次则是在萌发爱情的那一天。"爱情即人生"可以作为这位伟大的作家对爱情的定义。也有人这样看待爱情：每个人的爱情都是一部电影，自己是这部电影的主角兼导演，自己诠释的这部电影到底是艺术片？悲情片？无声片？商业片？还是灾难片？都取决于自己对待爱情的态度。归根到底，爱情需要自己来把握。

对于高职生而言，爱情不再是禁忌，爱与被爱都是正常的情感需要。本模块旨在帮助高职生掌握爱情的定义及特征，学会有效应对恋爱问题，懂得维护性心理健康等方向，帮助高职生树立正确的恋爱观，培养爱的能力，以及健康的恋爱心理和性心理。

本模块我们一起走进爱情，了解爱情的特征，培养高职生爱的能力，以及掌握、维护高职生性心理健康的途径。

模块目标

序号	目标维度	具体内容
1	知识目标	（1）了解什么是爱情、爱情的特征与生理机制； （2）了解性心理健康及评定标准
2	能力目标	（1）了解大学生恋爱中常见的心理困扰，掌握解决恋爱困扰的能力； （2）掌握维护大学生性心理健康的途径
3	情感和态度价值观目标	（1）培养大学生爱的能力； （2）树立正确的恋爱观和择偶观

专题 8.1　爱情的含义与意义

名人名言

在年轻的时候如果你爱上一个人，请彼此温柔地相待，就算是分开的时候也要心存感激……不管你们相爱的时间有多长或多短，若你们能始终温柔地相待，那么所有的时刻都将是一种无瑕的美丽……

——席慕蓉

导入案例

被扼杀的爱情

李华性格内向，不善交际，班长主动帮他，使他长期封闭的心灵一下敞开，他很快喜欢上了班长，在他"死缠烂打"的追求下，两人确立了恋爱关系。

在恋爱相处中，李华对女友要求越来越高，占有欲越来越强，经常因为一些小事吵架。李华要女友辞去班长职务，不允许她和其他男性有接触，整天缠在她身边，要求女友时刻跟他保持联系。每次女友回复信息稍慢一些，李华都会情绪崩溃，大骂女友不爱他。女友感到不可理喻，提出分手，他不同意，数次恐吓女友及其室友。

分析：李华"爱"女友，但他误将同学之间的关心视为爱情。此外，如果爱的方式是伤害、攻击和约束，当然最终难逃一败涂地的结局。我们每个人的一生都可能会有一次或多次恋爱，懂得什么是爱情、具备爱的能力是恋爱成功的关键。

一、爱情的含义

（一）爱情是什么

爱情是两个人之间最亲密的社会关系，是生理活动和心理活动的统一，当爱来临时，人会不知不觉地发生变化，爱可以让人成长。

马斯洛认为："爱的需要涉及给予和接受爱，我们必须懂得爱，才能教会爱、创造爱。"马克思主义认为："爱情是男女双方之间基于共同的生活理想，在各自内心形成的相互倾慕，并渴望对方成为自己终身伴侣的一种强烈的、纯真的、专一的感情。"

很难用理性的语言阐述爱情，因为每个人对爱情的理解与体验都不相同，也没有一模一样的爱情模式。那么，说不出又道不明的爱情到底是什么呢？

关于爱情的定义，一直存在着很大的争议。广义的爱情指人与人之间相互爱恋的感情；狭义的爱情是指男女之间相互爱恋的感情，是至高至纯至美的美感和情感体验。从法律上来说，爱情是男女双方之间基于共同的生活理想，在各自内心形成的相互倾慕，并渴望对方成为自己终身伴侣的一种强烈的、纯真的、专一的感情。

（二）爱情的基本要素

1. 相异性

爱情一般是在异性之间产生的，狭义的爱情专指异性恋。其"相异性"不仅指交往双方性别的不同，也指交往双方在性格、兴趣爱好、价值观等方面的不同之处，这些不同之处可以吸引彼此，同时也可以促进彼此的成长和发展。

2. 成熟性

爱情是个体随着生理与心理的成熟而产生的情感体验，幼儿之间不会产生爱情。

3. 生理性

爱情具有一定的生理基础，即性爱成分，而非纯粹的精神上的活动。

4. 高级性

爱情是一种高级的情感，它包括认知成分，是恋爱双方的个性、习惯、兴趣等诸多方面互补、完美协调，是情感交融的高层次境界与愉悦享受。

（三）爱情的特征

1. 排他性

排他性是爱情最大特点，它源于爱情的自然属性，即基于性爱基础之上的一种自发的心理倾向。排他性往往表现为对恋人与其他异性亲密关系的排斥。它强调恋爱双方要建立专一的情感，彼此忠诚，否则容易引起猜疑与不信任感，对恋情造成负面影响。

2. 持久性

爱情不是交往双方因一时冲动而产生的，而是两人经过相互了解和深入思考，在产生激情的基础上形成的真挚的情感。真正的爱情不会因为时间和环境的改变而轻易改变，它会随着岁月的流淌不断升华。

3. 互爱性

爱情是男女双方在思想品德、性格爱好、仪表风度和文化素养等方面相互倾慕，是经过较长时间的接触，在彼此相互了解、相互尊重的基础上自愿建立的情感关系。

4. 平等性

真正的爱情是建立在男女之间自愿基础上的互爱，是对对方的倾慕与无私付出，同时得到对方爱的回馈，不需要依靠外在因素的干预。在爱情中，两人应是平等、互相尊重的，没有一方能凌驾于另一方之上。

（四）爱情的结构——爱情三角理论

美国著名社会学家、婚姻专家罗伯特·斯滕伯格（Robert J. Sternberg）提出了爱情三角理论，以此阐释男女之间复杂多样的情感现象。斯滕伯格认为，爱情应由三个核心要素构成：亲密（Intimacy）、激情（Passion）和承诺（Commitment），如图 8-1 所示。

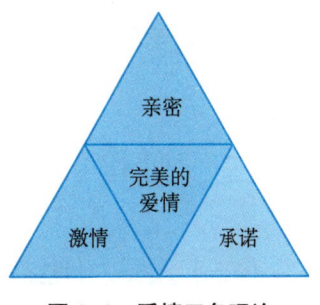

图 8-1 爱情三角理论

1. 亲密

即"竹马弄青梅、两小无嫌猜"，它描述的是两人之间感觉亲近、温馨的一种体验，是一种相互喜欢的感觉，是爱情中的友谊，包括理解、沟通、支持与分享。

2. 激情

指的是性的唤醒和欲望，它是热烈而强烈的。有时候，我们可能对某人非常喜欢，但不会产生强烈的冲动和欲望；而有些人，尽管我们并不了解或不喜欢，却能激发我们强烈的性欲望。心理学家研究发现，我们的"激情之脑"和"喜欢之脑"是分开的，这意味着我们可能非常喜欢一个人，但不会产生性吸引。

3. 承诺

承诺在爱情中扮演至关重要的角色。它不仅是口头上的诺言，更是内心深处的信念和决心，往往伴随着责任和压力。例如，一对夫妻在结婚时交换戒指，宣誓彼此的承诺。这既是仪式的一部分，更是彼此爱意的深刻表达。这种承诺在日常生活中会转化为相互支持和理解，使他们的关系更加稳固，包括在对方生病时自觉照顾对方，即使生活变得艰难，也要彼此扶持。

斯滕伯格用激情来描述爱情的"热度"，用亲密来形容爱情的"温暖"，而承诺则反映了一种理性的认知内容。这三个要素构成了一个三角形，它们的强弱不同会导致三角形的形状发生变化，从而产生不同的爱情表现和含义。斯滕伯格认为，如果缺少三个基本要素中任何一个，都不能称为爱情。如果三者皆无，那么两人之间可能仅仅是熟人，甚至朋友都算不上。这三种成分组成八类，具体如下：

（1）无爱：没有亲密、没有激情、没有承诺，我的世界一片荒芜。

（2）喜欢：只有亲密，我们喜欢我们的朋友。

（3）迷恋：只有激情，强烈的生理冲动。

（4）空爱：只有承诺，很多包办婚姻便是如此。

（5）浪漫之爱：亲密+激情，浪漫之爱常常出现在两个年轻人身上，如校园中的恋爱，我们有感情基础——亲密，也有浪漫故事——激情，唯独缺了承诺，感情难以持久。

（6）相伴之爱：亲密＋承诺，相爱的两个人会努力维持深刻、长期的友谊，即使激情不再，这段亲密关系依然长存，很多持久的婚姻就是拥有深刻的相伴之爱。

（7）愚昧之爱：激情＋承诺，一见钟情、强烈吸引、立刻结婚的婚姻往往面临着重大考验。双方既没有对彼此的深刻了解，也缺乏共同语言，这种爱情尤其盲目。

（8）完美之爱：亲密＋激情＋承诺，三者合一，这种完美之爱可遇而不可求。

二、爱情的意义

（一）人类为什么需要爱

孤独感是每个人生命中无法摆脱的问题，它引发了强烈的焦虑、羞耻感和罪恶感。人类最深刻的需求，就是克服孤独带来的恐惧，从孤独的囚牢中解脱出来。

从母体中分离的那一刻起，分离的恐惧就如影随形。小时候，我们害怕母亲不要我们，最害怕的惩罚是被关在门外；少年时，我们害怕被伙伴孤立。摆脱分离和孤独，成为人一生中最深沉的需求。

我们需要情感的交融和成熟的爱。从整个社会的角度来看，我们需要每个人付出更多的情感，需要动员更多的人在情感上达成一致。

因此，爱不仅是一种个人的简单情绪体验，更是对人类生存和繁衍问题的一种回答。爱是我们作为人类共同面对孤独、分离和恐惧的解决方案，它是我们构建社会、维系关系和传承文明的基础。

经典分享

杨绛与钱锺书令人羡慕的爱情故事

杨绛和钱锺书是中国文坛上的爱情典范。他们向世人诠释了爱情的浪漫与温馨，婚姻的相濡以沫。

杨绛与钱锺书一生相伴60余年，从学生时代一直携手走向生命的终点。钱锺书离世时留给杨绛的最后一句话是："好好活。"这句话支撑了杨绛往后的18年。

对于现代婚姻，杨绛曾给出这样的建议："我是一位老人，净说些老话。对于时代，我是落伍者，没有什么良言贡献给现代婚姻。只是在物质至上的时代潮流下，想提醒年轻的朋友，男女结合最最重要的是感情，是双方互相理解的程度。理解深才能互相欣赏、吸引、支持和鼓励，两情相悦。门当户对及其他，并不重要。"

钱锺书曾形容杨绛是"绝无仅有地结合了各不相容的三者：妻子、情人、朋友。"

而杨绛在钱锺书去世后也写道:"我们仨失散了,留下我独自打扫现场,我一个人思念我们仨。"就是这样一份从相识相爱到相守的感情,惊艳了时光,温柔了岁月。

钱锺书曾写给杨绛一句这样的话:"没遇到你之前,我没想过结婚,遇见你,结婚这事我没想过和别人。"

人生不可能一直快乐,有欢乐就有痛苦。他们也经历过一段痛苦的岁月,就像杨绛在《五七干校》中写的那样:"相互扶持着走过来了,一直过着平淡而温馨的生活。他们一起读书,一起写文章,一起品茶散步,直到'我们俩'都老了。"

分析:在如今这样一个什么都追求速度的快节奏的社会中,就连爱情也追求快,来得猛烈,退却后只剩下一片狼藉、萧条。希望大家都能遇到一份如钱锺书和杨绛一样的持久绵长爱情,和幸福而温馨的婚姻。

(二)爱源于抚慰而非食物

心理学家哈利·哈罗在20世纪50年代和60年代进行了一系列实验,他想搞清楚灵长类动物,特别是恒河猴的社会和情感发展,以及母婴关系到底有多重要。

哈罗的实验中最有名的就是他的"代理母亲"研究。在这个研究中,哈罗和同事们创造了两个"母亲"模型:一个是金属丝做的,带有食物容器的"母亲",另一个是软软的布料覆盖,但没有食物的"母亲"。然后,小猴子们被放在一个环境里,可以自由选择和哪个"母亲"玩耍。

尽管金属丝"母亲"提供食物,但小猴子们更喜欢黏着那个软软的布料"母亲"。当小猴子们受到惊吓时,它们会跑到布料"母亲"那里寻求安慰,而不是金属丝"母亲"。说明对小猴子来说,触觉安慰(如柔软的布料)和安全感的重要性超过了食物供应。

爱的抚慰作用,不仅仅是满足生理需求,如食物和住所,还包括提供情感支持和安全感。这对于人类的爱情关系、家庭生活和社会互动同样重要。

哈罗的实验还进一步探讨了隔离和社交剥夺对恒河猴发展的影响。他发现,那些被隔离抚养的猴子在社交技能和情感发展方面存在严重缺陷。这些猴子往往表现出异常的行为,如自我伤害和过度攻击性,甚至在成年后难以与其他猴子建立正常的社交关系。

(三)爱情中的生理机制

爱情的萌发常被视为一种抽象且难以解释的现象,如所谓的"来电"感,实际上是一种不由自主的生理体验,不受个人意志的直接操控。因此,常有人表示:"的确,他在各方面都很出色,无论是家庭背景、职业表现,还是对自我的关怀,我都认同。但无论如何,我对他就是没有那种所谓的'感觉'。反过来说,尽管他在职业稳定性、脾气控制,甚至对我的态度上都有不足,但每当我看到他时,我的目光就无法移开。"

爱情与人体内激素的波动有着千丝万缕的联系。在爱情中发挥作用的激素包括:

（1）多巴胺，它带来快乐、安全感和满足感。巧克力的摄入能刺激多巴胺的分泌，因此巧克力有时被誉为"爱的食品"。

（2）苯基乙胺，它激发"来电"的感官体验，作用类似兴奋剂，能导致瞳孔扩张、面颊泛红、心跳加速和勇气的激增。

（3）去甲肾上腺素，它犹如警报器，引起血管收缩、血压上升，让人体验到心中"小鹿乱撞"的感觉。

热恋的体验本质上是激素所设下的情感陷阱，它们既带来快乐与兴奋，也确保了人类的繁衍。然而，这些激素不可能长期维持在高位。激情若持续燃烧，无人能够承受。

当激情退去，爱情又依赖何物维系？不必惊慌，忠诚激素随之而来。

（4）忠诚激素，包括内啡肽和催产素，它们带来安宁感。在激情过后，人会感受到舒适、温暖、亲密和平静，这种感觉催生依赖感。在心理学实验中，当研究人员向雄性小白鼠注射催产素后，它们对伴侣表现出更多的温柔和依恋。

心理训练

爱的类型判断

一、训练目的

能够运用罗伯特·斯滕伯格爱情三角理论判断情感类型。

二、训练时间

20分钟。

三、训练内容

在表8-1的第一列写下自己所认识的人的名字（可用代号表示），然后对照罗伯特·斯滕伯格提出的三个要素打"√"，判断自己与他人之间的情感类型。自己可以选择是否与他人讨论这个表格的结果。

表8-1 罗伯特·斯滕伯格情感类型判断表：我对"他（她）"究竟是什么情感

姓名	亲密	激情	承诺	情感类型

成长反思

1. 你了解自己的恋爱心理特点吗？
2. 你有恋爱中的心理问题吗？如何调适？
3. 怎样让爱情更有营养？

专题 8.2　爱的能力与爱的困惑

名人名言

爱是人的一种主动的能力，一个突破把人和其他同伴分离之围墙的能力，一种使人和他人相联合的能力；爱使人克服了孤独和分离的感觉，但他允许成为他自己，允许他保持他的完整性。

——［美］艾瑞克·弗洛姆

导入案例

恋爱相处之道需学习

赵雪性格开朗，由于刚入学不久，还未与身边的同学熟络起来，感到有些孤单。大二的学长小李是赵雪班级的辅导员助理，帮助辅导员处理班级的事务，两人渐渐熟悉，很快便确定了男女朋友关系，赵雪也因为有了小李这个男朋友感觉不那么孤单。但好景不长，两人经常为一些小事争吵，赵雪常常因为小李爱玩游戏没有更多时间陪伴自己而责备小李，小李也觉得赵雪太黏人，太"公主"气。小李提出分手，赵雪想不通小李为什么要和自己分手，越想越难过，甚至开始出现抑郁情绪，于是来到学校心理咨询中心寻求帮助。

分析： 人们常常因为电影中"坠入情网"的夸张渲染，误以为什么都不做，恋情就会发生。就像婴儿或者蹒跚学步的孩子一样，小宝宝不需要做任何事情就能获得母亲的爱，因为母爱是无条件的。童稚的爱是"我因被爱而爱"，而成熟的爱是"我因爱而被爱"，两者之间有很大的区别。

一、爱的能力

爱情是美好而又纯洁的情感。弗洛姆说："爱是一种能力，也是一种艺术，也是一个人的终生任务。"恋爱的过程是培养爱的能力的过程。具备了爱的能力，自己才能真正体验到爱给人带来的快乐和幸福。爱的能力表现为以下几方面。

（一）发展爱的能力

爱，不只是一种情感，也是一种能力。爱的能力实际是一种综合的素质，表现为在爱的过程中的许多方面。

埃里希·弗罗姆（Erich Fromm）在《爱的艺术》中说："所有领域里都能保持创造性和移动性，倘若在其他领域消极无能，他在爱的领域也必将重蹈覆辙。"培养爱的责任、发展爱的能力，就是要培养无私的品格和奉献精神，培养善于处理问题的能力。只有能够有效地化解、消除恋爱和生活中的矛盾纠纷，为恋人负责、为自己负责、为社会负责，才能创造出幸福美满的婚恋。

（二）鉴别爱的能力

鉴别爱是指当事人能较好地分清什么是好感、喜欢和爱情。有鉴别爱的能力的人，是个自信也尊重别人的人，会自然地与别人交往，主动扩展交往的范围，珍惜友谊，会尽量多地体验他人的感受。

（三）迎接爱的能力

迎接爱的能力包括表达爱的能力和接受爱的能力。一个人面对别人的示爱，能及时准确地对爱做出判断，并做出接受、谢绝或再观察的选择，这也是一种爱的能力。高职生要具备迎接爱的能力，就应懂得爱是什么，有健康的恋爱价值观，知道自己喜欢什么、需要什么、适合什么。应主动关心他人，热爱他人。当别人向你表达爱时，能及时准确地对爱的信息做出判断，坦然地做出自己的选择。

（四）表达爱的能力

当你爱上一个人时，能否用恰当的方式和语言向对方表达出来呢？表达爱需要勇气、需要信心。表达爱是在表明爱一个人也是幸福，即使可能得不到回报，也要让对方知道被一个人爱着。研究发现，当一个人刻意地对他人做出维持关系的举动时，对方能察觉到这种刻意。而一旦人们认为某种行为别有目的，便会保持警惕和距离。此外，爱的表达也需要不断地练习。如果不开始试着展现爱意，人们始终会对爱的表达感到陌生和焦虑。

（五）拒绝爱的能力

有爱的能力的人不是对爱来者不拒，或者将认为不是自己的爱就简单地拒之门外。当然也有不少高职生在别人向自己示爱时有些优柔寡断，既怕伤害对方，又怕对方误会。拒绝爱的能力包括：一是表现为对他人的尊重；二是要态度明确，表达清楚，即和对方只能是什么样的关系；三是行动与语言要一致。

（六）保持爱情长久的能力

保持爱情长久的能力，需要上面多种能力的综合。爱需要两个人真正地关心对方，走进对方的内心世界，以对方的快乐为自己的快乐。要保持爱情的常新，需要智慧、耐力、持之以恒及付出心血。

（七）解决爱的冲突的能力

爱的冲突大多来自日常生活中的不一致，或不协调。爱需要包容、理解、体谅，并且要学会用建设性的方式去解决冲突。沟通是一种非常有效的方式，恋人间需要有效的沟通，表达清楚自己的思想、感受。伤害性的争吵或者冷战都不利于问题解决。

（八）提高恋爱挫折承受能力

恋爱受多种因素的制约，因而在追求爱情的过程中遇到各种波折是在所难免的。单相思、爱情错觉、失恋等恋爱心理挫折对心理承受能力就是一种考验，如果承受能力较强，就能较好地应对挫折，否则就可能造成严重后果。

二、依恋决定恋爱风格

（一）依恋的含义与分类

依恋理论认为，早期亲子关系的经验形成了人的"内部工作模式"，这种模式是人的一种对他人的预期，决定了人的处事方式。内部工作模式在以后的其他关系，特别是成年以后亲密关系和婚恋关系中起重要作用。

英国发展心理学家约翰·鲍比（John Bowlby）深入探讨了婴儿与主要照顾者（主要是母亲）之间的情感纽带，提出了依恋理论来阐释这种关系的本质。如果把母爱比作糖，我们来看看不同依恋关系中给不给糖的区别。

1. 一直给糖型（安全型依恋）

在婴儿因饥饿而发出响亮哭声时，母亲会迅速注意到这一需求，并立即采取行动安抚婴儿。她会紧紧拥抱婴儿，用温柔的手抚摸其背部，传达安慰与关怀。婴儿可能会在满足之后发出饱嗝，舒适地在母亲的怀抱中进入甜美的梦乡。随着时间推移，这些受到良好照顾的儿童往往会形成安全型依恋。他们相信这个世界和周围的人，能够轻松愉快地与他人建立联系和交往。这种早期的经历为他们的社交能力和心理健康打下了坚实基础。

安全型依恋的个体在恋爱关系中感到舒适和自信，能够信任伴侣并得到伴侣的支持。这种依恋风格的人通常能有效地沟通和解决冲突，他们的爱情关系通常健康和稳定。

2. 爱给不给型（焦虑/矛盾型依恋）

当婴儿因饥饿而哭泣，在母亲情绪愉快时，她会迅速响应婴儿的需求，及时给予喂养和关爱。然而，当母亲情绪不佳时，她可能无法给予婴儿应有的关注和照顾，甚至可能完全忽视婴儿的哭泣。这种不稳定的照顾模式可能导致婴儿形成焦虑/矛盾型依恋。婴儿无法预测母亲的行为，不确定母亲是否能够可靠地满足其基本需求，这会导致婴儿对母亲的爱的真实性感到困惑。这种不确定性会使婴儿感到紧张和不安，进而形成一种过分依赖和寻求关注的行为模式。随着时间的推移，这种依恋风格可能会影响儿童未来的人际关系，使他们在情感上变得过分依赖他人，同时对亲密关系持有不信任的态度。

焦虑/矛盾型依恋的个体在恋爱关系中可能会表现出情绪不稳定和极端反应，可能会对伴侣有过多依赖和需求，同时表现出对他人的嫉妒和怀疑。

3. 一直没糖型（回避型依恋）

当婴儿因饥饿而哭泣时，如果母亲不仅不在婴儿身边，甚至在在场时对婴儿进行身体或言语上的虐待，这样的行为会对婴儿的心理发展产生极其负面的影响。母亲的这种反应会让婴儿感到极度受挫和无助，婴儿可能会感到被遗弃和不被爱，从而认为母亲不可依靠。在这种环境下成长的婴儿可能会发展出回避型依恋。他们可能会在人际关系中表现出退缩，避免与他人建立深层次的联系。由于在早期经验中缺乏稳定和可靠的照顾者，这些儿童可能会对世界和他人持有不信任的态度，可能会很难建立起亲密和信任的关系。

回避型依恋的个体往往害怕亲密和依赖，他们可能会避免与伴侣建立深厚的情感联系。

小测试

你是哪种婴儿依恋类型呢？

以下简单的测试可以找到答案，看看哪种说法最符合你的心态。

说法 1：我感到接近其他人是相对容易的事情，依靠他们我觉得很自在。我不经常担心被抛弃或者有人跟我太过接近。

说法 2：接近其他人我觉得有些不自在，我感到很难完全信赖他们，很难让我自己去依靠他们。爱侣经常让我更亲近一些，但这种亲近让我感到不舒服。

说法 3：我感到其他人有些疏远我，不如我期望的那样亲近。我经常担心我的伴侣并非真的爱我或者不愿意与我在一起。我想与我的伴侣关系十分密切，但有时这会把人吓跑。

选择说法 1 的多为安全型依恋，选择说法 2 的多为回避型依恋，选择说法 3 的多为焦虑/矛盾型依恋。三种不同的爱情依恋风格在成人中所占比例分别为：安全型依恋约占 56%，回避型依恋约占 25%，而焦虑/矛盾型依恋约占 19%。

（二）成人依恋的类型

后续研究中，又拓展出成人依恋的概念，成人有两个依恋维度和四种依恋类型。

如图 8-2 所示，横坐标是逃避维度，纵坐标是焦虑维度。

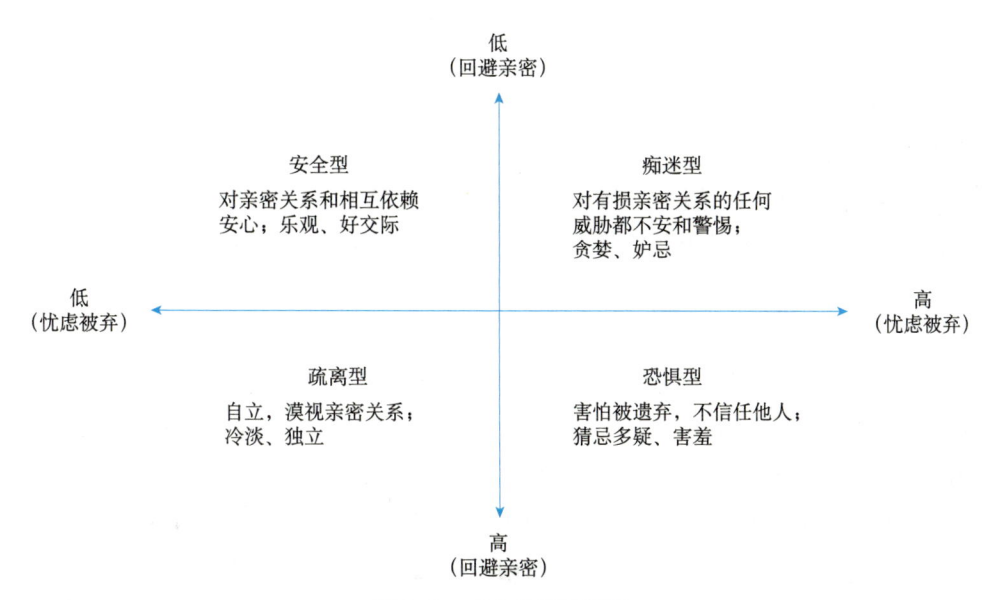

```
                           低
                        (回避亲密)
                           ↑
         安全型            │         痴迷型
    对亲密关系和相互依赖   │    对有损亲密关系的任何
    安心；乐观、好交际     │    威胁都不安和警惕；
                          │    贪婪、妒忌
  低                      │                        高
(忧虑被弃) ←──────────────┼──────────────→ (忧虑被弃)
                          │
         疏离型           │         恐惧型
    自立，漠视亲密关系；   │    害怕被遗弃，不信任他人；
    冷淡、独立             │    猜忌多疑、害羞
                          │
                          ↓
                          高
                       (回避亲密)
```

图 8-2　成人依恋的类型

1. 安全型依恋 = 低逃避 + 低焦虑

成人安全型与儿童的安全型完全相同，具体表现为：在感情上容易接近他人；不管是依赖他人还是被他人依赖都感觉安心；既不害怕独处，也不担心被人接纳。

对待爱情的态度为："我渴望亲密，并且勇敢追寻，我不害怕失败。"

案例：小王和小李异地恋 3 年才走到一起，中间发生了很多事，如果没有彼此的相互信任和理解沟通，简直不可想象。

2. 痴迷型依恋 = 低逃避 + 高焦虑

成人痴迷型与儿童的焦虑/矛盾型对应，具体表现为：在亲密关系中容易投入一切感情；对爱人过分依赖；过分寻求认同，害怕关系破裂。

对待爱情的态度为："我只有跟你时刻呆在一起，才能跟你一样完美。我爱你，我害怕失去你，你也要像我在乎你一样地在乎我。"

案例：今天又和他吵架了，我给他打电话他不接，我就一直打。一直打到他的手机没电。他回来质问我，说我不相信他。请问我要怎样相信他？

3. 恐惧型依恋 = 高逃避 + 高焦虑

成人恐惧型是儿童回避型的一种，具体表现为：我渴望亲密关系，但难信任他人；和他人变得太亲密会受到伤害。

对待爱情的态度为："我渴望幸福，但是我不愿主动，如果你追我追得太紧，我也想逃，如果你不追我，我又很生气。"

案例：我的男友是很"难搞"的人，我对他一见钟情，因为他别扭的样子很像我以前读的爱情小说中的霸道总裁——爱你就欺负你。我怀疑我是不是有受虐倾向啊！

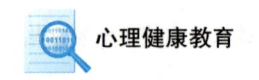

4. 疏离型依恋 = 高逃避 + 低焦虑

成人疏离型是儿童回避型的一种，具体表现为：亲密关系得不偿失；我不会依赖别人，别人也别想依赖我。

对待爱情的态度："爱情得不偿失，只要我不去爱别人，自然也不会受伤。"

案例：恋爱这种事劳民伤财，劳心费力，我还是凡事依靠自己好了。

（三）依恋类型可以改变

在人生中的各个阶段，对爱的需求是如此迫切和基本，尤其是在我们最脆弱、最需要支持和安慰的时候。父母的反应——无论是温暖地接纳还是冰冷地拒绝——会对我们产生深远的影响，塑造我们的依恋类型，这种影响甚至在母体内就开始了。一个快乐的准妈妈，她的积极情绪和对孩子的期待，与一个焦虑矛盾、心事重重的准妈妈相比，前者的孩子更可能发展出安全型依恋。安全型妈妈由于情绪稳定，更倾向于成为周到体贴、充满爱心的照料者，因此她们的孩子也更可能是安全型。相反，不安全型妈妈的孩子往往也会继承这种不安全型的依恋。

然而，重建安全感的过程并不容易。尽管安全感可以被重新塑造，但这个过程充满了挑战。最可能帮助你重拾安全感的途径是找到一个安全依恋类型的伴侣。但是，不安全型的人可能会觉得安全型的人沉闷、无趣、缺乏吸引力，而那些充满魅力、若即若离的"渣男"或"渣女"对他们而言则更具吸引力。

有时，在亲密关系中，我们明明知道正确的路径，却依然选择了"困难"模式。这是因为我们儿时的经历，我们对熟悉感的执着，或者我们潜意识中选择用这种方式来表达对父母的忠诚：如果爸爸妈妈不幸福，我们也不应该幸福。这种忠诚可能会阻碍我们在成年后建立健康的亲密关系。

我们最初的依恋模式会在一生中对我们的亲密关系产生影响。依恋模式一旦确定，就会非常稳定和持久。但是，如果人生中出现了高潮迭起的新经历，人们的依恋类型是有可能改变的。在重建安全感的旅途中，我们可能会遇到挑战，也可能会犯错。但每一次的尝试都是一次学习和成长的机会。

无论我们的起点如何，每个人都有能力创造一个充满爱和安全感的生活，我们的过去不必定义我们的未来。通过勇气、决心和耐心，我们可以重塑自己的依恋模式，不仅为自己，也为亲人创造一个更加温馨和更具支持性的环境。

三、爱的五种语言

美国心理学家盖瑞·查普曼博士（Dr. Gary Chapman）在他的著作《爱的五种语言》中列出了五种表达爱的方式：肯定的言辞、投入的时间、精心的礼物、服务的举动、身体的接触。

（一）肯定的言辞

多用积极的语言鼓励与肯定对方。语言表达是最直接、最容易被对方接收到的信号。如果一开始你还不习惯直接说"爱"，可以把"我爱你"变成一句描述，如"我爱你笑起来的样子""我爱你的善良"等。

（二）投入的时间

很多时候人们更关注相处的时长，如一周花多少时间在一起。但相处时间的质量也很重要。比起待在一起两小时却毫无交流，一起花半小时投入双方都喜欢的活动可能会让人感受更好。

（三）精心的礼物

礼物是爱的视觉象征。如果你在乎的人喜欢收到礼物，那么你需要好好规划，成为一个送礼者。你可以多观察在乎的人平时在关心什么物品，对方曾经因为收到什么礼物而激动不已，把它们列下来。实际上，花钱送礼物不单是为了对方，也是为了我们自己——送礼物给我们带来关系的安全感。

（四）服务的举动

服务的举动指的是做对方希望你做的事，是用行动表达你的爱意。有些行动未必需要花费你很大力气，正如在父母看来，吃掉他们做的饭就是对他们的服务，要了解你在乎的人希望你为他们做什么。双方可以试着一起写下几件希望对方做的事，作为交换，或许你会发现很多你没有注意到的对方的需求。

（五）身体的接触

盖瑞·查普曼博士指出，有些人看重身体的接触。在他们看来，疏远他们的身体，就是疏远他们本身。不单伴侣之间需要肢体接触，朋友和家人也需要，特别是当人们遭遇痛苦和危机时，拥抱可以舒缓情绪。

四、树立正确的恋爱观

恋爱观是指人们对恋爱问题所持有的基本观点和态度，是一定社会条件下的经济关系和道德关系的产物。健康的恋爱观是理想、道德、义务、事业和性爱的有机结合，包括建立正确的认知和择偶标准，摆正恋爱、爱情与事业、发展、友谊的关系，提倡志同道合式的爱情，选择健康的恋爱行为方式等。

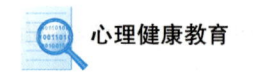

（一）摆正爱情的位置

对于高职生而言，高职阶段是人生的黄金时代，一生的事业在这里奠基，成才的希望在这里起步，高职生应以学业为主，爱情次之。高职生应树立崇高的理想，不应只有"儿女情长"而没了雄心壮志。高职生正确认识、对待和处理爱情与学业的关系，主要表现在正确认识、处理恋爱和学习的关系，正确处理恋爱与集体活动、社会工作的关系，正确处理恋爱与其他同学的团结关系等方面。

（二）真诚的态度，平等地相爱

爱情是建立在恋爱双方相互理解与尊重的基础上的，因此双方应以诚相待，不能存在伪善与欺骗，更不能持有不良目的。恋爱的双方要尊重对方的情感和人格，不能把恋人当作是自己的私有物，侵犯恋人的个人自由，诋毁恋人的人格尊严。爱情的双方不仅要自尊自爱，还要相互尊重与体谅，这样才能成为并肩作战的亲密战友。

（三）严肃认真，忠贞专一

恋爱是涉及双方终身幸福的事情，因而当事人都要秉持严肃认真的态度，不能朝三暮四，见异思迁。恋爱关系一经确定，就要忠实于伴侣，爱情要专一，这是恋爱道德的基本要求。爱情的专一，要求男女双方都要承担一定的道德义务和道德责任，不能变化无常，轻率转移爱的对象，爱情不能同时献给两个人。只有专一，两人的爱情才能长久。

（四）爱与责任相统一

爱不仅是一种权利，更是一种责任和义务。爱的权利与义务不可分割，不能只享受爱的权利，而不履行爱的责任与义务。爱是一种给予，包含对对方强烈的责任感，恋爱的双方所作所为须向对方负责，这也是恋爱道德的基本要求。

（五）积极参加社会实践，提高自己的人际交往能力

爱情体现着人与人之间一种特殊的人际关系，良好的人际交往能力是健康恋爱心理形成的必要条件。积极参加各种社会实践活动，有助于锻炼高职生的社会适应能力，丰富自己的社会阅历，提高自我认识水平和自我控制能力，从而塑造良好心理素质。

（六）树立正确的择偶观

在现实社会中，不同的人有各自不同的择偶标准，或"高富帅"，或"白富美"，概括起来可分为事业型、美貌型、金钱型、权力地位型、兴趣志向型等。高职生在恋爱对象的选择上应从政治、品德、性格、爱好等多方面综合考虑，注意理想志向的一致性，以互相爱慕、志同道合为基础，选择与自己心理特点相配的恋人。这不仅符合恋爱道德的要求，也是使恋爱能够成功的前提条件。

五、正确处理恋爱中的冲突

在亲密关系中，冲突是在所难免的。但是冲突的形式却不尽相同，有些直接表现出愤怒和敌意，有些则是隐性的，从未公开表达的。比起没有被表达的冲突，直接发生的争吵对关系有更多积极的作用，它能满足人们在关系中自我表达的需求。

人们应对冲突会做出种种反应。有些反应具有破坏性，会不利于亲密关系；有些反应具有建设性，有利于维持和提升亲密关系。有些应对方式是主动、公开地面对争端；有些应对方式是被动的，试图绕过问题。

按照"破坏性—建设性""主动—被动"两类维度，心理学家卡瑞尔·鲁斯布尔特（Caryl Rusbult）将亲密关系中应对冲突的方式分成退出、忽视、忠诚和协商四类，如图 8-3 所示。

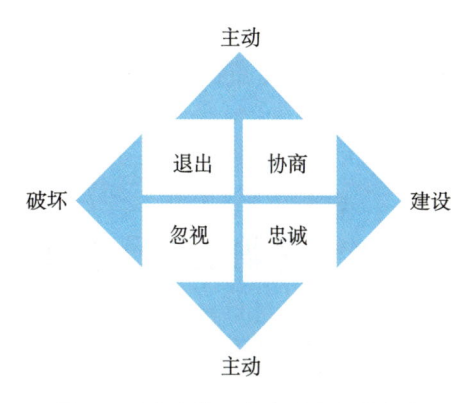

图 8-3 亲密关系中应对冲突的方式

（一）退出

退出是以主动的，但却是以破坏性的方式来应对冲突，强硬地要求伴侣服从自己、为自己妥协。例如，以结束关系作为威胁，提出对抗性的问题，或是做出粗暴、恶意的反应，如大喊大叫或对伴侣大打出手。它被称为退出，是因为在亲密关系中，以这种方式应对冲突的人，一旦冲突发生，就直接退出关系，没有做出好好解决冲突的努力。

（二）忽视

忽视是指以消极的方式应对冲突，眼睁睁地看着情况恶化下去却坐视不管。回避冲突的人，甚至会用其他不利于亲密关系的方式来缓解焦虑，如出轨。

（三）忠诚

忠诚是一种被动但有利于亲密关系的反应，忠诚者并不会主动交流，只是乐观地等待境况的改善。忠诚与忽视的区别是，在面对伴侣的沟通要求时，忽视者会回避交流，打断对方的话，或者就是不肯谈论与冲突有关的问题，而忠诚者并不回避交流。当伴侣发起讨论或批评时，忠诚者会温和地进行反驳，或者坦率地说出自己的想法。

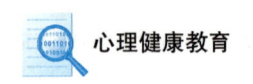

（四）协商

协商是积极应对冲突的方式，试图通过沟通来恢复或改善亲密关系。协商者会与伴侣共同讨论问题，而当协商者觉得两个人不足以解决问题时，他们也会积极寻求第三方的帮助，如朋友或咨询师等。进行协商的伴侣们，更容易达到积极结果，如达成一致、双方折中，或是一起找出更好的方法。

无论是忠诚，还是协商，建设性的应对之所以有利于亲密关系，关键在于它们会开启沟通的正面循环。协商者做出建设性回应，加强了伴侣的信任，提升伴侣做出同样回应的意愿，于是又反过来鼓励协商者更多地做出正面回应，如此不断循环下去，直至问题解决。

六、高职生对于爱的困惑

（一）单恋

单恋又称单相思，是指在异性关系中一方对另一方产生倾慕之情，但又不能告知对方或不被对方接受的一厢情愿的恋爱渴望。

一些高职生遇到自己喜欢的异性，便会产生爱慕之情，但却不清楚对方的情感态度，因而会感到迷茫困惑，羞于表白，使自己陷入单相思的煎熬之中。还有一些高职生坦率地向倾慕的对象表达自己的情感之后，却遭到对方的拒绝，挫折心理在短时间内难以调节，心理需求得不到满足，情绪无法释放，致使自己陷入矛盾与痛苦之中。

（二）爱情错觉

爱情错觉是单相思的一种形式，是对爱情的错觉。一些高职生在强烈地渴望得到倾慕者爱情的时候，就会过分敏感，产生过多幻想。他们常常会把对方的言行态度纳入自己主观需求的轨道上去理解，一旦发现幻想破灭，就会受到严重打击。因此，应该理智、客观地认识自己与他人的情感，避免沉浸在爱情错觉当中自欺欺人。

（三）多角恋

所谓多角恋，是指一个人同时与两个或两个以上的异性建立恋爱关系。高职生多角恋通常有以下几种情况。

（1）一些高职生由于心理发展还未完全成熟，生活经验不足，择偶标准不明确，不能确定与自己关系密切的异性中哪一位更适合自己，因此就会广泛培养，以求选择最佳对象，由此出现了选择性的多角恋。

（2）一些高职生的择偶动机不良，心态浮躁，追求形式，抱着游戏人生的想法，感情态度不专一，渴望占有所有美好的事物，因此就在不同的恋爱角色中周旋，寻求刺激，获得满足感。

（3）一些高职生的虚荣心较强，他们会以自己追求者众多而感到荣耀，通过建立多角恋爱关系来显示自己的魅力，满足强烈的虚荣心。

（4）还有一些高职生过分地以自我为中心，固执任性，嫉妒好强，对于自己喜欢的对象具有强烈的占有欲，因此会在他人的恋爱关系中充当第三者的角色，导致复杂的多角恋。

多角恋是一种极为不健康的恋爱观念，是对他人不尊重和不负责的表现，是违背社会道德规范的行为。多角恋还潜伏着极大的危险性，处理不当容易激化矛盾，产生严重的不良后果。

（四）网恋

随着电子信息技术的普及，网络已经渗透到社会生活的每个角落，同时网恋也成为高职生的普遍交往方式。一些高职生在感到学习和生活压力过大或孤独、空虚时，便会通过网络宣泄情绪，寻求情感寄托，遇到情投意合的对象便会发展成为网恋。

因此，网恋具有一定的主观性、片面性和虚假性，一旦双方相互接触，就会因现实的差距而导致恋爱的失败。我们不否认网恋的成功实例，但是大学生在对待网恋问题上应保持冷静和慎重的态度，避免因受到伤害或欺骗而酿成不可挽回的后果。

（五）失恋

失恋是指恋爱中的一方单方面否认或终止恋爱关系，并因此给对方造成严重的心理挫折。从心理学角度来看，失恋是青春期一种痛苦的情绪体验，严重者会留下难以愈合的创伤。

部分学生的恋爱心理不成熟、不稳定，择偶标准不明确，在恋爱过程中缺乏责任感，淡化恋爱结果等观念和态度，会使得恋爱中的某一方因双方的性格不合，见异思迁，不愿承担压力或恋爱动机不纯而主动放弃恋爱关系，导致另一方受到极大的伤害。

1. 失恋的原因

失恋的原因有很多种，常见的有以下几种：

（1）性格不合。这种情况在高职生恋爱中最常见。现在的人都喜欢一见钟情，在双方互不了解的情况下，仓促建立爱情，随着时间的推移，双方会发现在思想、性格等方面的不适合，从而分开。

（2）见异思迁。恋爱中的一方，在热恋的过程中，发现对方身上有一些缺点是自己原来没有发现的，而这时又发现另外一个异性身上存在此方面的优点，那么就很容易见异思迁、移情别恋，从而离开对方。

（3）一厢情愿。恋爱中的一方是由于对方穷追不舍，迫于同情与对方交往，但交往后发现对方并不符合自己内心真正的恋人标准，于是提出分手。

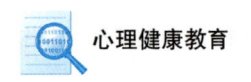

（4）社会舆论压力。相爱的双方由于受到社会舆论的影响，两个人不得不分开。例如，临近毕业的时候，双方的工作地点不在一起，或者双方的父母极力反对，那么恋爱的双方可能因此而分开。

（5）恋爱动机不纯。恋爱动机的纯洁和健康是保证恋爱顺利的重要基础。有些高职生谈恋爱不是出于爱情本身，而是因为生活的单调、寂寞、烦闷、虚荣心等。

2. 失恋的行为特征

失恋者往往有以下的心理和行为特征：

（1）情绪低落。一些高职生失恋后，把痛苦埋在心底，充满虚无感、失意感，心情抑郁，为人冷漠、孤僻，严重者可导致精神分裂。还有一些人为寻找精神寄托，借酒消愁、借酒解闷，在酒精和尼古丁中麻醉自己。

（2）盲目弥补。分手后，一部分高职生仍对对方一往情深，对爱情生活充满了美好的回忆和幻想，于是陷入单恋，盲目地去弥补自己的这份爱情。有些人希望与原来的恋人重归于好，若对方不答应，就以死相逼。这些都是一种幼稚的行为，因为爱情本身就是双方共同来经营的，如果一方退出了，那么另一方也就没有办法继续了。

（3）报复行为。这是一种不正常的发泄手段，失恋者不能接受分手的结局，于是产生了"我不好过，你也别想过好"的心态。有些人制造流言来诽谤，或者对其生活进行骚扰，更有甚者，把对方的电话放到网上、贴到电线杆上等。还有一些极端的高职生，对分手这件事情难以接受，于是采取暴力行为，最后致使对方伤残甚至死亡。

3. 应对失恋

（1）积极面对情绪。无论是悲伤、愤怒还是失望，都是失恋后正常的情绪反应。多给自己一些时间和空间，允许短暂失落，但不沉溺其中，相信时间会抚平一切伤口。

（2）寻求情感支持。及时与他人分享情感的困惑和痛苦是非常重要的。可以找到亲密的朋友、师长、心理咨询师等，倾诉自己的感受。

（3）关注个人成长。可以反思自己过去在恋爱中的角色和责任，成长并改善自己的行为和态度，为将来的感情打下更扎实的基础。

此外，也可以把注意力转移到其他兴趣爱好、学业进步方面，在其他方面增加自己的自信心和个人魅力。

心 理 训 练

男生女生对对碰

一、训练目的

引发高职生对自己的择偶标准的思考，树立健康的恋爱观。通过分享，加深对异性的认识。

二、训练时间

20 分钟。

三、训练内容

请高职生分别选出自己的择偶标准并进行思考，然后统计并公布结果，由此展开交流讨论。

1. 男生填写。你择偶时最看重女生的三项特质，从下列选项中依次选出：

a. 温柔；b. 漂亮；c. 贤惠；d. 高学历；e. 健康；f. 真诚；g. 稳重聪慧；h. 有才华；i. 家庭背景好；j. 身材；k. 修养；l. 热情、活泼、外向；m. 内向沉稳；n. 善于打扮；o. 爱好相近；p. 家庭背景好；q. 勤奋好学；r. 善良；s. 善解人意；t. 其他。

最后简单描述你讨厌什么样的女生：＿＿＿＿＿＿＿＿＿＿＿＿＿＿＿＿。

2. 女生填写。你择偶时最看重男生的三项特质，从下列选项中依次选出：

a. 风度；b. 英俊；c. 幽默；d. 高学历；e. 健康；f. 真诚；g. 稳重聪慧；h. 才华；i. 出手大方；j. 有修养；k. 热情；l. 活泼、外向；m. 内向沉稳；n. 穿着潇洒；o. 爱好相近；p. 家庭背景好；q. 勤奋好学；r. 善良；s. 有责任心；t. 其他。

最后简单描述你讨厌什么样的男生：＿＿＿＿＿＿＿＿＿＿＿＿＿＿＿＿。

3. 分享

（1）男生为什么看重女生的这些特质？由此对女生的启示是什么？

（2）女生为什么看重男生的这些特质？由此对男生的启示是什么？

成 长 反 思

1. 你认为爱情必须历经多次"练习"才能成功吗？"一生爱一人"是否已经过时？
2. 你认为恋人分手后，还能继续做朋友吗？

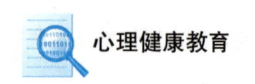

专题 8.3　谈性色不变

名人名言

人的爱情不仅是美好、诚实、坚贞的，同时也应该是理智和慎重的，机警和严肃的，只有那样的爱情才能带来欢乐和幸福。

——［苏联］霍姆林斯基

导入案例

被抛弃的林红

林红由爷爷奶奶抚养长大，父母一直在外地打工，平时沟通联系较少。大一上学期，林红与高中同学李林谈了恋爱，李林没有上大学，在一家电子厂上班。恋爱之后，林红很依赖男友，对他言听计从。男友提出同居，林红开始不同意，但男友以分手相威胁，林红妥协了。

林红很担心如果男友哪一天离开自己，自己就没有活路了，她感觉小时候父母不够关心自己，爷爷、奶奶已经年迈，而男友才是自己唯一的倾诉对象。大二上学期，林红意外怀孕，男友说两人现在无力抚养劝其进行人工流产。

然而，林红做完流产手术后，再也联系不上男友。林红去厂里找男友，得知男友已辞职离开。林红悲痛欲绝、失眠、健忘、学习无兴趣，曾一度想过自杀。

分析：由于父母长期在外地工作，林红在情感上缺乏父母的直接支持和指导，导致她在建立亲密关系时过度依赖男友。爷爷奶奶的抚养虽然给予了爱，但面对青春期的挑战和变化时，缺乏与父母的沟通使她处理恋爱关系和性问题上缺乏必要的知识和经验。

一、性心理健康及评定标准

（一）什么是性心理健康

世界卫生组织对性心理健康所下的定义是通过丰富和完善人格、人际交往和爱情方式，达到性行为在肉体、感情、理智和社会诸方面的圆满和协调。我国学者这样定义性心理健康：性心理健康是指个体具有正常的性欲望，能够正确认识性的有关问题，在免受性问题困扰的同时，还能使之增进自身人格的完善，促进自身身心健康的发展。

正常的性需求和性欲望是性心理健康的物质基础，科学的性认识是性心理健康的自我调解机制，正当、健康的性行为是指符合法律法规、校纪、道德等规范的行为。

（二）性心理健康的标准

世界卫生组织制定的性健康标准包括以下五条：
（1）有正常的性需要和性欲望。
（2）能够正确认识自我，愉快地接纳自己的性别。
（3）性心理特点和性行为符合相应的性心理发展的年龄特征。
（4）能和异性保持和谐的人际关系。
（5）性行为符合社会道德规范。

二、保持理性的性行为

性欲是正常的，也是可控制的。高职生要通过积极的方式进行自我调节。

（一）缓解性冲动

高职生要积极投入学习、工作和各种文体活动，以及正常的异性交往中，以此取代或转移性欲，要避免影视、报刊、网络上过强的性信息刺激。

（二）调节性心理问题的困扰

高职生要通过对性知识的学习，消除对自慰、性幻想、性梦等的困扰，既不要为此感到恐慌，也不要过分沉溺其中，而应通过丰富多彩的文体活动和恰当的异性交往来平衡自己的性心理。

（三）正确把握异性交往

异性之间的交往，是建立在生理需要和社会规范双重标准下的，因此高职生在异性交往中要把握文明、适度原则。要注意场合，适当限制亲密行为，尤其要避免性行为带来的不良后果，保持身心健康。

（四）懂得寻求专业帮助

一旦感觉自己无法独立解决面临的性问题时，高职生要及时向心理咨询和心理治疗机构寻求帮助，具有一定心理学知识和咨询技能的心理咨询师和治疗师，将会给予有益的指导和建议，帮助求助者调适和缓解心理问题。

三、婚前性行为问题

性爱是情爱的重要生理基础，是爱情发展到一定程度的自然而然地流露，然而，它又是一股强大的力量，如果脱离控制，可能会变成一场灾难。

（一）高职生婚前性行为的特点

在一项有关高职生婚前性行为的全国性调查中，有 10.6% 的男生和 5.6% 的女生承认发生过性关系。其婚前性行为往往有以下几个特点：

（1）具有突发性，往往在无心理准备的情况下突然发生。

（2）是自愿性而又非理智性，高职生已是青年，较少为别人胁迫，大多在双方自愿而不理智的情况下发生性行为。

（3）反复性，由于年龄和观念的影响，一旦冲破这道防线，便不再过多顾虑，还会多次反复发生。

（二）简单的避孕知识

（1）安全期避孕。正常育龄女性 1 个月左右来 1 次月经，从本次月经来潮开始到下次月经来潮第 1 天，称为 1 个月经周期。如从避孕方面考虑，可以将女性的每个月经周期分为月经期、排卵期和安全期。安全期避孕就是在排卵期内停止性生活的一种避孕方法，但要注意此方法存在很高危险性。

（2）口服避孕药。服用避孕药进行避孕，是一种比较安全、有效的避孕方法，坚持使用，能达到 99% 的避孕率。避孕药有女性口服避孕药和男性口服避孕药，又分为短期口服避孕药、长效口服避孕药、速效口服避孕药、紧急事后避孕药，可针对不同的避孕需求，有针对性地服用。但避孕药必须按规定服用，而且可能有一定的副作用。

（3）避孕套。避孕套又称安全套，是一种男用避孕工具。只要掌握了正确的方法，避孕有效率相当高。避孕套还可以预防性传播疾病，尤其是艾滋病。

（三）预防性传播疾病

全国性病控制中心提供的数据表明，性病已经取代结核病成为继痢疾和肝炎之后我国第三大传染病。高职生应积极参加性病、艾滋病的预防工作。

高职生要预防性病，首先要培养健康的人格，自尊、自信、自爱，保持积极的人生态度和健康的生活方式；要洁身自爱，减少婚前性行为的发生；还要积极参与性病、艾滋病的宣传教育活动，传播文明健康的性知识。

心理训练

学会拒绝婚前性要求

一、训练目的

学会委婉而又坚定地拒绝婚前性行为。

二、训练时间

40 分钟。

三、训练内容

请根据下面的对话讨论：婚前性行为有什么危害？应该如何拒绝婚前性行为？

甲、乙是一对热恋中的情侣，下面是他们的一段对白：

甲：别的恋人之间都是这样做的，我们既然相爱也试试吧。

乙：别人是别人，但是我还没有想好，我相信好多人都不会这样做，包括我在内。

甲：如果你真的爱我，就应该理解我的感情，我真的非常想和你"做事"。

乙：我不跟你"做事"，不等于我不爱你，如果你爱我，就不要逼我做不想做的事。

甲：我们都彼此爱着对方，还有什么不可以做的呢？

乙：但是，我还没有足够的心理准备，我还要好好想一想。

甲：我们都是大人了，都已经成熟了，还等什么呢？

乙：成熟的人做什么事都会想得清清楚楚，并会考虑后果。不如我们先讨论一下做过之后，会有什么样的后果和责任，你说好不好？

甲：别人试过的都说感觉不错，你为什么不愿意呢？

乙：那是别人的事，现在我要想想清楚，我想你是不会逼我的，是不是？

甲：有性要求是正常的，而且性行为会给双方带来快感，你不想试试吗？

乙：你付出那么多就是为了试试看？那你就别搂着我了。

甲：总之我太爱你了，有些控制不住了，现在就想要。

乙：你太冲动啦！如果你爱我，你应该顾及我的感受。

甲：我知道你其实同我一样很想试试的，为什么不试试呢？

乙：其实你都不知道我想要什么，证明你都不了解我。我要的是真正关心我，并尊重我的人。

甲：拥抱使我很兴奋，如果你真的很爱我，就证明给我看。

乙：对不起，我不想这么做。爱是不能这样证明的吧！不如我们冷静一下，好不好？

甲：如果你不肯，就说明你不是真爱我，那我就找别人了。

乙：我觉得你很不尊重我，你真的爱我吗？如果你真是这样想的，我倒要好好想想你是否真正值得我爱。

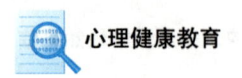

成 长 反 思

1. 你了解自己的性心理特征吗？
2. 如何利用健康的性心理途径来保护自我？
3. 你如何抵御黄色诱惑，防范性病与艾滋病？

综合训练和拓展学习八

一、心理测试

恋爱观测试

1. 测试目的

恋爱观就是对恋爱的看法。它表现为人们对美的认知尺度，择偶标准，恋爱目的、方式及对幸福伴侣的理解，等等。根据下面的测验题，看看自己的恋爱观是否正确。

2. 测试时间

20 分钟。

3. 测试内容

每题只选一个答案，对照表 8-2，计算各小题的得分。

（1）你认为恋爱作为人生一个极其重要的环节，其最终所达到的目的应当是（　　）。

　　A. 找到一个情投意合的爱侣　　　　B. 成家过日子，抚育儿女

　　C. 满足性需求　　　　　　　　　　D. 只是觉得新鲜有趣儿，没有明确的想法

（2）（男女单独做）

☆如果你是男生，你对未来妻子的要求最主要的是（　　）。

　　A. 善于操持家务，利落能干　　　　B. 长相漂亮，举止优雅

　　C. 人品不错，能体贴、帮助自己　　D. 只要爱，其他一切都无所谓

☆如果你是女生，你在选择丈夫时首先考虑的是（　　）。

　　A. 潇洒大方，有男子风度

　　B. 有钱有势，社会能力强

　　C. 为人诚实正直，有进取心，待人和蔼可亲

　　D. 只要他爱我，其他都不考虑

（3）你决定和对方确定恋爱关系时，所依据的心理根据是（　　）。

　　A. 彼此各有千秋，但大体相当　　　B. 我比对方优越

　　C. 对方比我优越　　　　　　　　　D. 没想过

（4）对最佳恋爱时间的考虑是（　　）。

　　A. 自己已经成熟，懂得了人生的意义和爱情的内涵，并确定事业的主攻方向

　　B. 随着年龄增长，自有贤妻与佳婿光临，"月老"不会忘记每个人的

　　C. 先下手为强，越早越主动

　　D. 还没想过

（5）你希望自己是这样结识恋人的（　　）。
　　　A. 青梅竹马，情深意长　　　　　　B. 一见钟情，难舍难分
　　　C. 在工作和学习中逐渐产生恋情　　D. 经熟人介绍
（6）你认为推进爱情的良策是（　　）。
　　　A. 极力讨好取悦对方　　　　　　　B. 尽力使自己变得更完美
　　　C. 百依百顺，言听计从　　　　　　D. 无计可施
（7）人们通常认为，恋爱过程是个相互了解、相互适应和培养感情的过程。既如此，了解、适应就需要花时间。那么，你希望恋爱的时间是（　　）。
　　　A. 越短越好，最好是"闪电式"　　　B. 时间依进展而定
　　　C. 时间要拖长些　　　　　　　　　D. 自己无主张，全听对方的
（8）谁都希望完整全面地了解对方，你觉得了解他（她）的最佳途径是（　　）。
　　　A. 精心布置特殊场面，对恋人进行考验　　B. 坦诚恳切地交谈，细心观察
　　　C. 通过朋友打听　　　　　　　　　D. 没想过
（9）你十分倾心的恋人，随着时间的推移，暴露出一些缺点和不足，这时你（　　）。
　　　A. 采用婉转的方式告诉并帮助对方　　B. 因出乎意料而伤脑筋
　　　C. 嫌弃对方，犹豫动摇　　　　　　D. 不知如何是好
（10）当你已初涉爱河之中，一位条件更好的异性对你表示爱慕，于是你（　　）。
　　　A. 说明实情，忠诚于恋人　　　　　B. 对其冷淡，但维持友谊
　　　C. 向其谄媚并瞒着恋人和其来往　　D. 感到茫然无措
（11）当你久已倾慕一异性并发出爱的信息时，忽然发现对方另有所爱，你会（　　）。
　　　A. 静观其变，进退自如　　　　　　B. 参与角逐，继续追求
　　　C. 抽身止步，成人之美　　　　　　D. 不知道
（12）恋爱进程很少会一帆风顺，你对恋爱中出现的矛盾、波折怎么看呢？（　　）。
　　　A. 最好平顺些，既已出现，也是件好事，双方正好借此机会考验和了解对方
　　　B. 感到伤心难过，认为这是不幸
　　　C. 疑虑顿生，就此提出分手
　　　D. 束手无策
（13）由于性情不合或其他原因，你们的恋爱搁浅了，对方提出分手。这时你（　　）。
　　　A. 千方百计缠着对方　　　　　　　B. 到处诋毁对方名誉
　　　C. 说声再见，各奔前程　　　　　　D. 不知所措
（14）当你十分信赖的恋人背信弃义，喜新厌旧，甩掉你以后，你会（　　）。
　　　A. 权当自己眼瞎认错了人　　　　　B. 你不仁，我不义
　　　C. 吸取教训，重新开始　　　　　　D. 痛苦难以自拔
（15）你爱情坎坷，多次恋爱均告失败，随着年龄增长进入"老大难"的行列，你（　　）。
　　　A. 一如从前，宁缺毋滥　　　　　　B. 厌弃追求，随便凑合一个
　　　C. 检查一下择偶标准是否实际　　　D. 叹息命运不佳，从此绝望

4. 评分标准

请根据表 8-2 得到各小题的得分。综合累加各小题的分值，得到本问卷的总得分。

表 8-2 评分表

问题序号	答案 A	答案 B	答案 C	答案 D
（1）	3	2	1	1
（2）	2	1	3	1
（3）	3	2	1	0
（4）	3	2	1	0
（5）	2	1	3	1
（6）	1	3	2	0
（7）	1	3	2	0
（8）	1	3	2	0
（9）	3	2	1	0
（10）	3	2	1	0
（11）	2	1	3	0
（12）	3	2	1	0
（13）	2	1	3	0
（14）	2	1	3	0
（15）	2	1	3	0

5. 结果解释

（1）35～45 分：恋爱观科学正确。你是一个成熟的青年，你懂得爱什么和为什么爱，这是你进入情场的最佳入场券。不要怕挫折和失败，它们是考验你的纸老虎，终将在你的高尚和热忱面前逃遁。尽管大胆地走向你梦中的恋人吧！你的婚姻注定美满幸福。

（2）25～34 分：恋爱观尚可。你向往真挚而美好的爱情，然而屡屡失误，一时难以如愿。你不妨多看看成功的朋友，将恋爱视为圣洁无比的追求，不断校正爱情之舟的航线，这样你与幸福的爱情就相隔不远了。

（3）15～24 分：恋爱观需要认真端正。与那些情场上的佼佼者相比，你的恋爱观存在不少问题，甚至有不健康之处。它们使你辛勤播撒的爱情种子难以萌发，更难结甜蜜的果实。如果你已经贸然地进入恋爱，劝你及早退出。

（4）答案出现 7 个以上 0 分：恋爱观还未形成。你或许年龄太小，不谙世事；或许虽已长大，却天真幼稚。爱情对于你是一个迷惘可怖的世界，你须防备圈套和袭击。故建议你读几本婚恋指导书籍，等心智稍许成熟些，再涉爱河不迟。

二、知识探索

失恋了，如何减退爱的感觉？

当你决定要离开一个人，或者"被分手"的时候，你可以做出以下努力。

1. 区分"爱"和"恋爱"

一方面，你需要面对的事实是，爱的感觉不可能被马上切断，但是你们已经无法回到恋爱的关系中。另一方面，如果你暂时觉得无法割舍，无法一下子变成陌生人，你可以对这个阶段的感情做出一个在"爱情"之外的全新定义。世界上有很多种"爱"，你们仍可将彼此当作亲密的人，或者你们还可以互相"爱"着对方，但你们不再认为互相处于恋爱的关系中，也不再做情侣会做的事情。

2. 列出"缺点／问题清单"

在这个时候，无论你曾经觉得对方有多好，都要检查上一段亲密关系中存在的问题，批判性地思考对方；列出对方身上那些你所不能接受的价值观／观点、生活习惯；回忆一下，在哪些时刻你曾因为对方的语言和行为感到非常恼火，哪怕只是对着过去的照片说"原来他长得不是我喜欢的样子"也是有用的。如果你感到愤怒，可以写完后把清单烧掉，给自己一种仪式感。在回忆的过程中，可以暂时不要列出和反思自己的缺点。

3. 隔离和转移注意力

现实接触的多少、距离的远近对爱的影响是双向的。因此，一个简单的方法就是，避免接触自己的前任。你可以在物理距离上离对方远一些。例如，搬家，或者改造你的家，扔掉和对方有关的东西；尽量避开你们曾经一起去的地方、做的事情、对方送你的东西等，不要触景生情。也可转移注意力，不要让自己闲着，用工作、健身、社交等新的兴趣把生活填满。

4. 学会关注其他人

学会去观察身边的其他人，欣赏他们身上曾被你忽视的优点和你喜欢的部分：好听的声音、好身材、良好的沟通……不排斥新的约会和关系。这时也是和曾经在热恋期被你忽略的好朋友重新建立关系的好机会，大胆地向他们吐槽，朋友的支持会减轻你的压力。

模块九　学会应对挫折

模块导读

有一首歌唱得好:"不经历风雨怎么见彩虹,没有人能随随便便成功。"没有挫折就没有成长,人生就是不断磨炼、不断挑战,在磨炼和挑战中排除万难不断成长、成熟和升华的过程。在挫折与失败面前,痛哭、悔恨、怨天尤人并不能解决问题,正确做法是沉着冷静、临危不乱,积极寻找解决问题、战胜困难的办法,总结经验教训。

高职生承载着家庭、社会的期望,成长、成才的欲望强烈,但心理发展尚未完全成熟,学习生活、求职择业竞争激烈,使高职生成为当前社会的高压力群体。只有敢于直面挫折、奋力克服挑战,才能在挫折中腾飞、在拼搏中成功。

通过本模块的学习,高职生能够明晰挫折的含义,了解挫折的类型、挫折产生的原因以及挫折心理特点,掌握增强抗挫能力的方式方法。

模块目标

序号	目标维度	具体内容
1	知识目标	(1) 认识挫折的含义; (2) 了解挫折的类型和挫折产生的原因; (3) 了解高职生挫折的来源; (4) 了解高职生的挫折反应特点与挫折类型
2	能力目标	(1) 了解挫折的影响和常见的心理防御机制; (2) 掌握增强抗挫折能力的方法
3	情感和态度价值观目标	帮助高职生正确认识挫折,能够积极地面对挫折,提高承受挫折的能力;培养高职生迎难而上、勇于战胜挫折的品质,树立不畏挫折、开拓进取的精神

专题 9.1　挫折及其来源

名人名言

每一种挫折或不利的突变，是带着同样或较大的有利的种子。

——爱默生

福兮祸之所倚，福兮祸之所伏。

——老子

导入案例

世界速度——刘玉的故事

2021年东京残奥会游泳女子50米仰泳S4级决赛中，牡丹江籍运动员刘玉以44秒68的成绩打破世界纪录，斩获金牌，这是她在本届残奥会上收获的第二枚金牌。她没有被身体残疾所击倒，而是与命运顽强抗争，刘玉一次又一次游出了"世界速度"。

1991年初，牡丹江市儿童福利院来了一位新成员——脑瘫患儿刘玉。她意志坚强，不畏艰难，为了不给别人添太多麻烦，刘玉放学写完作业就练习独立行走，是牡丹江儿童福利院里第一个考上大学的残疾儿童。

2001年，刘玉被选入牡丹江残疾人游泳队。从未接触过游泳的她不分白天黑夜地练习，受伤也不停止训练。2014年，她被选进黑龙江省残疾人游泳队。2019年，在全国第十届残运会暨第七届特奥会游泳项目比赛中，她获得女子S4级100米自由泳、200米自由泳、150米混合泳三枚金牌，50米自由泳银牌，其中100米自由泳和150米混合泳均打破全国纪录。她也成为一颗游泳"新星"。

分析： 作家巴尔扎克说："世上的事情，永远不是绝对的，结果完全因人而异。苦难对于天才来说是一块垫脚石，对于能干的人是一笔财富，而对于弱者是一个万丈深渊。"在每个人的人生道路上，都会遇到许多不同的挫折，而我们的态度决定了我们究竟能从中获得什么。刘玉在成长中应对挫折压力、提升抗挫力的精神值得每一位大学生学习和思考。

一、挫折的含义和类型

（一）挫折的含义

挫折是指人类个体在从事有目的的活动过程中，指向目标的行为受到阻碍或干扰，致使其目标不能实现，需要无法满足时所产生的情绪状态。简言之，即个体由于目的行为受阻而产生的情绪反应。挫折主要包括以下三个方面的含义。

1. 挫折情境

挫折情境指人们在有目的的活动中所遇到的存在内外障碍或干扰的情境。构成挫折情境的可能是人或物，也可能是各种自然环境或社会因素，如地震、台风、考试失利、失恋、失业等。

2. 挫折认知

挫折认知指个体对挫折情境的知觉认识和评价。挫折情境是否导致挫折心理，往往取决于挫折认知。例如，有人看见别人在一起讨论，由于自己没有被邀请参与讨论，就怀疑别人并不是讨论问题而是在议论自己，因此对别人产生了强烈的不满。

3. 挫折反应

挫折反应指个体在挫折情境下所产生的烦恼、困惑、焦虑、愤怒等负面情绪交织而成的内心感受，即挫折感。

一般来说，挫折情境越严重，挫折反应就越强烈；反之，挫折情境不严重，挫折反应就轻微。但是，只有当挫折情境被主体所感知时，才会在个体心理上产生挫折反应。如果出现了挫折情境而个体没有意识到，或者虽然意识到但并不认为很严重，那么个体也不会产生挫折反应，或者只产生轻微的挫折反应。因此，挫折反应的性质和程度主要取决于个体对挫折情境的认知。

（二）挫折的类型

1. 缺乏性挫折

缺乏性挫折主要是指人们无法拥有自己认为非常重要的东西时所产生的心理挫折。由于缺乏物资、能力、经验、感情及生理条件等所产生的挫折都属于缺乏性挫折。例如，由于缺乏基本的生活费用而为衣食发愁，由于缺乏知心朋友而感到孤独，由于色盲而不能就读自己喜爱的美术专业，等等。

2. 损失性挫折

损失性挫折主要指失去了原来拥有的重要东西而引起的心理挫折。名誉、地位、财产的丧失及家庭解体、亲人亡故、恋人分手等所导致的挫折都属于损失性挫折。例如，有的同学在中学时是出类拔萃的"尖子生"，但进入大学以后，由于强手如林而失去了学业上的优势，变成了学校里的"一般生"，内心非常失落，这就是损失性挫折。

3. 阻碍性挫折

阻碍性挫折主要指和目标之间出现阻碍所导致的挫折。由于自然或人为障碍、客观或想象障碍所造成的挫折都属于阻碍性挫折。例如，想念亲人但因路途遥远而不能相见，明明达到了本科分数线却因为志愿填报不合理而被专科学校录取，等等。

（三）挫折产生的原因

挫折产生的原因有很多，可分为外部因素和内部因素两个方面，它们之间相互作用，导致了挫折感的产生。

1. 挫折产生的外部因素

挫折产生的外部因素又称客观因素，主要包括自然环境、家庭环境、学校环境、社会环境四个方面。

（1）自然环境因素。由于不以人的意志为转移的时间、空间的限制，或者无法预料的地震、洪水、台风、海啸等天灾，给个体的发展带来某种阻碍，致使个体的需要得不到满足而受挫，这些都是自然环境因素。

（2）家庭环境因素。家庭对每个人的影响是巨大的，家庭环境对每个人的思维和处事方式都会产生长远的影响。家庭的经济基础、父母的教育方式、父母婚姻状况、家庭成员的相处状态等都会成为引发挫折心理的重要因素。

（3）学校环境因素。学校是个体接受教育、成长成才的重要载体，学校的学习环境、管理方式，教师教育教学水平、学风状况、评价导向以及人际交往的和谐程度等都会对个体的身心状态产生重大影响。

（4）社会环境因素。每个人的生活都受社会环境变化的影响，社会的经济发展水平、治安状况、风俗习惯、道德伦理、文化观念、就业状况等都直接冲击着个体的身心状况。

2. 挫折产生的内部因素

内部因素主要包括个体生理因素、认知因素、个性因素、动机因素和意志因素等。

（1）生理因素。生理因素是指在现实生活中，由于自身的性别、身高、容貌以及某些生理缺陷、疾病等情况，导致个体发展受限制、需要不能满足，从而引发相应的消极情绪状态。

（2）认知因素。认知因素是指个体的思想观念、思维模式、处事态度、归因倾向等内隐心理特征影响着其自身的情绪和行为。当个体对外界事物、自身发展以及所处情境产生不合理的认知时，容易产生挫折心理。

（3）个性因素。个性因素指个人的性格特征、兴趣爱好、世界观等都对挫折承受力有重要作用。性格开朗、乐观、坚强、自信的人，其挫折承受力强；性格孤僻、懦弱、内向、心胸狭窄的人，其挫折承受力弱。另外，一个人的适应程度、心理准备、生活态度、人生观、价值观、气质和态度等都与挫折感的产生有直接关系。

（4）动机因素。动机是指个体由于内在需要而产生明确的目标指向性的欲求，是个体生存发展的内在动力。当个体存在不同的动机指向且这些动机互不相容时，就会产生动机冲突。动机冲突的本质是不同的需要无法同时满足。当个体的动机冲突持续太久、太激烈时，就可能会引起痛苦、焦躁和不安。

（5）意志因素。意志指决定达到某种目的而产生的心理状态，常以语言或行动表现出来。克服挫折的过程也就是意志行动的过程。个体的意志坚强与否、坚强程度如何，是以挫折的性质和克服挫折的难易程度来衡量的。

经典分享

挫折商（AQ）

AQ 来自英文 Adversity Quotient，一般被译为挫折商或逆境商。1997 年，加拿大培训咨询专家保罗·斯托茨（Paul G. Stoltz）出版《挫折商：将障碍变成机会》一书，第一次正式提出挫折商的概念，用以测试人们将不利局面转化为有利条件的能力。2000 年，他又出版了《工作中的挫折商》。这两本书都成为探讨挫折商对人们影响的重要著作。

心理学家认为，要想事业成功必须具备高智商、高情商和高挫折商这 3 个因素。在智商和情商都跟别人相差不大的情况下，挫折商对一个人的事业成功起着决定性的作用。

斯托茨通过多年来对个人和公司的测试证明，高 AQ 可以帮助人们产生一流的成绩、生产力、创造力，可以帮助人们保持健康、活力和愉快的心情。AQ 高的人手术后康复快，销售业绩也远远超过 AQ 低的人，在公司中升迁的速度也快得多。AQ 和创业者的收入还有显著关系，AQ 高的人可以获取更多报酬。高 AQ 是可以培养的，并且最好是从小培养。

在挫折商的测验中，一般考察 4 个关键因素，即控制、归属、延伸和忍耐，简称"CORE"。控制指自己对逆境有多大的控制能力；归属是指逆境发生的原因以及愿意承担责任、改善后果的情况；延伸是对问题影响工作生活其他方面的评估；忍耐是指认识到问题的持久性以及它对个人的影响会持续多久。

二、高职生挫折的来源

（一）生理缺陷及疾病原因

高职生大多注重自我形象，重视自己的"面子工程"，甚至可能"以貌取人"。有些人可能身体有疾病或生理上有些缺陷，本来属于正常现象，但其自身却不能正确认识对待。有的高职生由于患有慢性生理疾病，便整日忧心忡忡；有的因自己脸上有疤，走路不敢抬头；有的男生因身材矮小或有的女生因体型太胖，便因此产生强烈的自卑感，沉默寡言、闷闷不乐。这些都会导致挫折感。

（二）经济压力过重

高职阶段教育不属于义务教育，往往需要较高的学费。有些家庭贫困的高职生经济负担较重，再加上与其他同学的对比，消费能力存在落差，从而容易产生自卑心理。不少高职生因为经济压力而不能从容地干自己想干的事情，一方面怕因此耽误学业，另一方面又缺乏能够支持实现自己想法的经济基础，因而产生挫折感。

（三）学习方面的原因

有些高职生由于某些方面与同学相比存在落差，就想以优异的学习成绩来显示自己的才能，但过强的学习动机反而导致他们过于紧张、焦虑甚至失眠，由此也会产生挫折心理。

（四）人际关系方面的困扰

多数高职生渴望拥有良好的人际关系。但是，高职阶段的生活环境、同学关系等都与中学明显不同，大家来自五湖四海，经济、文化背景各异，思想观念、价值标准、生活习惯和行为习惯不同，因此交往起来有一定难度。有些高职生由于个性缺陷，又不能正确认识自己存在的不足，导致在群体中不受欢迎、没有知心朋友，从而心情烦躁、紧张。有的高职生干脆逃避复杂的人际关系，把自己紧紧地封闭起来，从而产生压抑、孤独和焦虑情绪。

（五）恋爱困扰

处于成年早期的高职生，性生理发育已经成熟，高职生谈恋爱也是普遍现象。有不少高职生认为，在大学里不谈一场轰轰烈烈的恋爱就等于没有上大学。由于高职生情感心理不成熟、自控能力差，加上毕业后恋人可能分隔两地的现实问题等，往往使高职生的恋爱成为无果之花。有些学生则由于受失恋、单相思的困扰，产生苦闷、惆怅、失望、愤怒等情绪，陷入情感的沼泽而不能自拔，食不甘味、夜不能眠。

（六）对校园环境期望值过高，适应能力差

有些高职生入学后，发现校园环境及设施与入学前的想象有较大差距，心里产生强烈的失落感，在内心无法接受学校现状，不认同学校的教育，不愿融入高职生活，由于心理落差而产生挫折感。

心理训练

挫折排排队

一、训练目的

了解挫折对自己的影响，通过分析讨论，探讨应对挫折的最佳方式。

二、训练时间

20 分钟。

三、训练内容

请填写表 9-1，找出近一年来遇到对自己影响最大的五次挫折，并标注遭遇挫折时的应对方式。按照反应强度和持续时间的长短排序，客观分析这些应对方式在应对挫折时的积极和消极影响。与组内的其他人讨论，探讨应对挫折的最佳方式。

表 9-1　近一年来遇到对自己影响最大的五次挫折

发生时间	挫折事件	反应方式	排序	积极影响	消极影响	最佳应对方式

成长反思

1. 如何看待生活中的挫折？
2. 挫折对于我们有着怎样的意义？
3. 生活中的挫折究竟是从哪儿来的？

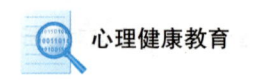

专题 9.2　挫折反应和心理防御机制

导入案例

失败的创业起步

小林是某高职院校的毕业生。他曾参加了市政府举办的全市落实创业政策恳谈会。会上，他提出建立一个指导大学生求职的网站，这个想法立马得到在场市长的赞赏和支持。在市长的鼓励下，这个充满了创业激情的小伙子迅速完善了先前酝酿许久的创业计划书、架构起未来网站的基本框架。

由于网站开发程序非他所长，必须找专业的技术人员来完成。小林通过各种渠道寻找有创业梦想的技术人员，结果一一遭到拒绝，苦苦找寻数月，依然找不到合适的技术人员。为了生计，小林只好暂时收起创业梦想，边打工赚钱边积累经验，同时继续选择合适的技术人员。

"对创业条件分析不足，这是我最大的失败。"小林这样总结自己失败的起步。

分析： 小林具有创业的热忱和远大的抱负，并且敢想敢做，也善于抓住机会表达自己、争取支持。可惜，对于创业的规划和准备不足，导致他第一次创业失败。同时，我们也可以看到，小林并未因这次失败而一蹶不振，而是暂时搁下计划找工作，积累实力和资源。这说明他能够理性地对待挫折，根据现实情况做出调整。

一、高职生的挫折反应特点及挫折类型

（一）高职生的挫折反应特点

1. 情绪性反应

情绪性反应是指人们在受到挫折时常常伴随着强烈的紧张、愤怒、焦虑等情绪，它可能仅仅是强烈的内心体验，也可能外化为特定的表情或行为。与挫折相伴的情绪反应多为消极性反应，主要表现为焦虑、冷漠、幻想、逃避、固执，以及毁物自伤等。

2. 理智性反应

理智性反应是指人们在受到挫折后，采取积极进取的态度，在理智的控制下所做出的反应。通常人们在遭受挫折后都会出现紧张状态，做出某种情绪性反应。其中，有些人始终被情绪所控制不能摆脱；有些人能够及时调整，保持冷静，审时度势，采取积极的

态度和方式应对挫折。所以，理智性反应是面对挫折的积极反应方式，主要表现为坚持目标、逆境奋起、矢志不渝，或调整目标、循序渐进、不断努力。

3. 个性的变化

人们在受到挫折后，除了上述直接的挫折反应，还会出现间接的反应，并可能对受挫者产生久远的影响，甚至影响到个性的形成与发展。挫折对个性的影响，一般是在人们连续经历挫折，或者遭受特别重大的挫折的情况下产生的。由于导致挫折的情境和条件相对稳定并长期持续，由此产生的紧张状态和挫折反应反复出现，久而久之，这些反应方式就会逐渐固定下来，让受挫者形成习惯和一些突出的个性特点，如悲观、孤僻、退缩等。

（二）高职生的挫折类型

进入高职校园后，高职生的生活环境、学习环境、人际环境均产生了巨大的改变，高职生面临着不同的压力，同时由于自身的身心发展未尽成熟，挫折反应也会比较强烈。高职生常见的挫折可分为适应型、学业型、人际型、恋爱型、择业型及其他类型。

1. 适应型

适应型挫折一般多集中于高职新生和毕业生。其原因是面对新的生活环境、新的生活模式、新的角色冲突、新的机遇和挑战，过去熟悉的应对方式无法再适应各式各样的新问题。适应型挫折会让个体产生角色模糊的错觉，即对个体自身所承担的社会角色没有清晰的认识，没有明确现实的处境和对未来的期望，缺乏目标，进而感到茫然、不知所措。

2. 学业型

有些高职生在进入大学之前并不了解所学专业，填报志愿时是盲目填报或只是遵照父母和老师的意见，进入大学后，专业学习与个人意向、专业意识与个人价值观、强烈的自我实现需求与学习成绩"力不从心"等的矛盾就显现出来了，时间一长，便产生挫折感。

3. 人际型

高职阶段的高职生在心理发展的过程中，心理活动具有某种含蓄内隐的特点。他们既不把自己的想法轻易告诉别人，又希望别人能够真诚、坦率地对待自己；希望找到知心朋友，但又难以找到知心朋友。这种特殊的心理矛盾使高职生在人际交往的过程中容易产生孤独感。

4. 恋爱型

对高职生来讲，恋爱关系不仅是一种人际关系，更重要的是自我价值和自我认可的基础。如果失恋，对个人来说不仅失去了感情的寄托，更重要的是自信心受到打击，从而容易心灰意冷、郁郁寡欢，出现自责、自弃等消极行为。

5. 择业型

高职生在择业的过程中往往渴望公平的竞争环境，机会均等。但目前就业的行业壁垒

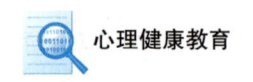

和地方壁垒仍未完全打破，由于学历、能力、身高甚至性别等原因，高职生就业时大多会遇到各种求职挫折，有些人因此而怨天尤人、感慨世道不公，甚至一蹶不振。

6. 其他类型

除了上述挫折来源，日常烦恼、经济压力、情绪困扰、个性因素等也会使高职生产生挫折感。

二、挫折的影响和心理防御机制

（一）挫折的影响

1. 挫折的积极影响

（1）激励人拼搏进取、自强不息。成长的过程，就是遭遇挫折的过程。研究表明，为维持正常的状态，人们需要一个最低水平的刺激输入。生活中如果没有足够的压力引发生理激活状态，人就会倦怠，生理和心理都无法正常地成长。适度的压力是一种挑战，使人警觉性提高、反应加快、注意力集中、思维敏捷、工作效率提高，发挥出其潜能。可以说，没有压力就没有成长，人的成长和发展就是不断适应环境压力的过程。

（2）磨炼意志和毅力。坚强的意志和优秀的品格不是天生的，而是生活的磨炼造就的。承受压力的过程也是人的能力和心智接受磨炼和考验的过程。从某种意义上说，压力和挫折的磨炼能使人开阔眼界、增长智慧、增强勇气和信心。

（3）提升个人能力和增长智慧。压力和挫折可以丰富学生的阅历，促进高职生坚强、成熟，使高职生学会独立思考、独立面对现实生活，提高分析问题、解决问题的能力。在面对挫折时，人们需要寻找合适的解决方法和突破口，这就要求他们具有创新思维和灵活应对的能力。挫折迫使人们打破自我设限、开拓思维、不断尝试与学习新的方法和技巧。只有通过积极思考和不断创新，人们才有可能找到解决问题的有效途径，取得成功。因此，压力和挫折可以使人不断反省、思考和创新，提升自我认识水平，增长才干。

2. 挫折的消极影响

（1）降低学习效率。学习是一种复杂的心理活动。学习效率除了受个体智力水平的制约，还与学习者的情绪状态、自信心等因素密切相关。有些高职生在经受压力和挫折后，一方面自信心会降低，产生自卑无能的感觉；另一方面情绪状态可能会长期处于焦虑不安中，使原有的学习能力受到影响，从而大大降低了学习效率。

（2）损害身心健康。大量研究表明，长期强烈的、超过了人自身调节控制能力的挫折，会导致人心理、生理功能的紊乱。有些高职生在受挫后心态受到了严重影响，身心一直处于紧张压抑或焦虑不安的状态下，长时间地感到痛苦，这种持续长期的消极心理状态就可能成为精神和身体疾病的发病诱因。

（3）导致性格与行为的偏差。有些高职生面对重大挫折无法做出相应的调整时，往往会使某些行为反应变成相应的习惯模式或个性特征，如一个原本热情开朗的人，会因为在人际交往中屡屡受挫而变得孤僻内向；一个对爱情有着美好憧憬的人，会因为失恋而变得心灰意冷，甚至害怕异性。同时，由于受挫的高职生处在应激状态下，感情易冲动，自控能力较差，有时候可能会做出既损害他人又对自己不利的行为，甚至造成无法挽回的后果。

（二）常见的心理防御机制

所谓心理防御机制是指个体面临挫折或冲突情境时，其内部心理活动中所具有的自觉或不自觉地要解脱烦恼、减轻内心不安、恢复情绪平衡与稳定的一种适应性倾向。

心理防御机制本身有积极和消极之分，在不同的人身上也会呈现出不同的倾向和效果。一般来说，心理正常、人格健全的人，使用心理防御机制时倾向于采取积极、成熟的方式。同时，他们还能正确地感知自己在使用的防御机制，并能合理地进行调节。

1. 积极的心理防御机制

（1）认同。认同指的是个人在遭遇挫折和痛苦时效仿他人的成功经验和方法，使自己的思想信仰、目标和言行更适应环境的要求，从而在主观上增强自己能获得成功的信念。据调查，许多高职生常常把一些历史名人、科学家、英雄楷模，甚至自己身边的同学作为自己认同的对象。高职生从他们的人生经历、奋斗精神，甚至风度、仪表等方面吸取营养和动力，在受挫时拿这些榜样来鼓励自己，从而奋发进取。

（2）升华。人遭遇到挫折后，将自己不为社会所认可的动机或需要转变为符合社会要求的动机或需要，将不适当的行为转变为有建设性、有利于社会和自身的适当行为，就是升华。升华常常能够转化或消除原有的消极情感，达到心理平衡，同时又能够促进个体创造积极的价值，利己利人。例如，贝多芬失聪而作《命运交响曲》；歌德遭受失恋写出名著《少年维特之烦恼》。现实生活中，不少高职生把对他人的嫉妒升华为奋发努力、积极进取的行为，把单相思转化为热爱集体、珍视友谊的高级情感的行为都属于升华。

（3）补偿。当由于主客观条件限制和阻碍使个人目标无法实现时，设法以新的目标代替原有的目标，以现在的成功体验去弥补原有失败的痛苦，称之为补偿，即所谓"失之东隅，收之桑榆"。补偿行为在残疾人身上表现得尤为突出。例如，一位没有手的人，将脚练得像手一样灵活，可以写字、劳动，甚至绣花。补偿对缓解挫折产生的损失感和心理压力有一定的积极作用。但是，并非所有新的目标和活动都具有积极的价值。如果新的目标和活动符合社会规范和个人发展的需要，这时的补偿行为是积极的、有益的；反之，消极的补偿不但于事无补，反而是有害的。例如，丢失钱物后以偷别人东西来补偿；在比自己强的人面前吃了亏就拿比自己弱的人出气。

（4）幽默。当个体遭受挫折、处境困难或尴尬时，可以用幽默来应对困难的情境、化险为夷，或间接表示出自己的意图。一般来说，人格较为成熟的人，常懂得在适当的场合使用适当的幽默，大事化小、小事化了，渡过难关或摆脱窘境。这种幽默不是拿别人开玩笑，而是自嘲。

经典分享

苏格拉底的幽默

苏格拉底是古希腊伟大的哲学家，哲学家在当时是很崇高的职业，因此有很多年轻人来找苏格拉底学习。苏格拉底与学生相处时总是那么乐观和睦，所以有学生问他："我从没见过你蹙额皱眉，你的心情为何总是那么好？"苏格拉底回答道："因为我没有那种失去了它，就会使我感到遗憾的东西。"那学生听了很受启发，生活需要像老师那样拿得起，丢得开。

事实上，苏格拉底在生活中一直遇到麻烦，大至雅典的奴隶主当权者要严厉处置他，小到他的妻子经常向他发脾气。

苏格拉底的妻子是出名的泼妇。一次，他正在待客，妻子为了一件小事大吵大闹起来，他却淡然置之，笑着道："好大的雷霆啊！"谁知妻子越闹越凶，竟然当着客人的面，将半盆凉水泼到了苏格拉底身上。

客人很尴尬，以为苏格拉底一定会发火，谁知苏格拉底却心平气和地说："我就知道，雷霆过后，必有大雨。"

大家听了都大笑起来。

后来，当奴隶主当权者不容苏格拉底的"异言邪说"传播，将他处以死刑时，引起了普通百姓的极大愤慨，临刑时，一个妇女哭喊着："他们要杀害你，可是你什么罪也没犯呀！"

苏格拉底回答说："噢，傻大姐，难道你希望我犯罪，作为罪犯死去才值得吗？"
这位伟大的哲人到生命的最后一刻，居然还保持着轻松幽默的心态。

分析： 苏格拉底通过幽默应对尴尬的场景，甚至当面临人生的终点时，还能幽默地对待。这些都充分反映了他面对挫折乃至重大打击时的心理成熟度和智慧。

2. 消极的心理防御机制

（1）否定。否定的防御机制，指的是个体拒绝承认所发生的事情是事实。例如，电视剧《人间四月天》里有个镜头：徐志摩飞机失事后，邮差给他的妻子陆小曼送去电报，陆小曼见到电报大为生气，"谁家的祖宗八辈缺德，编这样的瞎话，开什么玩笑"。有人在听到亲人患绝症的消息时，矢口否认，坚持认为医院诊断错了，以减轻和逃避内心的焦虑不安。

（2）文饰作用。文饰作用也叫"合理化"，是一种援引合理的理由和事实来解释所遭受的挫折，以减轻或消除心理困扰的方式。它的表现形式有酸葡萄效应、甜柠檬效应、压抑、投射和反向。

①酸葡萄效应。在《伊索寓言》中，有一只饥饿的狐狸，它看到一串串成熟的葡萄，垂涎欲滴。但因葡萄架过高，它"三跃而不得食"。为了维护自己的面子，它就对身边的动物说："葡萄味酸，非我所欲也。"可见，酸葡萄效应是一种借着减少或否定它难以达到的目标的优越性，夸大渴望获得物品（目标）的缺点来维护心理平衡的一种防御手段。

②甜柠檬效应。引自《伊索寓言》，当狐狸找不到可口的食物，只得到了酸柠檬时，却说："这柠檬是甜的，正是我想吃的。"这是借夸大既得利益的好处，否定其缺点，以减轻内心的失望与痛苦、达到心理平衡的一种防御手段。

③压抑。生活中经常见到一些人在非常生气时，努力控制怒气不爆发出来，这种行为称为压抑。压抑是指个人将不为社会所接受的本能冲动、欲望、情感、过失、痛苦经验等，有意地从意识中予以排除，或抑制到潜意识中，使之不侵犯自我或由此避免痛苦。压抑是对事实存在的回避、否认，把不愉快的心情在不自觉中有目的地忘却。在这种遗忘中，被压抑的东西并没有消失，而是在不知不觉中影响人们的日常心理和行为，而且一遇到相应的情景，被压抑的东西就会冒出来，给个体造成更大的威胁和伤害。例如，某学生一时糊涂，偷拿同学的钱物，事后羞愧难当，又没有勇气承认，拼命想把这件事忘掉。但此后每次遇到同学丢东西，就怕被怀疑，以致发展到怕见同学。这种失常行为就是过分压抑的结果。

④投射。以自己的想法去推测别人的想法，将自己的思想、感受和行动推到别人身上，这在心理学上称作投射。投射又称推诿，是指将自己的不当失误转嫁到他人身上，即所谓"以小人之心度君子之腹"，以减轻自己的愧疚感；或将自己所具有的某些不讨人喜欢、不被人接受的性格、态度、观念或欲望转置为对他人的评价，以掩盖自己那些不受欢迎的特征。例如，有的高职生自己心胸狭窄、嫉妒心强，却认为嫉妒是人的共性，人人都有嫉妒心。

⑤反向。一般来说，个人的行为方向和他的动机方向是一致的，即动机触发行为，促使行为朝向满足动机的方向前进。但是，人受挫后，可能由于自己的内在动机不能为社会所容忍，或是不敢正面表露自己的真实动机，于是便从相反的方向表现出来。这种把自己一些不符合社会规范、不被允许的欲望和行为，以一种截然相反的态度或行为表现出来，以掩盖自己的本意、避免或减轻心理压力的行为反应，便是反向。例如，有的学生内心很自卑，却总是以自高自大、傲慢不羁的表现来掩盖自己的弱点。凡事总爱在别人面前炫耀自己的人，恰恰反映了他内心有怕被别人瞧不起的自卑感。

心理训练

角色互换

一、训练目的

学会站在对方的角度分析问题，更好地理解他人，减少人际关系不和谐带来的挫折。

二、训练时间

20 分钟。

三、训练内容

1. 教师告诉学生这是一个角色扮演活动，大家通过互相扮演对方的角色来了解对方的感受。"提出问题"的学生可站在不同角度去看待自己的问题，另一个学生要思考"提出问题"的同学的问题，了解其感受。

2. 教师将两张椅子相向放置。请一位"提出问题"的学生坐在其中一张椅子上（A），请另一位学生坐在另一张椅子上（B）。开始角色扮演后，承担"提出问题"角色的学生问问题，另一人回答，其他学生为观察员。

3. 两人谈话至适当的时候，教师让两人互换角色（同时互换座位），再继续角色扮演，这时 B 必须重复 A 刚才的叙述，A 重复 B 刚才的叙述。

4. 请两位学生谈谈感受，教师总结点评。

成长反思

1. 高职生在遇到挫折时应该如何正确反应？
2. 面对挫折，我们可以采用哪些积极的心理防御机制？

专题 9.3　抗挫折能力的培养

名人名言

人生布满了荆棘，我们想的唯一办法是从那些荆棘上迅速跨过。

——［法］伏尔泰

导入案例

学费难题

小赵来自贫困山区，家庭经济压力大，父母是普通农民，主要经济来源是务农收入。小赵希望通过自己的努力，学到扎实的技能，找一份好的工作，改善家里的贫困现状。为了减少开支，小赵平时花钱很节约。到了交学费的时候，家里遭受了泥石流灾害，农作物颗粒无收；家里的亲戚或多或少受到了灾害影响，借不到钱。小赵有点不知所措，一想到自己即将面临经济困境，内心非常难过。

辅导员李老师听说了小赵的情况，告诉小赵大家会帮他想办法，不要过于担心。在李老师的指导下，小赵很快向学校申请到了助学贷款。后来，班里同学知道了他的情况，有同学提议大家一起帮小赵凑学费。小赵很感激，他说："谢谢大家的好意，这钱我不能收。大多数同学都还没有工作，经济来源主要是家里。我现在申请到了助学贷款，可以解决学费和部分生活费。我也在学校的勤工助学中心提交了简历，那边的老师告诉我可能会有一份家教的工作，这样就不用担心啦！"

分析：小赵花钱节约是受家庭环境的影响，而泥石流灾害给他家庭带来的打击属于自然环境。突发情况给小赵带来了很大的挫折，这时候，老师和同学们都对他伸出了援手，这给了他极大的心理安慰和支持。同时，他也在大家的帮助下积极地想办法，通过申请助学贷款和勤工俭学解决难题，这也反映了小赵积极应对挫折和坚韧自强的品质。

一、抗挫能力的重要性

挫折感是一种主观体验，不同的人对挫折的感受和体验可能截然不同。过多过大的挫折固然会带来损害，但是从未经历挫折也不利于成长。挫折对人的身心健康的影响，可能产生两极分化。

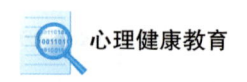

当面对挫折的时候，如果人们能够快速接纳并努力寻求改变，那么挫折会磨炼他们的意志力，使其性格更加坚韧，进而提高挫折承受能力。在今后遇到困难时，这些人能够以更加稳定的状态面对，在挫折中学会成长，从挫折走向成功。

如果挫折超出了人们能够接受的程度，则可能给身心健康带来极大威胁。研究结果表明，面对挫折，显现出"弱者愈弱、强者恒强"的特点。身心健康状况差的人，更难以应对挫折的考验，容易一蹶不振、丧失信心、放弃努力。

二、高职生抗挫能力的培养

（一）高职生面对挫折的调适方法

不同的人，在遇到挫折时会有不同的应对方式，不仅在于对挫折的理解和评价不同，还在于他们应对挫折方法的差异。面对挫折，只有一次次跌倒又一次次顽强站起来并善于总结经验、勇于进取的人，才能创造辉煌的人生。应对挫折的方式多种多样，学会正确应对挫折，提高抗挫能力，对高职生而言非常重要。

1. 正确认识挫折

挫折的存在具有普遍性，人生历经挫折是很平常的事。古人说："天有不测风云，人有旦夕祸福。"所谓"一帆风顺""万事如意"，不过是人们的美好希冀而已。

正确认识挫折，首先应该认识到挫折的双重影响。挫折是一把双刃剑：一方面，对人有消极的影响，如影响个体实现目标的积极性、降低个体的创造性思维水平、损害个体的身心健康；另一方面，挫折也能增强个体情绪反应的力量，增强个体的容忍力，提高个体对挫折的认识水平，激发人的进取心，促使人为改变境遇而奋斗，能磨炼人的性格和意志，增强人的创造能力，使人对面临的问题有更清醒、更深刻的认识，锻炼人克服困难的勇气。因此，辩证地看待挫折能够变不利因素为有利因素，化消极因素为积极因素，促使挫折向积极的方面转化。

2. 运用心理防御机制

积极的心理防御机制能够使我们在遭受困难与挫折时减轻或免除精神压力，恢复心理平衡，甚至激发我们的主观能动性，激励我们以顽强的意志力去克服困难、战胜挫折。高职生应多运用积极的心理防御机制来化解内心冲突、克服挫折，尽量克服消极防御机制带来的负面影响，以求得心理平衡和自我结构的完善。例如，我们在遇到让自己尴尬或难堪的场合时，可以采用适当的方式调侃一下自己，从而化解尴尬，这些时候的幽默还可以使自己的心理达到一种高层次的平衡；一个瘦弱单薄的学生无法在运动场上争金夺银，但可以刻苦学习、品学兼优、在学业上称雄，通过补偿机制来获得属于自己的成就感。

3. 善待自己

人在遇到挫折时，最希望能够得到别人的帮助、鼓励和安慰，但外力还是需要靠自己去内化，才能从根本上解决问题。所以，应对挫折的关键是要能够进行自我安慰、自我调节，即善待自己。对此，高职生可采取以下方式：

（1）宣泄不良情绪。对待洪水，堵是堵不住的，只能用正确的方法疏导。对待挫折也是一样，可以进行适当的调试和宣泄，如采用倾诉、唱歌、运动放松等方式宣泄不良情绪。

（2）树立自信心。在遭受挫折和失意的时候，学生往往开始怀疑自己，对自己的评价降到低点，这时候需要发现自己好的一面，树立自信心，从而重新振作起来。

（3）培养兴趣爱好。广泛的兴趣和爱好，是健康心理的"减压阀"。高职生在学好专业知识的同时，可以找一种或多种兴趣爱好来培养、发展，如摄影、游泳、烹饪、唱歌、跳舞等。有了广泛的兴趣和爱好，就能够更多地接触社会、接触他人，提高自己的社会适应能力和人际交往能力，也能够帮助自己排遣生活中遇到的困扰，转移注意力，以免过多地陷入苦闷之中，同时还可以从这些兴趣爱好活动中产生积极体验和成就感。

（4）确立合理的自我归因。归因是指个体对自己或他人的社会行为结果进行推断和解释原因的过程。一个人在认识和对待挫折时要学会合理、正确的归因。正确的归因是应对和解决挫折情境的必要基础。人们容易把成功归因于内部因素，如自己的能力、后天的努力等，面对失败时更多归因于环境和他人等外部因素。但有些人在遇到负面事件时，却过分强调内部归因，过于自责，导致自己丧失信心、一蹶不振。因此，高职生要学会客观看待自己，合理自我归因，学会实事求是地承担责任，这样才能更好地应对挫折。

4. 宽待他人

（1）宽容他人，培养同理心。宽容是对他人一些非原则性的缺点和过失的一种宽恕和谅解。如果不宽容，而去选择报复，则很有可能会导致无休止的报复、争执甚至伤害。不肯宽恕他人者，往往自己也会受到心理上的折磨。同理心，又称换位思考。具有较强的同理心，就能对他人多一份理解、少一份苛求。这不仅是帮助他人，也是在帮助自己完成心灵的净化。

（2）告别嫉妒。大学生喜欢和身边的同学比较，有时便会被"魔鬼"种下嫉妒的种子，在心里生根发芽。如果不能很好疏导这种情绪，客观看待事情，便会由于嫉妒产生挫折感，觉得自己事事不如人。把宝贵的时间浪费在嫉妒他人身上，让自己产生一些不良情绪，这是非常不理智的行为。光阴似箭、人生苦短，与其将精力耗费在嫉妒他人上，不如抓住机会做几件实实在在的事。

（二）高职生的心理资本提升

1. 提高挫折的承受力

挫折承受力是指个体遭受挫折后，能够适应、抵抗和应对挫折的能力，是个体在遇到挫折情境、经受挫折打击和面临各种压力时，能够摆脱和排除困境、使自己避免心理与行为失常的一种耐受能力，是后天习得的。

高职生面对挫折，如何鼓起勇气、克服困难呢？可以从以下几个方面入手：

（1）不断学习，丰厚积淀。对于当代高职生来说，知识的更新换代是非常迅猛的。一方面，学习掌握丰富的专业知识不但能够增强能力，提高核心竞争力，也会带来强大的自信，抵御挫折的侵袭。另一方面，作为新时代的高职生，我们还要注意在生活中学习、在活动中学习、在挫折中学习，通过直接经验和间接经验的取得来增长智慧，从而更好地应对挫折。

（2）保持乐观，增强勇气。许多时候，挫折之所以难以克服，并不是困难太强大，而是我们缺乏直面困难的勇气和意志。知难而退和迎难而上，都是个体的主观选择，而改变这种选择的，是我们面对困难的态度。用乐观的精神看待挫折，每一个失败都是通往成功道路上的阶梯，把失败踩在脚下，成功就必将到来。

（3）平稳情绪，合理宣泄。情绪状态对于认知有影响作用，遇到挫折时人们容易出现沮丧、愤怒、自我怀疑、逃避、退缩等情绪，如果被裹挟在这些情绪状态之中难以自拔，就会陷入自怨自艾的泥淖，失去走出挫折的信心。所以迅速调整情绪状态，是克服挫折的关键环节。向朋友、家人倾诉，转换生活环境，适当娱乐放松等，同时合理宣泄负面情绪是应对挫折的有效方式。

（4）调整目标，学会变通。在现实生活中，不少青年学生在学习等方面的挫折都与目标的设立不当有关。如果多次遇到同样的挫折，就需要对目标和自身状态做出评估。因为有可能是当前目标设置过大过难，或是目前环境还不成熟，不具备达成目标的条件。这种情况下，调整期望、降低目标难度、重新规划行动、细化达成步骤，让目标更切合自身实际情况。对那些远大目标，要把它分解成中期、近期和当前目标，这样既可以在成功中体验到愉快和满足，逐步提高自信心，又能在失败、挫折后不断总结经验教训，最终战胜挫折，取得成功。

（5）自我规划，坚定意志。挫折是人生中的阶段性事件，并不是人生的结果。如果把一时一事的挫折放到人的漫长一生中去考量，它的影响就会缩小。一次考试的失利、一个朋友的离开、一次选择的失误，都会不同程度地影响到生活，但这种影响只是暂时的、有限的。如果能够做好自我规划，明确自身成长的长期目标与方向，就能够把眼前的困境看作一个新的起点，校正方向，以坚定的精神，提高对挫折的承受力。

（6）和谐人际关系，谋求支持。良好的人际关系能给人带来强大的支持，也代表着一个人社会支持网络构建的能力和水平。人在困境中，会变得敏感而脆弱，这时尤其需要他人的支持。心理学研究表明，一个人与他人一起处在挫折压力中时，可以降低消极情绪体验。拥有良好社会支持的人心理水平更高，在遇到困难和挫折时也会有更多积极和正向的表现。因此，高职生在面对挫折时，除了积极改变自我，还应学会交往，与他人建立良好的人际关系。

2. 高职生抗击挫折能力的长远培养

青年学生应怎样培养自身长远的抗击挫折能力呢？

（1）牢记自身的使命。认同全社会共有的价值取向，努力塑造职业院校的积极社会形象，通过我们的学习和未来工作的业绩得到社会公众的认同。

（2）树立职业自豪感。2021年，中共中央办公厅、国务院办公厅印发了《关于推动现代职业教育高质量发展的意见》指出："职业教育是国民教育体系和人力资源开发的重要组成部分，肩负着培养多样化人才、传承技术技能、促进就业创业的重要职责。在全面建设社会主义现代化国家新征程中，职业教育前途广阔、大有可为。"高职大学生应向社会展示对自己职业工作的自豪感，为自己工作的社会价值而骄傲。

（3）提高危机应对能力。当遇到突发事件、受到打击时，人们的心理水平容易受到影响，在这些危急情境中需要具备能够克服影响迅速恢复，找到恰当的应对方式的能力。遇到任何突发事件，我们都要有一种坚持的精神和冷静应对的能力，保持面对逆境的力量。自信、乐观、希望、韧性，这就是心理资本自我培养中最重要的方面。

经典分享

林肯的一生

1809年2月12日，出生。

1818年（9岁），母亲去世。

1831年（22岁），经商失败。

1832年（23岁），竞选州议员落选。

同年（23岁），工作丢了。想就读法学院，但未获入学资格。

1833年（24岁），向朋友借钱经商。

同年年底（24岁），再次破产。接下来，他花了16年时间才把债还清。

1834年（25岁），再次竞选州议员，这次赢了。

1835年（26岁），订婚后即将结婚时，未婚妻死了。

1836年（27岁），精神完全崩溃，卧病在床六个月。

1838年（29岁），争取成为州议员的发言人——没有成功。

1840年（31岁），争取成为选举人——落选了。

1843年（34岁），参加国会大选——又落选了。

1846年（37岁），再次参加国会大选，这回当选了。他前往华盛顿特区，表现可圈可点。

1848年（39岁），寻求国会议员连任，失败。

1849年（40岁），想在自己州内担任土地局长的工作，遭到拒绝。

1850年（41岁），第二个儿子因病去世。

1854年（45岁），竞选美国参议员，落选。

1856年（47岁），在共和党内争取副总统的提名——得票不足100张。

1860年（51岁），当选美国总统。成为美国历史上最伟大的总统之一。

1861年（52岁），美国内战爆发。

1862年（53岁），第三个儿子因病去世。

1864年（55岁），再度当选总统。

1865年（56岁），美国内战结束。同年4月14日晚，林肯于华盛顿福特剧院观剧时突然遭到枪击，次日清晨去世。

分析：林肯终其一生都在面对挫折和磨难。他曾经绝望至极，但他从没有放弃。有人说：假如你不知道一个赤贫家庭的孩子能够做什么，请读一读林肯；假如你不知道一个九岁死了母亲的孩子能够做什么，请读一读林肯；假如你不知道一个木匠的儿子能够做什么，请读一读林肯；假如你不知道当过劈柴工、店铺小伙计、只上过一年学的人能够做什么，请读一读林肯；假如你不知道一个二十二岁经商失败、二十三岁丢了工作、二十四岁借钱经商再次破产的人能够做什么，请读一读林肯；……作为美国历史上最伟大的总统之一，林肯的经历激励了无数人。

心 理 训 练

我的防御机制

一、训练目的

了解自己常用的挫折防御机制以及可能给自己带来的影响。

二、训练时间

15分钟。

三、训练过程

1. 请举出几个你身边的人在遇到挫折时运用挫折防御机制的具体表现方式。

2. 讨论：探讨各种挫折防御机制在人们应对挫折过程中所发挥的积极和消极作用。

成 长 反 思

1. 了解挫折的形成条件。

2. 抗挫折能力对个人成长的意义是什么？

3. 你打算如何培养自己的抗挫能力？

综合训练和拓展学习九

一、心理测试

抗挫折能力测试

1. 测试目的
通过测试使个体认知自身的抗挫折能力。

2. 测试时间
20 分钟。

3. 测试内容
请仔细阅读下列各测试题，根据自己的实际情况做出选择，将选项填在括号里。

(1) 在过去一年里，你认为自己遭受挫折的次数为（　　　）。
　　A．2 次或 2 次以下　　B．3～5 次　　C．5 次以上

(2) 对于每次遭受的挫折，你通常（　　　）。
　　A．大部分能靠自己解决　B．有一部分能靠自己解决　C．大部分自己无法解决

(3) 与周围的人相比，你对自己的能力素质（　　　）。
　　A．十分自信　　B．比较自信　　C．不太自信

(4) 在面临困境时，你通常（　　　）。
　　A．知难而进　　B．找人帮忙　　C．放弃目标

(5) 如果有令你担心的事情发生时，你通常（　　　）。
　　A．无法安心工作　　B．工作照样不误　　C．介于 A、B 之间

(6) 碰到令人讨厌的竞争对手时，你通常（　　　）。
　　A．无法应对　　B．应对自如　　C．介于 A、B 之间

(7) 面临失败时，你通常（　　　）。
　　A．破罐破摔　　B．把失败转化为成功　　C．介于 A、B 之间

(8) 当工作进展太慢时，你会（　　　）。
　　A．焦躁万分　　B．冷静地想办法　　C．介于 A、B 之间

(9) 碰到难题时，你通常会（　　　）。
　　A．失去信心　　B．为解决问题费尽心思　　C．介于 A、B 之间

(10) 在工作或学习中感到疲劳时，你通常会（　　　）。
　　A．总是想着疲劳，脑子也变得不好使了
　　B．休息一段时间就会把疲劳淡忘
　　C．介于 A、B 之间

（11）当工作或学习条件恶劣时，你通常会（　　）。
　　　A．无法干好工作　　　B．能克服困难干好工作　　C．介于A、B之间
（12）当因工作或学习而产生自卑感时，你会（　　）。
　　　A．不想再干了
　　　B．立即振奋精神去工作或学习
　　　C．介于A、B之间
（13）当上级交给你很难完成的任务时，你会（　　）。
　　　A．竭力把任务顶回去　　B．千方百计去干好　　　C．介于A、B之间
（14）当困难落到自己头上时，你往往会（　　）。
　　　A．厌恶至极　　　　　B．认为是个锻炼的机会　　C．介于A、B之间

4. 评分标准

第（1）题～第（4）题中，选A得3分，选B得2分，选C得1分；第（5）题～第（14）题中，选A得1分，选B得3分，选C得2分。

5. 结果解释

总分在20分以下：说明你抗挫折能力很弱。总分在21～30分之间：说明你有一定的抗挫折能力，但对某些挫折的抵抗力较弱。总分在31分以上：说明你的抗挫折能力很强。

二、知识拓展

尼克·胡哲

一个人不仅没有脚，甚至连双手都没有，但他却拥有两个大学学位，骑马、游泳、冲浪、打鼓、踢足球，样样皆能，他就是——尼克·胡哲（Nick Vujicic）。

胡哲天生没有四肢，只有左侧臀部以下的位置有一个带着两个脚趾头的小"脚"。尽管身体残疾，但父母并没有放弃对他的教育。在他六岁时，父亲教他如何用身体仅有的"小鸡脚"打字。因身体残疾，胡哲饱受同学的嘲笑和欺侮。十岁时，他曾试图在家中的浴缸溺死自己，但没能成功。

在胡哲19岁的时候，他打电话给学校，推销自己的演讲。被拒绝52次之后，他获得了一个5分钟的演讲机会和50美元的薪水，开始演讲生涯。

2003年，胡哲大学毕业，并获得会计与财务规划双学士学位。2005年，出版DVD《生命更大的目标》；同年胡哲被提名为"澳大利亚年度青年"。2008年，胡哲担任国际公益组织"Life Without Limbs（没有四肢的生命）"总裁及首席执行官；同年出版DVD《我和世界不一样》。2014年，出版书籍《坚强站立：你能战胜欺凌》；同年6月，出版书籍《谁都不敢欺负你》。2015年出版书籍《爱情不设限》。在五大洲超过25个国家，举办1500多场演讲。

模块十　择业心理调适

模块导读

阿基米德曾经说过："如果在宇宙中给我一个支点，我能撬起地球。"人们在社会上要想获得成功，实现自己的梦想，同样也需要有一个支点，那就是你的职业。高职院校毕业生就业途径日益多元化、多层次化，新兴产业的发展以及新的技术岗位的出现，给高职生提供了既充满机遇又富于挑战的就业前景，也给高职生带来了复杂的矛盾和深层的困惑。就业、择业或者创业是每个高职生都要经历和面对的，这要求高职生不仅要有良好的思想品质、文化素养和身体素质，还要具备良好的就业心理素质，懂得一些择业创业的知识和技能，才能走向属于自己的理想人生。

本模块让我们一起学习、熟悉高职生职业生涯规划的步骤，了解新时期高职生就业创业难的原因，懂得高职生职业生涯规划的准则及就业前相关注意事项的准备，掌握高职生职业生涯规划常遇到的心理困扰及调适方法。

模块目标

序号	目标维度	具体内容
1	知识目标	（1）了解职业兴趣与择业关系及职业生涯规划相关理论； （2）了解职业心理的因素构成； （3）了解高职生职业生涯规划的准则
2	能力目标	（1）熟悉制定高职生职业生涯规划的理论； （2）掌握高职生择业过程中常见心理困扰的调适方法
3	情感和态度价值观目标	树立正确的择业观，明确就业创业难的原因，懂得职业生涯规划的准则及就业前相关注意事项的准备

专题 10.1　职业兴趣与职业生涯规划

名人名言

走好选择的路，别选择好走的路，你才能拥有真正的自己。

——杨绛

导入案例

没有考虑兴趣找工作的遭遇

小李在学校期间曾担任过学院学生会宣传委员职务，参加过许多实践活动，自认为是一个多才多艺、综合能力较强的人。但是他在找工作的过程中才发现，自身似乎没有什么一技之长，就算有过学生会的工作经验，但用人单位也不会把一个毕业生安排到管理层。辅导员建议小李按照自己的兴趣找工作，但涉猎广泛的小李也不清楚自己对什么感兴趣，回顾自己学习过的各种技能，越觉得前路迷茫，也越来越感到没有信心。

分析： 小李的问题在于不了解自己，虽然做了充分的就业准备，但没有明确的择业方向，另外也存在求职视野高度不够等问题。如果小李有详细的职业规划，就可按照自己的兴趣选择合适的求职方向。

一、职业带给我们的价值与意义

（一）职业是个体生存的需求

即将踏进社会的高职毕业生，会有强烈的独立谋生意识，意识到不能再靠父母养活。而劳动是谋生最重要的手段，是实现个人生存和发展的根本路径。高职生通过职业选择进入职场，可以得到赖以生存的物质基础。

（二）职业是个体发展的需求

高职生越来越注重自身职业意向，开始关注职业岗位与自我的匹配度。个体在与自身专业特长和兴趣爱好的相匹配职业岗位上工作，可以发挥自己的潜能和才智，促进个人不断地成长。

（三）职业是个体自我实现的需求

每位高职生都有着这样或那样的理想和目标，都渴望将自己的梦想变成美好的现实。将自我实现与职业相结合，能够驱使个体将自身的潜能不断发挥出来，使其在工作中得到满足与快乐，从而体会到人生的真正价值和意义。

二、兴趣与职业匹配

人在职业选择过程中会受到诸多因素的影响和制约：在表层次上，职业选择受经济因素、家庭因素和身体因素等制约；在更深层次上，还会受到心理因素等的制约。因此，在职业选择的过程中，我们必须正确地认知兴趣与职业匹配的问题。

（一）兴趣

兴趣是个人为了追求认识、掌握某种事物，并经常参与该种活动的一种带有积极情绪色彩的心理倾向。兴趣的发展一般经历有趣、乐趣、志趣三个阶段，从有趣开始，慢慢产生乐趣，进而与奋斗目标结合发展成志趣，表现出方向性与意志性的特点，使人坚定地去追求某种职业，并可能为其献身。所以，兴趣对未来职业选择有着重要的影响。

心理学研究表明，如果一个人对某种工作感兴趣，能够发挥出全部才能的80%～90%，并能保持长时间的高效率也不会感到疲劳；相反，如果对自己从事的工作没有兴趣，只能发挥全部才能的20%～30%，也更容易疲倦。伽利略、爱迪生、米开朗琪罗、诺贝尔等著名人物，他们拥有的巨大推动力都是来自兴趣。可以说，找到了自己感兴趣的职业，等同于叩开了成功的大门。

（二）职业兴趣与择业

当兴趣指向某种职业时，就形成了"职业兴趣"。而职业兴趣会直接影响个人的职业选择，并在未来的职业生涯活动中起主要作用。职业兴趣是在社会的职业需要的基础上所形成的，并受后天学习及教育环境影响，是可以培养的。

1. "广"——培养职业兴趣的广泛性

现代社会的职业竞争日趋激烈，所以知识面广、眼界开阔、能力强的人在工作中备受青睐。只钻一门而对其他事物一无所知的人在工作中是行不通的。培养广泛的职业兴趣，有助于提升自我能力，在职业竞争中占优势地位，而且在职业的选择上也有更多的余地，这里的"广"是指适应自己个性爱好前提下的"广"。

2. "专"——培养学生中心兴趣

职业竞争中仅仅有"广"是不够的。学而不专，浅尝辄止、只懂皮毛，同样无法适应

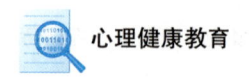

实际工作的需要。如果想要为自己在社会职业竞争中谋得一席之地，就必须拿出看家本领来，即掌握一门熟练的、特长的专业技能。而这个专业技能又必须以用心专一即培养学生的中心兴趣为前提，三心二意的人是很难有收获的。

3."稳"——培养稳定的职业兴趣

稳定的职业兴趣是影响职业选择的重要因素之一。而这种稳定性建立在两个基础之上，一是恒心，二是求实精神。有些人做事缺乏恒心，往往是三分钟热度就半途而废，而且兴趣多变，很容易对某一职业产生兴趣，但很快又会被另一种职业兴趣代替，到头来一无所获，两手空空。另一些人则喜欢把职业兴趣建立在不切实的空想之上，不顾客观实际而过分追求清高，这样取得的结果只能是曲高和寡，甚至是画地为牢、自缚手脚。

三、高职生职业生涯规划的准则

高职生个人职业生涯规划应遵循以下准则。

（一）择己所好

从事一项自己所热爱的工作，工作本身就能给自己一种满足感，自己的职业生涯也会变得妙趣横生。兴趣是最好的老师。调查表明，兴趣与成功概率有着明显的正相关性。所以高职生在规划自己的职业生涯时，务必注意，结合自己的特点爱好，根据自己的兴趣，择己所爱，选择自己所喜欢的职业。

（二）择世所需

职业作为一种社会活动，必然会受到一定的社会制约，如果脱离社会需要，将很难被社会所接纳。社会的需求不断演变，旧的需求不断消失，新的需求不断产生。因此，在规划职业生涯时，我们应该充分分析社会需求，择其所需。最重要的是，目光要长远，分析未来行业或者职业发展方向，再做出选择。将社会需要作为出发点和归宿，以社会对个人的要求为准绳，实现个人利益与社会利益的有机统一。

（三）择己所长

任何职业都要求从业者掌握一定的技能，具备一定的能力条件。然而，一个人一生中无法掌握所有技能。一个人的能力对职业的选择起着筛选作用。因此，在进行职业选择时，应该充分了解、发挥自己的优势，这是求职择业及事业成功的重要保证。

（四）择己所益

职业是个人谋生的手段，也是人们谋求发展的一种方式。在择业时，我们应首先考虑自己的预期收益，追求个人幸福。同时，也要考虑职业的发展前途，使自己的能力有所展现，并为社会的发展作出贡献。选择一个具有发展潜力的职业，不仅有助于实现个人价值，还能为社会创造更多价值。

四、与职业生涯规划相关的理论

（一）帕森斯的特质因素理论

帕森斯的特质因素理论又称帕森斯的人职匹配理论，这是最早的职业辅导理论。他认为，个人都有自己独特的人格模式，每种人格模式的个人都有与之相适应的职业类型。"特质"是指个人的人格特征，包括能力倾向、兴趣、价值观和人格等；"因素"是指在工作中要取得成功所必须具备的条件或资格。由此帕森斯提出了职业指导的三大步骤。

1. 评价求职者的生理和心理特点

通过心理测量和其他测评方法，以此获得有关求职者的身体状况、能力倾向、兴趣爱好、气质与性格等多方面的个人资料，并通过会谈、调查等方式了解求职者的家庭背景、学业成绩、工作经历等情况，并对这些资料进行分析评价。

2. 分析各种职业岗位对求职者的要求

分析各种职业岗位对求职者的要求，并向符合条件的求职者提供相关职业信息，如职业的性质、要求、机会等。

3. 求职者与职业匹配

在了解求职者的特性及职业的各项指标的基础上，帮助求职者加以比较分析，从而选择一种适合其个人特点又更易获取，并能在职业发展中取得成功的职业。

（二）舒伯的生涯发展理论

舒伯将职业生涯发展看作是一个持续渐进的过程，其主要理论观点如下。

1. 自我概念

自我概念是舒伯理论中提出的核心概念，是指个人对自己的兴趣、能力、价值观及人格特征等方面的认识。个人的自我概念在青春期以前就初步形成，到青春期时比较明朗，在成人期逐渐由自我概念转化为职业生涯概念。

2. 生涯发展阶段

（1）成长阶段（出生～14岁）。这一阶段儿童开始学会辨认周围的事物，并逐渐开始意识到自己的兴趣，以及和职业相关的一些最基本的技能。在这一阶段发展的任务是发展自我形象、培养对工作和世界的正确态度，并真正了解工作的意义。

（2）探索阶段（15～24岁）。高职生开始尝试一些自己感兴趣的职业活动，同时对自我能力、角色、职业进行探索。其职业倾向更加趋向于某些特定的领域。

（3）建立阶段（25～44岁）。个人开始尝试选择适合自己的职业领域。这个阶段发展的任务是寻求工作上的稳定，大部分人都处于最具创造力的时期。

（4）维持阶段（45～64岁）。个人通过不断努力获得职业生涯的发展和成就，并逐渐在自己熟悉的领域中占有一席之地。这一阶段发展的任务是维持既有的成就与地位。

（5）衰退阶段（65岁以上）。由于个体生理与心理等相关技能的日渐衰退，个人职业角色的分量也在逐渐减少，大部分人离开工作岗位，开始发展新的角色，寻求新的生活方式满足个人发展的需要。

（三）霍兰德的类型论

1. 霍兰德理论的基本观点

霍兰德认为，职业选择是人格的一种表现，工作兴趣类型即人格类型。人格特质归纳为六种类型：常规型、研究型、艺术型、社会型、企业型、事务型（如图10-1所示）。

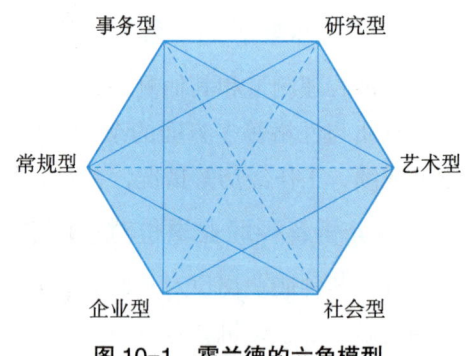

图10-1 霍兰德的六角模型

2. 职业选择兴趣的类型

（1）常规型的人。喜欢系统的且有条理的工作任务，具有实际、自控、友善、保守的特点。这类人往往缺乏艺术能力。适合的职业有以下几类：记账员、会计、成本估算员、核对员、打字员、办公室职员、统计员、计算机操作员、秘书、法庭速记员等。

（2）研究型的人。喜欢智力的、抽象的、分析的、推理的、独立的任务，这类职业主要包括科学研究和实验方面的工作。这类人缺乏一定的领导能力。适合的职业有以下几类：生物学者、天文学者、气象学者、动物学者、化学家、科学报刊编辑、地质学者、物理学者、数学家、实验员等。

（3）艺术型的人。喜欢通过艺术作品来表现自我，特别喜欢想象、感情丰富、不顺从、天真、有创造性、能自我反省。这类人缺乏逻辑思维能力。适合的职业有以下几类：室内装饰专家、摄影师、作家、音乐教师、演员、作曲家、诗人、编剧、雕刻家、漫画家等。

（4）社会型的人。喜欢社会交往，经常出席社交活动，关心社会问题，喜欢为别人服务，对教育活动比较感兴趣。这类人往往缺乏机械能力。适合的职业有以下几类：导游、福利机构工作者、社会学者、咨询人员、社会工作者、学校教师、公共保健护士等。

（5）企业型的人。性格外向，爱冒险，喜欢担任领导角色，具有支配、劝说和言语技能。这类人往往缺乏科学研究能力。适合的职业有以下几类：推销员、商品批发员、进货员、福利机构工作者、旅馆经理、广告宣传员、律师、政治家、零售商等。

（6）事务型的人。喜欢有规则的具体劳动和需要基本操作技能的工作。这类职业一般是指熟练的手工业行业和技术类工作，通常要运用到手工工具或机器进行劳动。这类人往往缺乏一定的社交能力。适合的职业有以下几类：技师、工程师、机械师、野生动物专家、车工、钳工、电工、司机、机械制图员、电气师、机器修理工等。

3. 职业选择兴趣类型之间的关系

霍兰德提出用六角模型来解释六种职业兴趣类型之间的关系，如图10-1所示，通过六角模型我们可以对人格特质类型与职业环境类型之间的适配性进行评估。如果人格类型与职业环境匹配度高，就可能增加职业满意度、带来职业成就感、提高职业稳定性。因此，占主导地位的特质类型能够为个人选择职业和工作环境提供方向。

经典分享

心态的力量

小张是一名高职生，即将走出校门，开始自己的职业生涯。面对第一份工作，他既充满期待又感到迷茫。他知道，这不仅仅是一份工作，更是他踏入社会的第一步，是他从学生身份转变为职场人的重要标志。虽然高职教育为他提供了一定的专业知识和技能，但在实际工作中，他仍然需要不断学习和进步。他愿意虚心向身边的同事请教，认真听取他们的意见和建议，并努力将这些知识应用到实际工作中。在工作中，小张遇到了许多之前没有遇到过的挑战。他相信，每一个挑战都是一次成长的机会，只要努力，就一定能够克服。小张始终保持着谦虚的态度，他知道一个新手需要不断学习和进步。同时，他也非常敬业，对待工作认真负责，努力做好每一个细节。他努力与同事建立良好的关系，互相尊重、互相帮助。也愿意与上司沟通，及时反馈工作进展和遇到的问题。面对工作中的压力和挫折，小张始终保持乐观的心态。他相信，只要努力，就一定会有收获。职场之路漫长，不可能一帆风顺，但只要坚持不懈，就一定能够取得成功。

分析：作为高职生，该以怎样的心态来面对第一份工作？小张的心态就是很好的例子，当我们在面对第一份工作时，不要去想成败，而是应该想怎样全力以赴地把这份工作做好。只顾耕耘不问收获，保持积极的学习态度、勇于面对挑战、保持谦虚敬业是做第一份工作应该有的心态。

心 理 训 练

你喜欢的事

一、训练目的

促进对生涯规划的思考，努力将个人兴趣与职业生涯保持一致。

二、训练时间

30 分钟。

三、训练内容

以宿舍为单位分成若干组，就近坐在一起，每组选出组长，由组长负责对下列问题进行讨论并推选一位同学在班级进行分享。

1. 请你思考一下自己喜欢的五件事，其中哪些可能与将来的职业有关。把它们写在表 10-1 中。

表 10-1　自己喜欢的五件事

序号	喜欢做的事情	有关的职业梳理
1		
2		
3		
4		
5		

2. 看着表 10-1 中自己所填写的内容，我的感受是 _____。

3. 组内推选出一名同学，归纳组内同学的想法在班级进行分享。

4. 思考：其他同学的想法对你有哪些启发？

成 长 反 思

1. 怎么理解兴趣与职业选择的关系？

2. 作为高职生，如何合理地规划自己的职业生涯？

专题10.2 职业心理和择业心理

名人名言

世界很单纯，人生也一样。不是世界复杂，而是你把世界变复杂了。

——[奥地利]阿尔弗雷德·阿德勒

导入案例

三天热情

小王是一名高职院校的毕业生，在学校学的是英语专业。由于在校期间没有做过与专业相关的工作，缺乏社会经验，同时对自身的优势和特点也不够了解，在找工作时，她总是逮住机会就上，很随意地决定了自己的工作。就这样过了几个月，她发现自己不适合这份工作，无法胜任工作岗位，于是先后换了好几份工作，但是都无法让自己满意。直到现在，从事秘书工作的她仍然十分苦恼，在工作岗位上依然觉得自己没有找到"属于自己的事业舞台"。

分析： 小王最大的问题在于职业目标不明。选择工作显得过分随意，对待工作总是三分钟热度，大量的时间都浪费在找工作、换工作上。建议像小王这样的学生首先应该对自己进行一次全面的职业规划，认识自己的兴趣、能力、性格、价值观等，确定未来发展的目标方向，认清相关职业的现状，并积极寻找符合其自身特点的职业和岗位。在工作中也要勇于克服困难，做到踏实肯干，逐渐适应工作状态。

一、职业心理的特点和结构

（一）职业心理的特点

职业心理是人们在职业活动中表现出的认知、情感、意志等相对稳定的心理倾向或个性特征，具体表现为以下几点。

1. 职业活动伴随共同的心理过程

人们在职业活动中会经历选择职业、谋求职业、获得职业或失业、再就业的过程。在这些过程中也伴随着认知、情感、意志等共同的心理过程。当选择的职业符合个人的需要

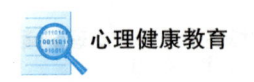

和客观现实时，就会产生兴奋、愉快，甚至兴高采烈、欣喜若狂等情绪，反之则会让人情绪低落、闷闷不乐，甚至伤心难过、悲观失望、垂头丧气。

2. 职业活动中反映出个性的差异

不同个性心理特征的人，适合不同的社会职业，在选择职业时会有不同的心理表现，在认识、情感、意志等方面都会表现出不同的特点。有的人反应敏捷、全面，有的人迟钝、片面；有的人豁达、开朗，有的人则忧虑、退缩；有的人坚决果断，积极克服困难，勇于实现目标，有的人则朝三暮四、犹豫彷徨、知难而退。

3. 不同职业阶段表现出的职业心理

职业活动中的心理现象千奇百怪，错综复杂，根据职业活动所经历的过程，职业心理可分为择业心理、求职心理、就业心理、失业心理、再就业心理等。不同职业阶段会表现出不同的职业心理，同时对职业也会产生不同的影响。

4. 不同的职业心理特点影响着人们的生活

择业、求职、就业、失业、再就业等处于不同阶段的职业心理特点，时刻影响着人们的生活态度、生活方式、价值取向。"知己知彼，百战不殆。"这句话正说明了在职业选择过程中一个很重要的原则，即认识自己，了解自己，熟悉自己的个性心理特征和心理过程，把个人的职业意愿和自身素质联系在一起，根据社会的需要和职业岗位需求的可能性，总结评价个人职业意向的可行性，以积极的心态去选择职业。

（二）职业心理的结构

职业心理是人们在对自我、职业和社会的认识的基础上形成的对待职业和职业行为的一种心理系统。具体来讲，包括以下三个相辅相成的系统。

1. 职业导向系统

职业导向系统包括三个方面，即职业价值观、世界观、职业伦理。职业导向系统中的各种成分可以引导个体去选择特定的职业、追求特定的职业目标、接受和内化职业价值、树立正确的职业角色、评价自己和他人的职业行为、努力争取达到职业成功的最终目标。

2. 职业动力系统

职业动力系统包括需要、动机、兴趣、信念、理想。职业动力系统中的各种成分起到推动和维持个体努力实现职业目标的作用，主要包括推动个体树立职业目标、克服各种困难、坚持不懈争取更好的职业发展。例如，当一个人的主导需要是发展型需要时，就会更倾向于选择发展机会较好的工作，并且在工作中不断学习新知识、新技能，不断积累相关工作经验，从而发挥出自己的特长以便在工作中能够获得更大的发展。

3. 职业功能系统

职业功能系统包括气质、性格、能力。职业功能系统中的各种成分能使个体胜任特定的职业。在努力胜任具有挑战性工作任务的过程中，个体的心理功能也得到磨炼、发展和强化。一个人的气质、性格和能力特点，往往决定着一个人适合从事什么样的职业。例如，如果一个人具有音乐方面的特殊才能，那他就适合从事与音乐有关的工作岗位。一个比较内向的人在从事一段时间的公关工作后，可能会变得开朗、外向，亲和力强。

（三）良好的职业心态

职业心态是指在职业中根据职业需求所表露出来的心理感情。即职业活动中各种对自己职业及其职业能否成功的一种心理反应。良好的职业心态主要表现为以下十种。

1. 平常心

平常心不等于什么都不做，"宠辱不惊，闲看庭前花开花落；去留无意，漫看天上云卷云舒"。保持一颗平常心，才能在面对挑战、挫折、困难和压力的时候，用最好的姿态去迎接，做最好的自己。保持平常心，是一种很高的境界。

2. 快乐心态

快乐其实是一种选择。快乐也是一天，悲伤也是一天。那为何不选择快乐呢？对待工作我们要有幽默感，要能够在生活和工作中发现快乐。

3. 友好心态

与人为善其实也是与己为善，友好都是相互的，友好地对待身边人才能让别人同样友好地对待你。不要因为鸡毛蒜皮的小事闹矛盾，对身边所有人保持友好的态度。

4. 感恩心态

我们应常怀感恩之心，感恩企业、感恩领导、感恩伙伴、感恩家庭、感恩挫折、感恩自己，有了感恩，内心会感到宁静平和，就没有那么多的抱怨和难过。学会感恩的人才会更加快乐和富足，所以，我们每天都应该感恩。

5. 阳光心态

像向日葵一样永远朝向太阳，问一问自己对一些事物的想法常常是负面的还是正面的？不要总是盯着阴暗面，保持正能量也很重要，用阳光的心态对待一切，你会发现生活和世界的美好。

6. 规则心态

没有规矩不成方圆。有规则才能形成秩序，工作中要保持良好的守规则、守制度的心态才能形成工作标准和规范。同时不要有违法乱纪的行为，也不要抱有侥幸心理。

7. 助人心态

送人玫瑰，手留余香。帮助他人自己也会有所收获，在工作中也是如此，同事之间互相帮助才会有快乐分享。关键时刻，伸出援手，在你有困难时，也会获得他人的帮助。

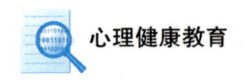

8. 进取心态

在职场中，每天进步一小步，每年就能进步一大步。当所有人都在努力的时候，你不进取就是走向平庸。所以我们要有上进心，才有更好的状态。

9. 主动沟通心态

沟通是我们工作中的润滑剂，在工作中加强沟通，才能减少矛盾、达成共识。主动沟通更是积极解决问题的关键所在。所以，沟通要主动积极，绝不能逃避和敷衍。

10. 执行力心态

任何政策没有执行都是一张废纸。工作中不要经常抱怨、拖延、敷衍。记住，执行力是实现目标的关键要素，做事情就要看到结果，没有任何借口。

二、高职生择业心理

高职生的就业观、择业观正处于形成和完善阶段，树立良好的就业观和择业观，明确其内涵和培养途径是十分重要的。

（一）高职生择业心理

择业心理是指在择业过程中，个体对自身及外部环境的认知、评价和心理反应。高职生择业心理主要表现为以下几点：第一，择业热情高涨，高职生对未来充满期待，渴望在职场中一展拳脚；第二，乐于接受竞争，愿意在公平竞争的环境中施展自己的才华，实现优胜劣汰；第三，崇尚双向选择，双向选择的就业机制为职业院校学生求职拓展了择业空间，被广大毕业生所肯定；第四，择业易冲动，高职生在择业过程中，有时容易受到情绪的影响，理智成分减少，功利成分增加。

（二）如何做好高职生的择业心理准备

近年来，随着高等教育规模的不断扩大，特别是高等职业教育的高质量发展，职业院校毕业生人数持续增加。目前受国际国内经济形势影响，企业对新增劳动力的需求减少，供给职业院校毕业生的就业岗位进一步减少，就业形势依然严峻。这就造成毕业生的就业压力越来越大，在联系实习、准备简历、参加招聘会等求职过程中，必然会产生复杂的心理变化过程，所以提前做好充分的心理准备就显得格外重要。

1. 全面了解社会经济发展形势和职业发展趋势

随着我国产业结构调整的步伐日益加快，某些行业出现产能过剩，人才需求量减少。同时，某些行业会得到快速发展，如第三产业的交通运输、金融保险、社会服务等人才需求数量将明显增加。面对这样的情况，青年学生在求职过程中，需要密切关注社会经济发展的新动态，把握和顺应我国产业结构发展的趋势和人才需求的趋势，转变传统就业观念，积极拓宽就业视野。

首次择业并不意味着选择了终生不变的职业。就业后可能会因为对薪资待遇、工作氛围等不满意，或者因为喜欢尝试与挑战，喜欢变化与新意等面临第二次、第三次择业。所以，应从发展的角度和职业规划角度，理性看待自己的第一次就业。

2. 掌握行业企业对高职生的要求标准

高职院校是当前我国教育事业的重要组成部分，高职生的就业前景和职业发展备受关注。行业企业对高职生的要求标准反映出对人才需求的多元化，以下是企业对高职生的主要期望：

（1）思想素质是企业看重的高职生品质之一。从高职生就业情况看，政治思想素质好、品德高尚、遵纪守法的毕业生受到企业的普遍欢迎。优秀毕业生、优秀学生干部、三好学生、优秀团员等荣誉获得者更是备受青睐。企业认为，高职生在校期间应积极从事学生工作和社会实践，培养自己的工作能力，为未来的求职择业增加竞争力。同时，具有敬业精神和责任感的员工是每个用人单位的需求，这也体现了现代企业用人的新特点。

（2）个人品质也是企业对高职生的重要要求。企业认为所需的人才应该具有良好的个人品质，如做人正直、诚实，做事勤奋、踏实，工作思路清晰、灵活，主动积极、勇于进取、充满激情和活力的品质。过于自信和过于谦恭的人可能不会给用人单位留下好印象。

（3）专业素质是高职生必备的能力。企业希望高职生具备丰富的知识技能和合理的知识结构，这具体表现为学习成绩和专业能力。在企业看来，必要的专业知识和技能是胜任某一方面工作的基础。

（4）能力素质也是企业看重的高职生品质。很多企业都十分看重学生的学习能力、沟通协调能力、团队合作精神、创造能力、实践能力、适应社会能力等。

（5）身心素质也是企业对高职生的重要要求。这包括健康的身体素质和良好的心理素质，健康的身体是从事职业劳动的必备条件，而良好的心理素质有助于个人应对挑战和竞争，更快地适应社会。高职生要处理个人与集体，以及社会交往等各种关系，不断面临挑战和竞争，只有具备良好的心理素质，才能经受住挫折与失败，并能尽快地自我调适。

3. 全面认识自我职业素养

（1）了解自己的职业能力倾向。职业能力倾向主要指与个体成功从事某种工作有关的能力因素，是一些对于不同职业的成功，在不同程度上有所贡献的能力因素。常见的职业能力倾向包括语言理解能力、动作协调能力、逻辑推理能力、知觉速度能力、空间知觉能力、数量关系能力、综合分析能力等。通过了解自己的职业能力倾向，我们可以判断自己的能力素质水平和发展潜力，为择业提供科学依据。

（2）了解自己的职业兴趣。职业兴趣是个体在多样性、复杂性的职业环境中，根据自身个性反映出的一种特殊心理特点。兴趣是在后天生活实践中形成的，但它有相对的稳定性，高职生在择业中应充分考虑自己的兴趣和爱好所在。如果一个人对工作充满兴趣，其才能可发挥80%～90%，并能长时间保持高效率。

（3）了解自己的职业气质。了解气质与职业的关系，有助于找到更适合我们的职业。例如，胆汁质的人精力旺盛、热情直率、情绪体验强烈，适合从事竞争激烈、冒险性强的职业；多血质的人反应迅速、适应能力强，适合从事导游、外交等要求反应灵活的工作；黏液质的人稳重、细致，适合从事会计、外科医生等要求稳定性、持久性的工作；抑郁质的人敏感、观察力敏锐，适合从事要求精细、敏锐的工作。

（4）了解自己的职业性格。职业性格是指一个人对职业的稳定态度以及在职业活动中习惯化的行为方式所表现出的个性心理特征。不同职业需要不同职业性格的从业者。有些用人单位提出性格比能力更重要，其原因在于，如果一个人的能力不足，可以通过后天培养来提高，而一个人的性格与职业不匹配，要改变就很困难。例如，一个性格内向，见人就脸红，一说话就紧张的人，如果从事营销工作，便很难取得好业绩。所以，了解自己的性格特点、行为风格，有助于科学择业，进行有效决策。

4. 适当调整择业期望值，做好从事基层工作的准备

深入基层，发挥专业优势。以企业的人才梯队为例：研究生、本科生主要从事研发设计等技术开发工作；中专、技校学生负责流水线上的操作工作；高职生承担介于两者之间的技术管理工作，如设备维修、参数调整、车间管理。

高职生应围绕高职教育的培养目标，确立自己的择业目标，并根据社会需求和企业要求，适时调整职业理想。调整择业期望值并不意味着对用人单位没有选择，而是要在职业生涯规划和发展的基础上确定自己的职业轨迹。具体调整择业期望值的方法是在择业时可以先确定一个岗位目标，经过一段时间的求职后没有进展，就要根据客观情况调整主观需要，看社会现实可提供的岗位中，自己能胜任的有哪些，然后有针对性地进行求职，以便提高成功率。过去那种"一次到位"、要求安稳的择业观念，需及时改变。

5. 注重健康心理素质养成，实现职业角色转换

高职生求职实质上是一个竞争上岗的过程，要想在竞争中脱颖而出，一方面需要不断提高自身的实力，包括专业能力、解决问题能力、人际沟通能力和团队协作能力等；另一方面更要养成健康的心理素质，提高承受挫折的能力。这样才能以充沛旺盛的精力、积极乐观的心态处理自我与社会的关系，正确对待市场竞争和就业压力，正确化解找工作中遇到的困难、挫折和委屈，即使求职失败，也不能马上否定自己的能力，而应保持冷静坦然的心态，客观分析失败的原因，学会重新认识自我和社会，主动调整自我适应社会。

从择业开始，高职生的社会角色就需要发生变化，实现从自然人、家庭人转变为职业人、社会人，这意味着要从学生角色向职员角色转换。学生是接受教育、掌握本领，喜欢凭兴趣做事，比较注重自我的感受，由父母提供经济支持和资助；而职员是通过具体的工作岗位付出劳动，以取得相应报酬，在经济上可不再依靠父母而独立生活。

6. 保持和谐的人际关系

构建良好的人际关系在就业时是非常关键的，人是社会关系的总和，它承载了我们的思想、财富和未来。要永远记得"人外有人，天外有天"这个道理，你能帮到别人，不是别人的荣幸，而是你的荣幸。"投之以桃，报之以李"，因为时间会提高回馈帮助的价值。

要有向所有人学习的态度，选择和更优秀的人在一起。向所有人学习，即使自己已经做得很好，也要去靠近更加优秀的人。

7. 调整心态，敢于竞争

要进行正确的自我评价，如上所述，高职生有自己的优势，不要妄自菲薄，要敢于通过竞争，去达到理想的目标。在当今社会竞争激烈的现状下，高职生必须在心理上做好准备，树立竞争意识，告别"大锅饭"。在择业过程中，需要强化竞争意识，正视社会现实，转变就业观念，做好竞争的心理准备。

8. 正确对待挫折

在就业过程中，每个人都不可能一帆风顺，更不可能一次就能到达事业的顶峰。所以，就业过程中的失败挫折都是很常见的，不要因一次挫折就轻言放弃。另外，在就业过程中，每个人的经验或者成绩的积累都是有一定过程的，不可能一蹴而就，保持适中的期望值，那么在就业过程中，自己的动力、兴趣都会比在高压之下发挥得更好。

经典分享

王星的成功之路

王星是一名应届毕业生，在面临毕业择业的关键时刻，展现出了正确择业观。他没有盲目追求所谓的"高大上"职位，而是选择了一家与自己专业相关的中小企业，从基层岗位做起。在职业生涯的初期，王星就为自己设定了明确的目标：在未来五年内成为所在领域的专家。为此，他不断学习新知识，参加各类培训，不断提升自己的专业素养。同时，他还关注行业动态，及时了解市场需求，确保自己的发展方向与市场需求保持一致。他鼓励同学们不要盲目跟风，而是要根据自己的实际情况和兴趣爱好选择合适的职业道路。同时，他也提醒同学们，在创业过程中要有充分的市场调研和计划，确保项目的可行性和可持续性。在工作中，他勇于挑战自己，不断寻求进步。他不怕困难，敢于面对挑战，这让他在职业生涯中取得了不俗的成绩。同时，他也善于总结经验教训，不断完善自己，为自己的未来发展打下了坚实的基础。

分析：王星的故事告诉我们，正确的择业观是成功的关键。只有脚踏实地，才能在职场中脱颖而出，实现自己的价值。同时，我们也要根据自己的实际情况和兴趣爱好选择合适的职业道路，勇于挑战自己，不断进步，才能在职场中取得更大的成功。

心 理 训 练

模拟招聘　锻炼求职能力

一、训练目的

通过模拟招聘会现场，锻炼、培养高职生求职的能力，并且换位体验招聘者的需要。

二、训练时间

30 分钟。

三、训练内容

1. 教师介绍规则：全班学生分小组参与，每组选出 4~5 名面试官，另外 2~3 人充当求职者的角色，每一轮结束后角色互换体验。招聘者需要认真阅读关于岗位的描述，认真思考自己的用人需要，并且必须在招聘过程中展现出来。而求职者需要思考哪个岗位适合自己，如何在多人竞争的局面下凸显自己的能力，开始前，最好不要和其他求职者讨论。以下岗位可根据学校情况自行调整。

岗位一（推销员）：岗位要求是对待工作要热情大方，善于沟通交流，认真负责，对产品能做到很详细的了解和推荐，最好有推销经验。招聘者可自行决定产品内容，也可以加入自身的情绪表演，以培养学生的应变能力。

岗位二（办公室人事）：岗位要求是擅长交流，能发现求职者的优点特性（这也是对招聘者的要求）。招聘者可思考在这个岗位上除你之外还有哪些类型的人才可以胜任这份工作。必要时可进行角色互换。

岗位三（编辑）：岗位要求是对文字有一定敏感性，审美理解到位，并且有善于和其他岗位的人交流的能力。此岗位对专业性有一定要求，招聘者和求职者都可提前查阅资料进行了解，最重要的是发现和展现文字功底等硬性能力。

2. 教师对学生的求职和招聘表现进行评分，并进行点评。

成 长 反 思

1. 职业心理的特征和结构有哪些？应该如何拥有良好的职业心态？
2. 自己平常都做了哪些就业前相关注意事项的准备工作？应该如何更好地做准备？
3. 在做好择业心理准备后，你认为自己更适合做什么样的工作？

专题 10.3　择业心理的困扰与自我调适

🦋 名人名言

选择职业是人生大事，因为职业决定了一个人的未来。

——［法］罗伯特·清崎

🦋 导入案例

松下求职

松下电器的创始人松下幸之助（简称"松下"），起初家境贫寒，全靠他一人养家糊口。松下失业后，一家人的生活更是无法支撑。在一次机缘巧合下，他去到一家电器公司面试，身材瘦小的松下来到公司人事部，请求公司人员给他安排一个工作最简单且工资最低的活干。人事部主管见他个头瘦小又衣着不整，便随便找个理由说道："我们公司现在不缺人，你过一个月再来看看吧！"人家本来是为了推脱他，没想到一个月后松下真的又来了，那位人事部主管又推脱说现在有事，没时间接待他。过了几天，松下又来了。那位负责人有点不耐烦地对他说："你这种脏兮兮的样子，根本进不了我们公司，我们不需要这样的员工。"松下在回去之后就借钱去商场买了套新衣服，穿戴整齐地又来了。这位主管一看，觉得不好说什么了，又难为松下："我们公司是搞电器的，但是从你的简历看，你对电器方面的知识了解得太少了，不符合我们公司的用人需求，不能录用。"两个月以后，松下又来了，他说："这段时间我已经下功夫学了很多关于电器方面的知识，您看在哪些方面还有差距，我再一项一项来弥补。"这位人事部主管盯着松下看了半天，感慨地说："我干这工作几十年了，还是头一次见到你这样来找工作的，真佩服你的耐心和韧劲。"就这样，松下终于打动了主管，如愿以偿地进入这家公司。后来，他经过坚持不懈的努力，终于成为享誉全球的"企业经营之神"。

分析： 正是因为松下幸之助有着良好的择业心态、勇于竞争的意识、较强的适应能力和坚持不懈的勇气，在了解择业有竞争风险，参与竞争就难免会受到一些挫折的情况下，他仍然坚持不放弃，面对择业过程中所面临的挫折和考验，越挫越勇，最终获得了成功。

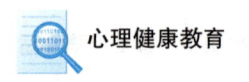

一、影响高职生就业创业的原因

影响高职生就业与创业的原因有很多，包括社会、企业、职业院校、学生自身等方面的原因。要想推动高职生更好地实现就业与创业，就应当从各个方面努力，为他们就业创业营造有利的条件，推动其就业创业能力与水平的全面提升。具体来看，影响当前高职生就业创业的原因有以下几个方面。

（一）社会方面的原因

当前，我国的劳动力市场呈现出一种人才供给大于需求的整体态势。特别是在职业院校中，某些专业的学生数量过多，超过了企业的人才需求量。这就导致了很多企业在选拔人才时，会设置过高的条件和门槛。这种现象大大打击了高职生就业的积极性，甚至让他们对就业产生恐惧心理，从而影响了他们的就业和创业选择。另外，市场中对于高职生就业存在一定的偏见，一些企业认为高职生的工作经验和实践经历较少，没有足够的能力适应工作，所以不给高职生求职的机会。

（二）企业方面的原因

近年全球经济下行，企业存活数量大幅度减少，就业岗位相应减少，即便是发展还不错的企业，也因技术改进、成本控制等因素对人才需求的数量总体减少，而对人才的质量要求增高。因此，招聘员工的时候，条件水涨船高，对高职生的筛选则更为严格，这就使得能够留下来的学生少之又少。一些企业在挑选人才时更加注重学生的学分绩点，认为学习成绩好的学生其工作能力就更强，而不注重考查学生的实践技能和综合素质。这就使得很多优秀的学生被拒之门外，找不到心仪的工作。甚至还有很多企业在招聘学生的时候，会更青睐选择名牌大学毕业生，企业认为名牌大学的学生能力更强。这对于高职生而言，会导致学生失去就业的信心，也不利于其长远发展。

（三）职业院校方面的原因

职业院校在我国教育体系中占据着举足轻重的地位，是培养技术技能型人才的主力军，职业院校的人才培养质量直接影响着我国人才队伍的整体素质。然而，当前很多职业院校的人才培养模式存在一定的问题，一些职业院校在课程选择方面仍然是采用传统性的职业规划教材，过分注重学生的理论技能培养，采取了有效的方法来提升学生的理论水平，但是忽视了实践技能的培养，导致学生在实际操作方面的能力不足，难以适应社会发展的多样化需求。同时，部分职业院校人才培养的模式较为单一，缺乏创新性和灵活性，这种模式使得学生学习的积极性下降，学习兴趣不高，长此以往，无法达到良好的人才培养效果，不利于高职生综合素质的提升，必将会对其就业与创业带来不利影响。

（四）职业院校学生自身的原因

职业院校学生自身因素也是影响该群体就业创业的重要原因。很多高职生对于工作的期望值过高，希望得到更多的薪酬，但是却没有对自身的工作能力进行评估。过分注重工资，导致部分高职生一味地追求高工资而频繁跳槽，这对于就业来说是不利的，自己也无法在岗位上更好地积累工作经验。同时，还有很多高职生存在攀比心理，喜欢将自己的工作和他人的工作进行对比，一旦发现自身的工作条件没有其他同学的条件好，就会选择辞职另找工作，这就会导致其工作稳定性差，不利于其就业与创业。

二、高职生在择业时的心理困扰

（一）焦虑

焦虑是一种由心理冲突或挫折引发的复杂情绪状态，其中包括紧张、不安、焦急、忧虑、恐惧等多种感受。绝大多数高职生在面临择业挑战时，都会经历不同程度的焦虑。对于优秀学生，他们焦虑的核心问题是能否找到一个可以实现人生价值的理想单位；学业成绩不理想的学生则焦虑自己无法被单位选中；还有一些高职生因为缺乏明确的职业规划，对未来的道路感到迷茫，不知毕业后该如何选择职业，从而陷入焦虑。

青年学生的上述焦虑状态一般并不会对未来职业生涯产生影响。一般来说，适度的焦虑会使学生产生压力，这种压力可以增强人的进取心，从而产生奋发有为的精神。然而，如果焦虑得不到及时的缓解，就有可能向病态发展，表现出情绪紧张、心情紊乱、注意力不能集中、身心疲倦、头昏目眩、心悸、失眠等症状。此时，焦虑不但干扰了高职生的正常的生活、学习和娱乐，还成为择业的绊脚石。

（二）自负

自负心理这一常见的心理现象，在高职生群体中尤为显著。它表现为个体过高地估计自己的能力和价值，从而失去了对自我真实情况的客观认识。在当今社会，高职生这一群体面临着诸多就业挑战，自负心理往往成为他们走向成功的隐形障碍。

受社会对高职生惯性看法的影响，许多高职生不能正确认识自己，在择业时常常过高地估计自己的能力和价值，将个人的愿望和社会需要割裂开来认识问题。这种心理现象导致他们在就业市场上表现出种种不理智的行为，如挑剔、攀比，提出过分的要求等，给用人单位留下极差的印象。问题的根源就在于这些高职生对自己的评价过高，存在自负的心理。自负心理是高职生在就业过程中需要警惕和克服的问题。只有客观评价自己、了解市场需求、培养实际能力，才能在竞争激烈的就业市场中脱颖而出，实现顺利就业。

（三）自卑

自卑心理表现为对自己的能力评价过低，看不起自己的心态。在当今社会，尤其是在涉世未深的高职生群体中，择业问题成为诱发自卑心理的一个重要因素。那些性格内向，在学校期间没有经历过各种社会工作、社会活动锻炼的学生尤为突出。自卑心理的主要表现包括缺乏自信，行动退缩不前。表面上怕别人看不起，实际上是自我认识出现偏差。

在择业过程中，一些高职生因为自卑心理而不能正确评价自我，缺乏自信心，勇气不足，没有主见，依赖心强。这种心态导致他们在人生重要的择业关头，不敢或不知道如何推销自己，从而错失许多机会。

（四）盲目从众

高职生正处于心理逐渐完善和成熟的阶段，容易受到社会上一些观念的影响，表现在就业上就是"别人怎么选择，我就怎么选择"。入学之后，高职生的自主意识在逐步增强，也更盼望能够尽早地独立于学校、家长的社会之外，但客观上他们从小到大都是在学校和家长的百般呵护之下长大，缺乏独立性。就业时，许多高职生产生了严重的依赖思想，觉得还是跟随大众保险一些，他们一方面也希望找到称心如意的工作，另一方面又不愿意自己到处奔波，劳心劳力，这种缺乏独立求职的思想观念是致使他们盲目从众的根本原因。

三、高职生就业心态自我调适的方法

解决高职生就业心理问题的根本对策有以下几方面。

（一）客观地认识社会和评价自己

高职生作为社会中的一员，个体与社会互为目的，又互为手段。只有正确认识自我与社会的关系，才能有效地把握自己的权利、义务和责任，确立起适合社会需要的主体意识。在当前社会背景下，高职生承担着诸多期望，如具有较强的改革意识和业务能力、具有敬业精神和创新能力、知识面宽、一专多能、社交能力强、德智体全面发展等。择业过程中的高职生，应当认真仔细地、深层次地认识自己的个性特征、适应力、知识结构、价值目标等，对自己有一个全面的认识，在此基础上建立起来的职业选择意愿，使职业规划更具现实可能性。

（二）学会自我欣赏与自我接纳，提高承受挫折的能力

在求职择业过程中遭受挫折是在所难免。高职生要正确对待挫折和失败，要学会自我欣赏与自我接纳，要对自己的能力抱着认可、肯定的态度，要敢于竞争，不怕失败。如果求职失败，可以运用理性情绪法宽慰自己，借"天生我材必有用""失败是成功之母"等

理由减轻或消除所受的挫伤；也可通过列举别人失败或不如自己等事实，以此说明自己虽败犹荣，从而提高抗击挫折的能力，保持心态的平和。

（三）克服从众心理，培养决策能力，避免盲目竞争

"从众心理"是指在群体压力影响下放弃个人意愿，采取顺从行为的心理倾向。在择业过程中表现为缺乏主见和竞争意识，在择业时为他人所左右，为舆论所左右，不顾主观条件和客观现实，随波逐流，人云亦云。高职生就业的选择很大程度上会受到传统价值观念和社会心理的影响，但作为高职生，切不可盲从，更不能把别人的选择作为自己的最佳选择。应该综合各方面因素，培养果断抉择的能力。高职生在择业时一定要有所选择，选择有利于充分发挥自身优势的方面参与竞争，尽量避免失败。同时要有所侧重，在竞争中尽量把主要精力放在对自己有较大意义的方面。

经典分享

李华的成功之路

李华，一名普通的大学应届毕业生，专业是计算机科学与技术。面对即将步入社会的挑战，李华对自己的职业生涯进行了深入的思考和规划。李华明白，职业生涯中难免会遇到各种困难和挑战，为了应对这些困难，他始终保持着一颗坚定的心，坚信自己有能力战胜一切困难。在求职过程中，他遭遇了许多拒绝和挫折，但他从未放弃。相反，他将这些挫折视为成长的机会，通过反思和总结，不断提升自己。李华在职业生涯规划中，设定了多个阶段性目标。在大学期间，他通过努力学习，获得了优异的成绩和丰富的实践经验。毕业后，他首先选择了一家知名的互联网公司作为起点，希望通过这份工作积累更多的经验和技能。在工作中，他不断调整自己的职业规划，根据公司的需求和自己的兴趣，逐步明确了自己的职业方向。李华的远期理想是成为一名优秀的软件工程师，为社会创造更多的价值。为了实现这个理想，他将自己的近期目标与远期理想紧密结合起来。在工作中，他努力提升自己的技术水平，积极参与项目研发，争取为公司创造更多的价值。同时，他还关注行业动态和技术发展趋势，为自己的长远发展做好充分的准备。通过不懈的努力和持续的调整，李华成功地实现了自己的近期目标，并为实现远期理想奠定了坚实的基础。他的故事告诉我们，职业生涯规划需要不畏艰辛、坚定意志、不断调整，并将近期目标与远期理想结合起来。只有这样，我们才能在职业生涯的道路上不断前进，最终实现自己的理想。

分析： 不畏艰辛、坚定意志、不断调整，通过阶段性地实现自己的短期目标，为实现远期理想奠定基础，这才是一份较好的职业生涯规划。

心理训练

思考人生

一、训练目的

促进学生对生涯规划的思考。

二、训练时间

20 分钟。

三、训练内容

以寝室为单位分成若干组,每组选出一名组长,由组长负责带领大家对下列问题进行讨论总结,并推选出一位学生在班级进行小组成果分享。

1. 请思考一下自己最喜欢做的五件事,并整理其中可能与将来的职业有关的系列问题。把它们写在表 10-2 中。

2. 检查表 10-2 中所填写的内容,填完之后自己有什么样的感受。

3. 组内推选出一名学生,归纳总结出组内同学的想法并在班级进行分享。

4. 思考其他同学的想法对自己有哪些启发?

表 10-2　自己喜欢做的五件事

序号	喜欢做的事情	与职业有关的问题
1		
2		
3		
4		
5		

成长反思

1. 如何看待当下职业院校学生就业创业困难的问题?

2. 作为高职生如何调适在择业中遇到的种种心理不适?

综合训练和拓展学习十

一、心理测试

你的个性适合什么样的职业？

请根据你的实际情况，对以下两组题目进行"是"或"否"选择，并根据测试结果进行自我职业定位。

第一组：

1. 我讨厌寂寞，希望与大家在一起。　　　　　　　　　　　　　　是　否
2. 我想我心目中的伴侣应该拥有与众不同的见解和活跃的思想。　　是　否
3. 我读书的时候就喜欢语文课。　　　　　　　　　　　　　　　　是　否
4. 我不喜欢那些零散、琐碎的事情。　　　　　　　　　　　　　　是　否
5. 总之，我喜欢新鲜这个概念，如新环境、新旅游点、新朋友等。　是　否
6. 就我的性格来说，我喜欢同年龄较小而不是年龄大的人在一起。　是　否
7. 对于别人求助我的事情，我总乐意帮助解决。　　　　　　　　　是　否
8. 我喜欢改变某些生活惯例，使自己有一些充裕的时间。　　　　　是　否
9. 我做事情考虑较多的是速度和数量，而不是在精雕细琢上下功夫。是　否
10. 假如我去经理室应聘，经理抬头看了我一眼，说声请坐，然后就埋头阅读文件不再理我。可我一看旁边并没有座位，这时我没有站在那里等，而是悄悄搬个椅子坐下来等经理说话。　　　　　　　　　　　　　　　　　　　　　　　　　　是　否

第二组：

1. 我做事情时总希望精益求精。　　　　　　　　　　　　　　　　是　否
2. 看了电影、戏剧后，喜欢独自思考其内容，而不喜欢与别人一起讨论。是　否
3. 我读书的时候很喜爱数学课。　　　　　　　　　　　　　　　　是　否
4. 家里的小电器出了故障时，我喜欢自己动手摆弄、修理。　　　　是　否
5. 业余时间我爱做智力测验以及智力游戏里的题目。　　　　　　　是　否
6. 墙上的画挂歪了，我看着不舒服，总想设法将它扶正。　　　　　是　否
7. 我不喜欢读长篇小说，喜欢读议论文、小品文或散文。　　　　　是　否
8. 我书写整齐清楚，很少写错别字。　　　　　　　　　　　　　　是　否
9. 我对一种服装的评价是看它的设计而不大关心是否流行。　　　　是　否
10. 我能控制经济开支，很少有"月初松、月底空"的现象。　　　　是　否

评分规则：

选择"是"记1分，选择"否"不记分，各题得分相加，分别计算两组得分。

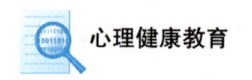

假设第一组得分为 A 分数，第二组得分为 B 分数。

你的 A 分数 _____ B 分数 _____

A＞B：你的思维活跃，善于与人交往。你喜欢把自己的想法分享给别人，并与大家共同去实现，适宜你的职业是记者、演员、推销员、采购员、服务员、人事干部、宣传机构的工作人员等。

B＞A：你具有耐心、谨慎、肯钻研的品质，是个精深的人。适宜选择编辑、律师、医生、技术人员、工程师、会计师、科研人员等职业。

A＝B：你具备 AB 两类型人的长处，不仅能独立思考，也能处理好人际关系。供你选择的职业包括教师、护士、秘书、美容师、理发师、各类管理人员（如科长、厂长、经理等）。

二、拓展学习

爬楼的故事

兄弟二人，一起住在一幢公寓的第八十层楼里。一天，他们回到公寓楼的时候，发现大厦停电啦！两兄弟都背着大大的登山包，但也别无选择。于是，哥哥对弟弟说："我们爬楼梯上去吧。"

他们就背着一大包行李开始往上爬。到了二十楼时，觉得累了。弟弟提议说："哥哥，行李太重啦，不如把它放在二十楼，我们先上去，等公寓恢复电力，再坐电梯下来拿吧。"哥哥一听，觉得这主意不错。于是，他们就把行李放在二十楼，继续往上爬。

卸下了沉重的包袱后，两人觉得轻松多了。但好景不长，到了四十楼，两人又觉得累了。开始互相埋怨，指责对方不注意停电公告，才会落到如此下场。他们边吵边爬，一路爬到了六十楼。

到了六十楼，两人筋疲力尽，累得连吵架的力气也没有了。他们一路无言，安静地继续往上爬。终于，八十楼到了。哥哥长吁一口气："弟弟，拿钥匙来！"弟弟说："有没有搞错？钥匙不是在你那里吗？"猜猜发生了什么事？正确，钥匙还留在二十楼的登山包里！

有人说，这个故事其实在反映人生。二十岁之前，背负着很多压力，就好像是背着一个很重的登山包，加上自己也不够成熟有能力，所以走得很辛苦。二十岁以后，开始自己的职业生涯，自己喜欢做什么就做什么，想怎么做就怎么做。从二十岁到四十岁，是一生中最愉快的二十年。

到了四十岁，发现青春早已逝去，但又有很多遗憾，于是开始抱怨。

到了六十岁，发现人生所剩不多，于是告诉自己，不要再埋怨了，就珍惜剩下的日子吧。于是到了生命的尽头，

分析：想一想，是不是要等到四十年、六十年之后才来追悔？可以做些什么来不让这个遗憾发生呢？想一想，我们最在意的是什么？希望将来的自己和现在有何不同？

模块十一　初入职场适应

模块导读

从学校到职场，由学生转变为员工，难免会遇到许多困扰和考验。假如说学校是一个"公园"，那么即将面临的职场无疑就是茫茫"林海"。公园里花团锦簇，岁月静好；林海里风景如画，却荆棘遍地。面对从来没有经历过的职场生涯，我们是心怀忐忑，还是充满憧憬？

通过本模块的学习，高职生可以了解职场与学校环境有什么不同，初入职场会面临什么样的心理困扰，怎样为即将到来的职场生涯做好心理准备，如何培养良好的职业心理素质以及在职场中如何处理冲突和危机，使自己获得职场的成功、人生的进步。

模块目标

序号	目标维度	具体内容
1	知识目标	（1）了解职场和学校的主要区别； （2）能够识别初入职场的常见困扰； （3）了解职场冲突产生的原因
2	能力目标	（1）掌握职场心理适应的一般技巧； （2）掌握应对职场冲突、压力和危机的常用技巧
3	情感和态度价值观目标	认识到做好职场心理适应的重要性，自觉培养自己的职业心理素质，并做好未来职场生活的心理准备

专题 11.1　职场的心理适应

名人名言

心不清则无以见道，志不确则无以立功。

——［宋］林逋

导入案例

同样的起点，不同的结果

有两位食品检验专业的高职院校毕业生，同时被当地一家知名大型肉制品企业录用，同时被分配到屠宰车间。又脏又累的工作使毕业生甲感到苦不堪言，他很快就打了退堂鼓。而毕业生乙则坚持下来，他不怕苦不怕累，认真负责，受到主管领导赏识，试用期一过，就被调入专业对口的检验科工作。

几年以后，乙已是该企业检验科的科长，而甲更换了几家工作单位后，还没有找到一份顺心的工作。该企业人事部经理说："我们单位录用的毕业生，无论什么学历，都要先在一线车间锻炼一段时间，这既是对他们是否具有吃苦耐劳精神的考验，也是为了让他们熟悉一线工作的特点，然后再量才使用。"

分析： 高校毕业生走上工作岗位以后的第一步非常重要。在这个案例中，毕业生甲因为怕苦怕累，没有安心做好本职工作，没有走好关键的第一步；而毕业生乙则因为立足岗位，安心工作，适应了职业角色，成功地迈出了职业生涯的第一步。

一、学校和职场的主要区别

对于即将走上工作岗位的大学生来说，了解学校和职场的区别很重要，它直接关系到我们能否顺利迈出职场生涯的第一步。

（一）功能和目的不同

学校是教书育人的地方，学校的一切工作都是围绕立德树人这个根本目标来进行。学校是学生掌握知识和技能的地方，而职场则是运用知识和技能的场所。企业的根本目的是获得利润，满足自身的生存和发展。企业希望员工能发挥最大的潜能为企业创造价值，至于培养员工仅仅是一个次要目标。一般而言，所有企业都希望招到"拿来就用、拿来能用、拿来好用"的员工。

（二）合作程度不同

学校里学生大多时候可以"单兵作战"，独自完成各类作业和任务。少量需要团队合作的事情，个人在其中往往也可以被代替。个人的失误一般不会对团队产生致命影响。

但在职场上，大多数工作任务都需要通过团队协作来完成。任何一个人在任何一个环节的缺少、效率低下或错误，都可能会给整体任务的完成带来负面影响，并进一步损害企业效益。

（三）犯错后果不同

学校和职场都看重绩效，但学校主要看学习成绩，职场主要看工作业绩。

在学校犯错，一般不会对学生的成长产生致命影响，也不会威胁学校的生存，影响可控；而职场的一个失误，轻则给企业造成一定的损失，重则可能拖垮一家百年老店，并断送自己的职场前程。

（四）管理方式不同

学校的管理相对来说是民主的，以教育、引导为主，学生有相当大的自由度；企业更多的是要求员工遵从和服从。企业按规章办事，工作中更强调"共性"，违规即罚，纪律严明。

职场新人，很容易习惯性地把职场当学校，追求个性张扬和工作自主，这样很容易引起同事和上级的反感，对自己的职场发展造成障碍。

（五）成长模式不同

校园是一个规范化的、相对封闭的成长体系，俗称"象牙塔"，有老师和学校保驾护航，我们只需按部就班读书，不用特别考虑前进的方向和长远的目标。

职场类似荒野求生，处处荆棘，根本没有一条常规的逃生路线。我们必须随机应变，不断调整行为方式和目标，做出相对合理或有利的选择。

刚入职场的高职毕业生，心理上很容易把职场简化为考场，希望有人能为我们指出一条类似于从考初级证书、中级证书到高级证书的道路，即从普通员工很快就晋升到高级管理人员，这样的期待是不现实的。企业招聘员工是为了企业的发展需要，不是为了员工个人的成长。只有兢兢业业为企业实现价值，企业才会给我们提供成长的空间。

（六）经济来源不同

在学校里一般是"花父母的钱，读自己的书"。经济来源和支出项目相对简单，量入为出即可，无须专门做财务规划。

在职场中每个人要靠自己的努力挣钱。职场收入除了供自己的日常花销，还要考虑回馈家庭、回报社会，更要为自己未来的发展和婚姻家庭积累财力。

有些初入职场的高职毕业生，和上学期间一样，习惯当"月光族"，甚至没钱时还想着找家人赞助。换位思考，如果我们是父母，我们希望自己的孩子永远长不大吗？因此初入职场，每个人都要做好经济独立的准备，学会合理规划。

（七）人际关系不同

大学里，人与人之间不存在明显的、长期性的利益冲突，人际关系相对简单，同学之间、师生之间也往往是平等的、民主的。

职场中因晋升资源稀缺，人与人之间经常处于一种竞争态势。由于管理和执行力的需要，企业员工之间是有等级差别的，下级服从上级是基本纪律。所以，高职毕业生入职以后面临的第一个重要挑战就是要学会处理与上级、同事乃至客户的关系，为自己的职场发展创造良好人际环境。

二、初入职场常见的困扰

许多高职生往往求职时雄心勃勃、心怀憧憬；入职后却很快失去热情，觉得前途迷茫。一般而言，高职生初入职场容易出现以下几种心理困扰。

（一）工作压力大

高职生在学校过惯了单纯的读书生活，一旦进入职场，面临全新的环境、相对复杂的人际关系、经常超负荷的工作量和冗长的工作时间等，感到工作压力大是很正常的。但随着对职场环境越来越熟悉，工作慢慢得心应手，这种压力就会逐渐得到缓解。

（二）缺乏工作兴趣

许多高职毕业生初入职场，很快就会觉得工作"枯燥无味"，感觉每天的例行工作既无挑战又烦琐呆板，没有成就感，慢慢就丧失了对工作的兴趣。这其实与个体对工作的认知有关，如果我们认识到"熟能生巧，巧能生精"的道理，愿意从点滴小事做起，沉下心来，把简单的工作做到极致，就会发现重复的工作中也有成就和乐趣。

（三）觉得力不从心

一些学生大学里学习成绩很好，本来自信满满，但参加工作才发现所学远远不够，顿时感觉自己难以达到企业的要求，从而自我怀疑、自我贬低。

其实，学业成绩和职场能力及专业技能无法对等，企业更看重的是员工持续学习和解决问题的能力。要做有心人，不断地学习和练习，学用结合，才能跨越理论知识和实践技能之间的鸿沟，把书本上的知识从会背、会考到会做，使之成为活的知识和自身的能力。

（四）薪酬满意度低

新入职者一般都有一段试用期，试用期薪水普遍偏低。转正以后，因为成长为熟练工还有一个过程，按照薪酬管理体系，个人收入也只能逐步提高。如果是特别紧缺的人才，那么可能有"一事一议"特殊政策。一般来说，新入职员工要取得高薪酬，都不太现实。否则，对老职工来说也缺乏公平性。

（五）发展空间有限

一些新入职的员工觉得企业论资排辈，自己太年轻不被重视；或者企业太小，不像在大企业、大机关里有比较好的发展前景。其实不管岗位核心与否，不管大企业与小企业，能培养人、成就人在普通岗位尽职尽责，持续成长，就是一种成功。"机会总是留给有准备的人"，专注于自身工作，为自己未来的发展创造机会和空间。

（六）苦于专业不对口

学生毕业后不能做专业对口的工作很常见，但"隔行不隔理"，所谓触类旁通，知识、技能是可以迁移的。学校的专业知识、技能真正学深学透，对其他职业也会有帮助。正如很多你学到的知识可能会因陈旧被淘汰，但你在学这些知识的过程中形成的能力却永不过时。很多职场新人以专业不对口来为自己的懒怠找借口，既浪费了宝贵的时间，也失去了探索自己职业弹性和发展潜能的机会。

（七）人际关系复杂

由于同事之间存在竞争，职场人际关系总体上比学校复杂。青年学生在校期间应主动学习一些人际交往技巧，这样才不至于在参加工作后，因为人际关系不良而导致职场适应困难。

三、如何做好职场的心理适应

职场的心理适应指员工接纳自己的工作和职场环境（包括环境中的人），且与工作和环境处于一种协调、平衡的良好状态。

（一）正确认识自己的角色

初进职场，要迅速转变角色，原来是在校学生，现在是企业员工。企业招我们进来的根本目的是创造价值。换句话说，要实现自我价值达到自我成长，必须以给企业做贡献为前提，认识到这一点非常重要。一些职场新人，一副以天下为己任、指点江山的姿态，自我感觉良好，不屑于从基层做起，不尊重老职工，处处看不顺眼，事事想走捷径，这样很容易引起同事的排斥和上级的反感。

（二）学会做情绪的主人

诚然，没有一种情绪是不应该的，但在职场中，任由情绪泛滥是第一大忌。学会情绪管理，不仅能帮助我们缓解心理压力，还有利于提高劳动效率，改善我们的人际关系。一个成熟的职业人士，应该是一个了解、接纳并调控自己情绪的人。试想，你是喜欢和一个充满正能量的人共事还是和一个成天唉声叹气的人相处？答案不言而喻。

（三）搞好人际关系

职场新人，首先要谦卑，主动向同事学习。要从别人身上看到优点，在发现他人缺点后不是立即指责对方，而是自我反省，克服自己身上类似的缺点。

初入职场，应积极做事、多做事。一方面，做事能培养我们的能力，因为能力是练出来的，不是看书看出来的，更不是想出来的；另一方面，不计得失多做事能给他人留下务实、踏实肯干、有责任心、有担当意识的好印象，这种好印象、好口碑有助于我们在职场竞争中处于优势，在职业发展中赢得先机。

（四）做好时间管理

很多职场新人没有时间管理的意识和经验，不知道事情的轻重缓急，"按下葫芦起了瓢"，四方灭火、处处告急。这样肯定会体验到巨大压力，造成职场适应困难。

时间管理的原则主要是两条。第一条，今日事今日毕，严守任务的时间节点，绝不拖延；第二条，事情按轻重缓急排好序，依次处理，部分简单的工作可以并行处理。

（五）平衡工作和生活

工作和生活是我们人生的两大组成部分，缺一不可。把工作和生活分开，建立平衡和边界，有利于提高工作效率和享受多彩人生。

一些职场新人工作中想着生活，生活中还在工作，缺乏边界。从早到晚，忙忙碌碌。长此以往，会造成职业幸福感降低和严重的职业倦怠。尤其不能把工作中的负面情绪带回家去，迁怒在家人身上；也不能把家庭中的矛盾，带到工作中去发泄。

（六）持续学习和成长

信息化时代，知识迭代更新周期很短，新技术新工具层出不穷，"啃老本"很难适应职场上的激烈竞争。要向书本学习、向网络学习，更要向他人学习，包括向对手学习。还要多思考多总结，这样才不会在时代前进的步伐中掉队。

要勇于尝试不同的工作内容和工作方法。人的成长障碍经常就是自己，如我们很多人经常自设禁锢，认为自己学机械的就不能做化工，学养殖的就不能做销售。其实试一试，没准自己也能做，并且能做好。只有考虑企业和社会的需求，同时不断尝试，找到自己的兴趣点和特长，发掘自己的潜能，我们就有可能走上自己职业发展的光明大道。

经典分享

积蓄向上的力量（节选）

初入职场者，应当学着做一颗种子，沉下心、扎下根，积蓄能量、厚积薄发，才能在机会来临时脱颖而出。

接受自己的"平凡"。不想当将军的士兵不是好士兵，但没有经年累月的作战经验，士兵绝不可能当上将军，充其量是纸上谈兵的赵括。同样，初入职场者犹如一张白纸，对自己承担的工作不可能立即得心应手、驾轻就熟，必然要通过一段时间的磨合才能够胜任。要放低自己的期望值，从最基础的工作内容学起，向身边每一个比自己工作经验丰富的人虚心求教，才能逐渐进入状态，在不断磨炼中成就"不平凡"。

坚信干小事蕴含的价值。刚参加工作时，年轻人往往会被安排做一些非常基础的工作，看似鸡毛蒜皮、枯燥乏味、没有成就感，然而经过一段时间的积累后，你就会渐渐发现，只要全身心投入坚持去做好每一次工作，也一样可以积累经验、增长本领、丰富阅历。纪昌学射，先要用两年时间练习锥尖刺于眼皮而不眨眼，又要用三年时间练成视虱子之小如车轮之大。这个故事虽然有艺术夸张的成分，但道理却是相通的。初入职场者千万不要眼高手低，要沉下心来、从小事干起，练好基本功，才能等到"铁杵磨成针"的一天。

在最美好的年纪，初入职场的你可能并没有感受到诗和远方，反而在各种压力下心绪波动，但请不要让一时的情绪模糊了奋斗的底色，不要因理想遥远而放弃追求。要坚信，只要把根基扎牢、坚持顽强生长，你积蓄的能量有一天一定会喷薄而出、令人刮目相看。

（资料来源：《人民日报》2021年2月7日第5版，作者徐雷鹏）

分析：每一颗种子被播撒进土壤时，都带着开花的梦想，但在破土而出之前，它们要随时准备着承受烈日炙烤、寒潮侵袭，要面对无数的风雨。经不住考验者，永远埋在了土里，而那些奋力向下扎根、时刻汲取养分的种子，则终有一天会绚丽绽放。职场也是如此，需要耐心，静待成长。

心理训练

我适合做什么

一、训练目的

发现自己的兴趣点和特长，建立初步的职业匹配意识。

二、训练时间

45 分钟。

三、训练内容

1. 全班随机分组，每组 4～6 人。

2. 每位组员均填写下面的表格。

我的情况：

专业：_____

兴趣：_____

特长：_____

家庭：_____

经济：_____

……

我适合的职业：

① _____ 理由 _____

② _____ 理由 _____

3. 每位组员在小组内发言，介绍上述表格的内容，然后组内讨论。

4. 小组中随机抽取 2～3 个代表在全班报告，然后全班一起讨论。讨论要点：

（1）报告者是否还有其他的兴趣和特点？

（2）报告者适合做他（她）所说的职业吗？

（3）除了他（她）自己认为合适的职业，还有什么职业适合他（她），为什么？

成长反思

1. 如何才能更好地适应未来的职场，你有哪些思考？

2. 在学校学习过程中，应该加强哪些职场心理的学习？

专题 11.2　培养良好的职业心理素质

名人名言

人类一生的工作，精巧还是粗劣，都由他每个习惯所养成。

——［美］富兰克林

导入案例

一错岂能毁终生

刚入职不到一周，小李就在一次出差中出现失误，导致一个项目出现问题，影响了公司业绩。因此，平时表现良好的他被主管严厉批评了一顿，也受到了公司按制度扣除部分奖金的处罚。这对实习期间一向顺风顺水的小李打击很大，现在他一遇到出差任务就立马感觉心情烦躁和痛苦，而且任务越是紧急，他就越无法沉下心完成，出错的概率剧增。

小李曾经尝试自我开导和化解，还主动加强营销技术练习，但效果依然不明显。最近情况更加严重，只要一到工作现场他就开始紧张，手忙脚乱，接到主管电话，就会不由自主地心慌、紧张，害怕又出问题。导致他开始怀疑自身的专业能力，还经常出现通过辞职来躲避这种烦恼的念头。朋友都劝他尽快寻求专业心理咨询师的帮助。

分析： 从案例中可以看出，小李出现了职场中自信受损的问题，但深层次的原因是其职场心理素质不够好。他在社会角色转换、自身成长定位和岗位角色适应等方面都存在一定问题，对其工作和成长产生了影响。对于高职毕业生来说，具备良好的职业心理素质，有助于提升个人的综合素养，更好适应职业环境，获得长远的职业发展。

一、职业心理素质概述

职业心理素质是个体拥有的对职业活动有重要影响的心理品质，是指从业者在认知、情感和意志过程中表现出来的动机、态度、性格及意志品质等，如自信、乐观、敬业、勤奋、乐群、执着、开拓等。

（一）良好职业心理素质的表现

良好的职业心理素质是职业发展的基础，其主要包括以下几方面。

1. 正确的职业意识

职业意识是人对职业劳动的认识、评价、情感和态度等心理成分的综合反映。良好的职业意识具体表现为有主人翁精神，工作积极主动、认真负责，具有基本的职业道德等。

2. 正确的职业态度

用人单位都希望员工能以积极乐观的心态对待工作、生活和他人，全力以赴做好本职工作，在工作中享受生活。良好的心态能帮助人主动地应对各种变化。

3. 较高的职业情商

情商是认识、控制和调节自身情感的能力，主要是指人在情绪、情感、意志、耐受挫折等方面的品质。职业情商高的人往往对自己有清醒的认识，能控制自己的情绪，承受住压力，不为挫折和困难所左右，能维系融洽的人际关系，善于处理生活中遇到的问题。

4. 较强的自我管理能力

没有人能随随便便成功，一个成功的人，应具有较强的自我管理和自我约束能力。

（二）不良职业心理素质的表现

对于高职生而言，不良职业心理素质主要表现为以下几个方面。

1. 缺乏良好的职业意识

例如，不清楚自己毕业后所要从事职业的具体情况，不了解职业的从业要求，缺乏明确的学习目标和动力，职业选择盲目，未建立起对职业的认同和为之坚持奋斗的理念。

2. 未能形成正确的职业价值观

例如，个人并没有形成与职业相关的价值体系，不能认识到工作的意义和价值，缺乏正确的价值导向，甚至个人价值观和工作价值观存在较大冲突等。

3. 未能建立起良好的职业行为习惯

例如，缺乏良好的时间管理技巧，缺乏主动沟通和及时反馈的意识等，甚至习惯性地"拈轻怕重""摸鱼"等。

4. 缺乏有效的问题解决技巧

例如，没有发现问题、评估问题，没有找到合适的问题解决策略，不了解问题解决的过程等。

二、如何培养良好的职业心理素质

结合高职生的心理和职业特点，要想发展和提升良好的职业心理素质，应该从以下五个方面着手。

（一）培养工匠精神

1. 工匠精神及特征

工匠精神，原指人们不断雕琢自己的产品，改善自己的工艺，对产品品质追求完美和极致，对精品有着执着的坚持和追求的一种精神品质。具体来看，新时代工匠精神的内涵至少包含坚定不移的理想信念、爱岗敬业的职业精神、精益求精的职业态度、开拓创新的进取精神和协同合作的团队精神这五个方面。

在对工匠精神内涵探究的基础上，可以将工匠特征概括为有着较高自我追求与约束、重视品质的意识，精雕细刻、精益求精的敬业精神，反复磨炼提升的卓越能力。工匠特征由工匠意识、工匠精神与工匠能力三个相互关联且相互支撑的内容构成（如图 11-1 所示）。

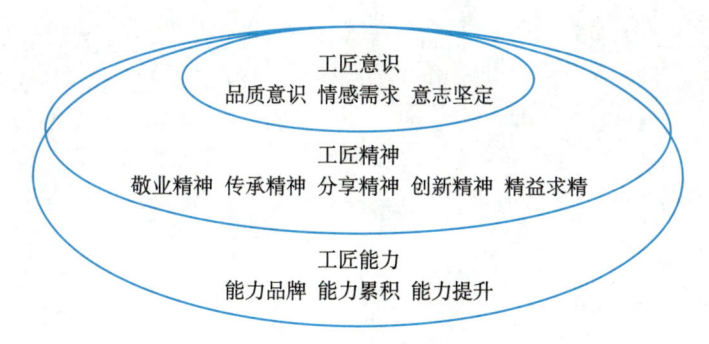

工匠意识
品质意识 情感需求 意志坚定

工匠精神
敬业精神 传承精神 分享精神 创新精神 精益求精

工匠能力
能力品牌 能力累积 能力提升

图 11-1　工匠特征

2. 工匠精神的养成

工匠精神的养成并非一朝一夕之事，在校学习期间高职生可以通过以下方面逐步发展自己的"工匠精神"：

（1）坚定思想意识，确立奋斗目标和人生规划。

（2）提升自控能力和自主学习能力，养成刻苦学习精神和钻研精神，增强解决困难问题的信心、决心和持之以恒的毅力。

（3）以高标准要求自己，加强知识学习和技能训练。

（4）有意识地向榜样学习，更多地感受和理解行业要求、企业文化、工匠精神，并在学习和生活中"见贤思齐"。

（5）充分利用寒暑假、节假日、课余时间参加社会实践，提前了解社会、认识专业、掌握技能、锻炼专业能力，用实际行动践行工匠精神，实现自我价值。

新生代工匠宋彪：解锁青春怒放的另一种可能

19岁站上世界技能大赛最高领奖台，成为首位获得"阿尔伯特大奖"的中国人，两年后荣获"中国青年五四奖章"，成为新生代工匠中的佼佼者。一位21岁的高职生令人刮目相看。

2017年10月，第44届世界技能大赛在阿联酋阿布扎比举行。中国选手宋彪获得工业机械装调项目金牌，并从来自68个成员国家和地区的1260余名参赛选手中脱颖而出，以779分获得了大赛唯一的"阿尔伯特大奖"（如图11-2所示）。

图11-2 中国学生宋彪荣获阿尔伯特大奖

"阿尔伯特大奖"是以世界技能组织创始人名字命名，奖励每一届世界技能大赛中所有参赛项目中获最高分的选手，被誉为"世界技能的巅峰""金牌中的金牌"。宋彪是第一位赢得这项荣誉的中国选手，专业分量可想而知。

初中时，宋彪的学习成绩并不理想，中考成绩出来后，当工人的父亲并没有责备他，而是跟他聊了聊自己年轻时的一些经历，特别是经历的挫折和对人生的感悟。"与父亲的谈话让我重燃对知识的渴望和对未来的希望。"宋彪说，"拿不好笔杆子，就拿好工具。"

后来，宋彪进入江苏省常州技师学院学习。由于基础知识太差，宋彪就利用课余时间请教老师，把课堂听不懂的专业知识一一搞懂。经过一个学期的追赶，宋彪越来越自信，也逐渐发现自己动手能力强的天赋，课余时间常常守在车间琢磨产品设计。

因为长期勤于钻研，宋彪在江苏省第一届技能节中崭露头角，获得参加世界技能大赛的敲门砖，在此后的省级、全国选拔赛中一路晋级。

在一年多的备赛时间里，宋彪的勤奋不断给教练带来惊喜。教练布置的每天的训练任务都是8~10小时，但是宋彪每天都给自己多加两个小时的训练量。由于回宿舍太晚，连宿舍阿姨都认识他了。夏天，他更是顶住40℃的高温坚持在车间训练。在宋彪看来："做完一个零件拿去评分，做到75%的合格率，可能就算是好的，但是应该把它提高，提升到95%~99%，甚至说到100%的一个精确度，这样才能使一个零件在部件的组装中效果更好。"

工业机械装调项目比赛分四天进行，累计比赛时间20小时，设置了多个比赛模块，最主要的任务是要完成一台脚踏式净水器的制作、装配和调试。前三天的比赛，宋彪完成得很顺利。最后一天，比赛时间是3个小时，他遇到了意想不到的麻烦。由于裁判计算错误，比赛开始前，宋彪被告知要扣除半小时比赛时间，只能坐在一旁眼睁睁看着其他选手先开始安装调试。

"看着别人在那里做，自己又不能做，自己心里也是不知道怎么表达，就是坐在那里。"宋彪回忆。

虽然比别的选手晚半小时开始，但宋彪凭借扎实的基本功和高超的装配技能第一个完成了比赛项目，最后获得了85.18分的高分。谁也没有想到这会是所有1260多名选手中的最高分。赛后，宋彪感慨地说："原来人生还有这样一种方式，拥有精湛的技能，一样可以让生命熠熠生辉。"

分析：一名中考成绩不理想的安徽农村少年，苦学技能后，加工零件组装后的误差比成年人的头发丝还细。宋彪在江苏省常州技师学院完成了从学生到老师的"华丽转身"。榜样的力量是无穷的，高职生要在心中埋下工匠精神的种子，让"技能成就梦想"。

（二）形成正确职业价值观

1. 价值观与职业价值观

价值观是指个人对客观事物（包括人、物、事）和自身行为结果的意义、作用、效果和重要性的总体评价，是推动并指引一个人作出决定、采取行动的原则和标准，是个性心理结构的核心因素之一。

职业价值观是个人追求的与工作有关的原则和标准，是个人价值观在职业问题上的反映，即个人对于与工作有关的客观事物的意义、重要性的评价和看法。职业价值观体现了一个人真正想从工作中得到什么，它决定了个体对工作的相对稳定的、内在的追求，对于个体的职业选择和发展起到方向导引和动力维持的作用。

2. 高职生应该具备的职业价值观

高职生在进入职场的过程中，应有意识地建立一些与职业和工作有关的价值观，这些价值观可以帮助改进工作习惯和提升工作效率。

（1）将职业发展的愿景作为行动指南，在决定如何安排生活中的每一天时，给予职业相关目标最高的优先权。

（2）重视出勤和准时。在工作中，按时上下班和做事守时是重要的职场素养，会潜移默化地影响个人声誉。

（3）重视时间管理。重视时间的人会充分地利用时间，会合理地安排时间，也会明显提升个人的工作效率，从而获得更多可自由支配的时间。

（4）重视整洁、秩序和速度。整洁、秩序和速度是个人工作效率的保障，应给予足够重视。大多生产型企业推行的"现场6S"管理，其中就包含这部分内容。

（5）用头脑工作。单纯埋头苦干甚至蛮干，不抬头看路，往往只能换来工作年限增长，换不来能力提升。所以工作要思考，要主动寻求更好更灵活的方法，追求更好的结果，为企业的发展贡献更多力量。

（6）对自己负责。要在意你每天到底做了哪些工作，反思你的工作对你工作绩效和生活质量的提高有没有起到促进作用。

（7）重视休息和放松。过度工作会导致工作压力变大，甚至工作耗竭，适当的休息也有助于保障工作效率和工作质量。

（三）目标设定和自我激励

1. 目标设定的优点和原则

目标是人们想要达到的结果、境况、目的或状态。目标设定是一种激励方法，设置特定的、具有适当难度的目标能够有效地提升你的工作效果。

目标设定是一门艺术，在目标设定过程中，可以参考以下原则：

（1）形成简明的目标。一个实用的目标通常可以用简洁明了的方式表达出来，过长的目标表述会涉及太多的行动，难以作为一个行动指南为行动服务。

（2）描述当达成目标后将会怎样。所列出的目标应该明确，应该是对实际行动的描述。

（3）设定现实的目标。目标既不能过于简单又不能过难，应当是具有一定的挑战性，但是通过努力又可以实现的。

（4）在不同时期设定不同目标。目标最好根据不同时期而有所不同，设立日常、短期、中期、长期这几种目标。

（5）经常回顾目标。随时回顾目标实现情况，分析经验和教训，并确保这个目标对你还有激励作用。

2. 自我激励技巧

目标的设定可以为个体带来心理上的激励，但更重要的是，人们要学会更好地自我激励。以下是常见的自我激励的技巧：

（1）寻找工作的乐趣或工作本身的价值，寻找挑战和新鲜感。

（2）获得工作绩效的反馈。反馈信息很重要，它实际上代表着一种回报，如果你知道自己的努力是有价值的，就会感到欢欣鼓舞。

（3）注重自我行为矫正。行为矫正是一个在做对事情时给予奖励而在做错时给予惩罚的激励系统，人们可以运用这套机制来改变自己的行为，如克服饮食障碍、烟瘾、网瘾、刷短视频成瘾，以及无故拖延时间等。

（4）注重提升自己的技能水平。个体应该接受适当的培训来提高自己的技能水平，以满足工作岗位的需要。适当的培训会给个体带来出色完成工作的信心，同时也会加强个体对自我效能的认知。

（5）提升自我期望的水平。你可以对自己的期望更高一些，尽管高的自我期望和积极的心理状态需要花很长的时间来培养，但是在很多情况下，它们对你而言非常重要。

（6）培养强烈的工作道德准则。一个自我激励的高效战略就是培养强烈的工作道德准则。如果你认为大部分工作是很有意义的，并且是愉快的，那么你自然很容易受到激励。

（四）杜绝拖延行为

拖延行为本身并不是十分严重的问题，然而当拖延行为积累成习惯，进而影响到事务进展、人生发展，甚至带来其他负面的情绪时，就需要采取有效措施杜绝拖延行为。

1. 造成拖延的原因

造成拖延的原因很多，常见造成拖延的因素主要有以下几点：

（1）不够自信：容易逃避，产生拖延。

（2）完美主义者：要求太高，过分追求完美。

（3）内心消极颓废：觉得什么事情都很难。

（4）内心太胆小：对失败乃至成功的恐惧，顾虑太多，执行力弱。

（5）过度自信：错误估计时间进度。

（6）缺乏干劲：得过且过，能拖多久是多久。

（7）外部因素：非个人原因造成的拖延。

2. 如何杜绝拖延行为

首先明确，拖延不是病。不能因拖延就彻底否定自己，夸大拖延对人生的负面影响。建议可以在以下方面做出调整：

（1）学会善待自己。重新定位自我，学会自我减压，不必求全责备。

（2）学会"储蓄"能量。当身心疲惫时，不妨停一停，换一下环境，把工作能量储存起来，再回来全力再战。

（3）自我奖励。每完成一项工作后给自己一个奖励，即使有些工作没有得到及时的回报，或者效果很难确切地看出来，也可以因为完成工作而自我奖励一番。

（4）设定完工期限。为了自我约束，必须定下最后期限，最后期限是一种无形压力，以避免毫无计划地自我放任。

（5）将时间看作重要资源。时间是你的重要资源投入，是你的成本，应该更理智、科学地规划和使用时间。

（五）提升解决问题的效能

1. 影响问题解决的个人特征

许多个人特征和人格特质都会影响个体所采用的或可能采用的问题解决方式，这些个人特征主要包括以下几个方面：

（1）智力、教育和经验。一般而言，如果你更聪明，受过良好教育，具有一定经验，你就会比那些不具备这些特征的人做出更佳的决策，有更好的问题解决办法。

（2）情商。拥有较高的情商，能够有效地应对自己和他人的感觉和情绪，有助于做出更好的决策。

（3）灵活与僵化。有些人之所以能成为成功的问题解决者和决策者，是因为他们总能以一种更为灵活的角度来看待问题，避免形成一种僵化的观点。

（4）直觉。有效的问题解决有时并不单单依靠认真的分析，相反可能会依靠直觉。直觉是一种基于经验的理解或推理方式，其中对于各种证据的权衡和抉择是自动完成的。

（5）专注。精力集中是做出良好决策的一个重要原因。有效的问题解决者通常会有一种沉浸体验，完全投入工作中。

（6）决断性和完美主义。如果缺乏决断，而又有完美主义的倾向，就很容易出现拖拉行为，从而影响问题解决的有效性。

（7）寻求刺激。对于某些类型的问题（如突发状况），刺激寻求者会更有优势；而对于另外一些类型的问题（如常规工作），寻求刺激可能会导致问题恶化。

（8）价值观。价值观会对解决问题过程中的每一步决策产生影响。与情境相适应的、正确的价值观会促进问题解决，而错误的价值观则会导致问题恶化。

2. 问题解决的步骤

无论多么复杂的问题，如果你遵循一个标准的问题解决步骤，通常会产生良好的效果。问题解决的步骤主要包括：

（1）觉察问题。问题解决开始于人们意识到了问题的存在。

（2）界定问题原因。在采取任何行动之前，必须首先明确和弄清问题的原因，通常会从人、材料、机器和设备、物理环境、方法等角度提出问题。在人的方面，如哪些人需要对问题负责？他们能胜任吗？他们是否存在态度问题？在材料方面，如你是否有可利用的正确材料？材料的品质适宜吗？在机器和设备方面，如我们是否有适宜的机器和设备来完成工作？机器和设备是否已经更换？在物理环境方面，如环境是否有问题？环境是否发生了改变？在方法方面，如过程和程序是否得当？是否所有人已经了解了这个方法？

（3）寻找创新方法。创造力和想象力也同问题解决和决策相关。成功的决策者有能力想出更多的解决方法，那些迫使自己寻找一种不同的问题解决方法的人，更有可能寻找到突破性解决方法。

（4）权衡不同方法。一个重大决策中，应该严肃考虑每一种方法。在实践中，权衡不同方法通常是指记录下每种方法的好处和坏处。

（5）做出选择。在选择解决方法时，你不必过分执着于为你的问题寻找唯一正确的答案，许多问题都会有多种解决方法。

（6）实施选择。在你决定了采用哪套方案后，将你的选择付诸实践。

（7）评估选择。实施选择后，你要评估你的选择是否达到理想的效果，从而判断问题解决的有效性，并根据评估结果对前述的问题解决过程进行回顾、反思和调整。

心 理 训 练

价值表

一、训练目的

了解你的价值观。

二、训练时间

45 分钟。

三、训练内容

1. 下表中列举了各项价值观，请你根据自己的情况，将自己的价值观的成就分值填在相应表格中。其中"1""2""3""4""5"依次代表"很不高""不高""一般""高""很高"。（见表 11-1）。

表 11-1　价值表

价值	定义	成就分值 1	2	3	4	5	总计
成就	知道自己干得不错						
晋升	不断被提拔						
审美	注重美好与和谐						
合作	与人和谐相处						
创新	发展新观念、新事物						
经济回报	拥有待遇不错的工作						
教育	重视学习						
家庭	关心父母、孩子和亲属						

续表 11-1

价值	定义	成就分值 1	2	3	4	5	总计
自由	具备思想和行为的自由						
健康	在情绪上、身体上和精神上感觉良好						
助人	为他人服务						
独立	计划自己的工作日程						
正直	表现出行为和信仰的一致						
忠诚	忠于某人或某物						
管理	计划和监督工作						
愉快	追求快乐和满足						
权利	有影响力和行动力						
声望	出名且受人尊敬						
赏识	获得尊重和崇拜						
确定性	确信无疑						
团队精神	与人合作，富有成效						

2. 在完成表 11-1 后，列出你自己成就分值排在前五位的价值观，如有分值并列，请按你自己的喜好程度分出先后。依次为：

（1）_____

（2）_____

（3）_____

（4）_____

（5）_____

3. 与身边的人讨论一下各自的价值倾向。

成 长 反 思

1. 有些新入职的大学生认为，"拿多少钱，就干多少活"，不应该讲什么无私奉献，你认为这种观念与哪些职业心理素质相违背？

2. 在你所学的专业中，哪些环节特别能体现"工匠精神"？

专题 11.3　化解初入职场冲突

名人名言

冲突是解决问题最无能的方法，而协商是最明智的选择。

——［英］达尔文

导入案例

职场上的代际挑战

刘玲虽然只比同事王媚大四岁，但她自己觉得两人是分属"90"后和"00"后的"两代人"。每每刘玲从王媚的工位旁经过，总能被震惊到，公司配的台式机，她自己的笔记本电脑、手机、iPad，交错的电源线、数据线、耳机线杂乱的放在工位上，一眼看去，真是一团糟。

任性！这是刘玲心中对王媚的第一个印象。虽然刘玲自己工作时间也算不得长，但受经理指派，要在工作中"带带"新人，因为"年轻人之间好沟通"。

但是，刘玲很快就发现，这只是经理的一厢情愿。

首先，王媚从不叫她老师。当然了，刘玲也觉得被叫"老师"别扭，但被一个小丫头扯着嗓子叫大名，总还是有些"自尊心受损"。

在刘玲看来，"老师"这样的称呼，是一种尊重和友善的表示。但是，王媚在没有其他表示的情况下就这样略过了。

再说工作，刘玲觉得自己快被王媚逼成了"碎催"。

一次经理让王媚完成一个合作方案，刘玲就给了她一份模板，想着对照着写总要容易些。一周以后，刘玲看到初稿时，差点没气笑了，方案里提到的甲方，还是模板里那个。刘玲含蓄地提醒她要认真、仔细，王媚却只是淡淡地说："忘了，改过来不就行了！"

会不会是一回事，用心不用心是另外一回事。刘玲把方案打回去 3 次，每次给出的修改意见王媚总是改不到位。最终刘玲耐心耗尽，自己上手，总算完成了。

"她到底怎么想的？"刘玲既意外又寒心，换成自己，改 3 次都改不好肯定会羞愧难当，而让老师推倒重来，简直就是侮辱智商的事。而王媚，难道就没感觉吗？

分析：从案例中可见，王媚作为网络时代出生、成长的一代人，习惯性亲近网络、疏离现实，跟同事没有迫切的交流需求，对领导、前辈没有那么多敬畏心。代际冲突的背后其实是成长环境的区别，双方都应该尝试换个视角，站在对方的立场，更全面、理性地看待这些不同。职场中，"代际"之间的挑战是相互的。但在摩擦的过程中，双方各取所长，获得的成长也是相互的。

因为立场、角度在客观上存在不同，所以职场上的冲突、危机是不可避免的。只是有些人能很好地应对，有些人却因无法应对而出现身心健康问题。

一、职场中的冲突处理

冲突是常见的引发职业心理不健康的"职场杀手"。通常具有两个成分：一是感知到矛盾或某种形式的对立；二是有可能引发彼此在行为上的对立或者敌对。

（一）职场冲突产生原因

在所有的冲突中，影响员工职业心理健康的往往都是组织内部的冲突，造成组织内出现冲突的原因大致有以下几个方面。

1. 组织资源稀缺

组织内的资源是有限的，当两个或两个以上的主体同时依赖于组织提供的稀缺资源，而现有资源又不能同时满足需求时，极有可能为如何分配资源而发生冲突。人们对组织资源依赖性越强，就越容易引发冲突。

2. 目标导向和实现不同

在组织中容易引发冲突的目标通常表现在两个方面。一是目标导向的不同。例如，组织中有部分员工希望尽快把工作任务完成而不那么注重完成质量，另一些员工则希望尽可能好地完成工作，时间早晚并不重要，这种目标导向的差异性就可能带来冲突。二是目标实现的障碍，组织内部相互作用的各个部门在实现其各自目标的过程中，一方目标的实现可能会妨碍另一方目标的顺利实现，而这种障碍就可能导致冲突。

3. 个性、价值观和文化差异

在个性、价值观上差异比较大的人们之间，不太容易接受对方的行为，更容易出现分歧和矛盾，导致冲突。不同文化背景的人，也会表现出明显不同的行为方式和价值观，并最终可能导致冲突。

4. 期待未满足的行为隔阂

如果组织中相互作用的各方在实际行动上没有满足对方的期待，或者与双方期待相违背，则很容易因相互之间的行为隔阂而引发冲突。互动双方的相关性越强、互动越频繁，则出现差异的机会越多，冲突的频率也会上升。

5. 组织内沟通不畅

组织信息沟通过程中存在误解，或信息的无效传递，极易引起个人或群体之间产生误解和延宕，由此引发冲突。

（二）妥善应对冲突

冲突在所难免，对于个体而言，解决冲突的关键是积极主动地去面对。

1. 直面解决问题

如果能确认冲突的真正来源，那么直接面对和解决问题是最有效的方法。运用这一方法的关键是讲道理，对事不对人，尽最大可能去寻找以合作方式解决冲突的方法。

2. 时刻保持理性

如果暂时很难寻找到冲突产生的直接原因，那么应该先消除敌意，理性地看待彼此的差异，通过消除双方敌意，给解决问题提供时间和空间。

3. 积极看待冲突

在冲突发生之后，应该多从积极的一面看待冲突，这是一种间接地解决冲突的方法，通过寻找情境中的积极因素，从而在心理上将消极方面带来的影响降到最低。

4. 灵活处理冲突

如果的确无法通过个人解决问题，也可以采用其他解决冲突的方法，包括向第三方求助、冲突各方进行协商和交易、通过正规渠道进行申诉等。

二、建立良好的职场人际关系

建立良好的职场人际关系，是化解职场冲突和危机的重要方式。在职场中，需要重点关注的人际关系主要是与上级的关系、与同事的关系和与客户（工作对象）的关系。

（一）正确处理与领导的关系

1. 要学会尊重上级

下级服从上级是最基本的常识，但是却经常有人不能做到，原因常常是下级认为上级在某些方面比较弱（如年龄小于下属、技术能力不强、管理经验不足），不少人会因此对上级缺乏必要的尊重。

职场比拼的是综合素质。上级抓的是全局，不必样样精通。要注意维护上级的权威，不在背后贬低领导，不当众指责领导，愿意接受领导的批评指正。

2. 要学会懂"规矩"

不懂"规矩",在不该说话的时候说话、不该做主的时候做主,这是刚入职的人常犯的错误。毕业生必须知道,无论帮领导管了多少事,也无论领导多糊涂,甚至对自己的依赖已经到了无法离开的程度,但他毕竟还是领导,还得由他来做主。毕业生绝不能自作主张、封闭工作信息,或者不汇报、在领导面前逞能等。

(二)正确处理与同事的关系

1. 要学会尊重他人、平等相处

在新单位中,每个人都是自己的老师,因为他们有丰富的工作经验和娴熟的业务技能,要尊重他人的劳动和劳动成果、尊重他人的人格和感情、尊重他人的生活习惯。

要以平等的态度对待每一个同事。不要以职务高低、权力大小来决定对待他人的态度;不要亲近一部分人,故意疏远另一部分人;不要认为某人对自己有用就刻意亲近,某人暂时无用就避而远之。要尽力与所有同事发展平等的友好关系。

2. 要学会少说多做,注意分寸

毕业生刚工作时,与同事都不熟悉,这时自己的一举一动都会深深印在同事的脑海中。所以言谈举止要得体,对人讲话要彬彬有礼、注意分寸,不能想说什么就说什么,要多看、多想、多听、少说。即使看法不一致,也应求同存异,不妄加评论。要抱着少说多做的心态,多从诸如打水、扫地、分报纸这样的琐事做起,逐渐融入集体。

3. 要学会扩大心胸,避免冲突

同事之间,是天然的合作关系,又是客观的竞争关系。这种微妙的关系,必然会使毕业生产生既渴望合作又心怀警觉的复杂心理。要处理好这种关系,就要以诚相待,互相支持;要严于律己,宽以待人,学人之长,补己之短;要在竞争中学先进、帮后进,领先时不骄傲自满,落后时不灰心气馁。面对冲突,应学会有效沟通,如寻找合适的时间、合适的地点进行交流;最好以商量的口气提出自己的意见和建议,耐心地听取对方的意见和建议,在互相尊重、相互谅解中达成一致意见。

4. 要学会保持距离,远离是非

职场中,职位升迁、薪酬发放等都与个人利益息息相关。因此,同事间的关系比较微妙和复杂,要保持一段距离,凡事取中道而行,适可而止。

不要打听别人的隐私,如生活状况、感情纠葛等。刚到单位的新人,不可能了解事情的来龙去脉,更没有正确分析判断的能力,因此要远离是非,不参与议论,更不去散布传言。不利于团结的话不要说,不利于团结的事不要做,堂堂正正做人。

5. 要积极参加活动,积累人脉

要培养自己的归属感,主动融入集体,多参加集体活动。闲暇之余,也可以适度和同事们一起聚餐、娱乐等。这样能增进对彼此的了解，也能获得更多的快乐，更自然地与同事们融为一体，培养和谐的人际关系。

（三）和客户建立良好的关系

和客户建立良好关系的有效方法是成为尊重客户的好员工。以下的一些建议能帮个体和客户建立起密切的、有价值的、持续的关系。

（1）确立客户满意目标，这样目标将会决定取悦顾客的努力方式和努力程度。
（2）理解客户的需要，并把它们置于首位，集中精力满足客户的需要，而非应付。
（3）在和客户接触的过程中，要对他/她的生活情况表示关心和关注。
（4）以积极的态度来沟通。可以通过表情、友好的手势、热情的语调和良好的交流技巧来表达友善态度。
（5）让客户因为接受你的服务或从你这里购买商品而感觉良好。
（6）展示高尚的职业道德，像珍视家人和朋友一样对待客户。
（7）面对客户抱怨时，应先伸出援助之手，而非争辩、推诿。
（8）邀请回头客，这种邀请越具体、越有针对性，就越会对客户的行为产生影响。

三、极端情绪和不良行为应对

工作并非总是一帆风顺，有些时候我们会承受难以承受的压力，从而出现各种各样的情绪和行为问题，一些极端的情绪和行为问题会极大损害我们的健康，应该妥善处理。

（一）应对愤怒情绪

第一，从积极的方面看，愤怒可以是一种令人奋发的力量，只要降低它的负性影响，愤怒可能会使你成就非凡的业绩。第二，要养成在愤怒还没有升级之前就有意识释放的习惯，不要让愤怒情绪达到你不能控制的程度。第三，当你要发怒时，先强迫自己从1数到10再去发怒，等怒气值降到低点，就有可能避免由于自己的愤怒情绪伤害了彼此的关系。第四，主动寻求反馈，以了解自己的愤怒造成的后果或产生的效果。

（二）理解和控制成瘾行为

成瘾也叫物质依赖，是一种不可遏制地使用某种物质或从事某种活动，且表现出心理依赖和成瘾症状的行为，如吸烟、酗酒、药物滥用、网络依赖、工作成瘾等。当出现以上行为倾向时，首先要评估这些行为有没有对你的工作和生活造成不良影响，并制订计划去控制和改善你的行为。

当然，一切行为的改变过程都不可能一蹴而就。首先需要制定总体目标，并把总体目标分解为具体目标，然后转化为可以执行的行动计划，当完成每天的小目标时，记得给自己一个激励。在行为改变的过程中，逐步建立起良好的工作生活习惯，从而避免不良行为再次卷土重来。当感觉到个人的努力总是无法达成预期，或觉得自己无能为力时，应该尽快去心理咨询机构或医院寻求专业的帮助和支持。

（三）克服和预防自暴自弃行为

在一些极端的情况下，人们可能出现自暴自弃的行为。克服和预防自暴自弃行为有以下六种广泛应用的策略。

1. 检查"人生剧本"并做出必要的改变

如果发现个体的"人生剧本"中有太多自暴自弃的场景设定时，就应该有意识地"改写剧本"，重新做出合理规划，并在必要时寻求心理咨询专家的专业支持。

2. 不再把个人问题归罪于他人或命运

个体应该积极地思考和行动，以提高个人的控制力，为自己的问题负责，把命运的控制权交回给自己。

3. 寻求对你自己行为的反馈

仔细倾听来自上级、同事、下级、客户以及朋友的直接的或间接的评价，尽力不要对这些反馈做出防御性的反应。

4. 学会从批评中获益

学会在批评中进行换位思考，尝试寻找批评中可能存在的价值，将会使个体从批评中受益。

5. 不否认问题的存在

否认是一种回避痛苦现实的防御性策略，如果否认了问题的存在，自然就不会采用恰当的方式解决问题。

6. 想象自我强化行为

运用想象，为自己制定一套克服自暴自弃行为和想法的措施。想象自己正在进行自我强化，采取合理的行动，当完美的结局即将呈现时，想象自己正在进行高峰体验。

四、应对职业发展初期考验

大学生初入职场，会面临"学校人"向"职业人"的转变考验，自身工作适应叠加恋爱、结婚等重大事件，个体的心理状态容易发生较大变化，这就需要掌握一些有效的心理调适策略。

（一）度过职场"蘑菇期"

初入职场的新人有时会像蘑菇一样被置于阴暗的角落，不受重视，有时还会遭受无端的指责，甚至代人受过。"蘑菇期"是很多职场新人必须经历的一个时期。在这个时期，要学会积极乐观地做好每一件小事，细细体味其中包含的道理和学问；认真踏实地处理好每一个细节，不急于求成，而是按照既定的计划踏踏实实地把每个细节做好；以平常心对待每一个结果，默默成长，总有一天会"惊艳时光"。

（二）应对"老员工综合征"

工作一段时间后，你也会成为组织中"年轻的老员工"。在工作越来越熟练的同时，可能会患上"老员工综合征"，不思进取、思维固化、拉帮结派、居功自傲，这种心理状态会严重影响你的心理健康和职业发展。对于老员工来说，要尽量发挥自己的年龄、经验和阅历优势，多注意更新现代知识和技术，更新自己的观念，对工作重新赋予意义，努力做一个"舒心"的老员工。

（三）岗位调整中的心理调适

岗位调整会给一些人带来较大的适应问题。对于岗位适应困难的人而言，首先应该多花时间充分了解与新任岗位有关的各种信息，从而做好履职的心理准备；在适应新岗位的过程中，合理安排时间和适时调整工作习惯；保持积极良好的工作状态，不能视新工作为负担和压力；给自己一些时间，主动与主管沟通和交流。另外，对于开始承担上级职责的员工，还要主动学习与下级沟通的技巧，学会影响激励和引领下级。

（四）平衡好工作与生活

一般来说，促进工作生活平衡可以采用以下五个策略：

一是改变理念，要建立起工作和生活需要相互平衡、相互促进的理念，充分意识到工作与生活平衡的重要性。

二是要让自己更健康，通过关注自己的身体健康、定期进行身体锻炼、建立良好生活习惯等方式提高身体素质。健康的体魄让个体可以有更多的精力去平衡工作和生活。

三是更好地管理自己的时间并学会让自己放松下来，即便是在紧张的工作之中，也要让自己有放松的时间，从而避免心理资源的过度耗竭。

四是必要时寻求专业支持，专业的心理支持可以让个体更好地评估自己的工作与生活状态，并做出改善。

五是多举办和参与家庭活动，提高与家人的陪伴质量，增进与家人的感情，并获得家人的支持。

经典分享

做"靠谱"职场新人

"靠谱"是很多公司在衡量员工素质时非常看重的指标之一。以下三种思维法,可以帮助大家尽快成长为"靠谱职场新人"。

1. "云—雨—伞"思维法

"云—雨—伞"思维法即"天上出现乌云,眼看就要下雨,带上伞比较好"。其中,"云"代表事实,即观察到的情况;"雨"代表推断,即根据事实做出的分析;"伞"代表结论,即综合事实与分析做出的判断。举例而言,如果公司交给自己一个"去菜市场看土豆行情"的任务,那么自己不仅要看市场上是否有人卖土豆、有多少人卖土豆,而且要了解土豆的质量和价格,还要带回土豆的样品并提出自己的建议。

2. "假设性思考"思维法

"假设性思考"的实用性和操作性较强,即先大胆地做出假设,然后按照假设来制订工作计划。举例而言,如果让自己调查"每晚消费1000元住宾馆的年轻客户是否在增加",可以先假设这类年轻客户的确有所增加,但存在明显的地域差异,然后在调查时增加"咨询地域"的环节,以验证假设是否正确。

3. "逻辑树"思维法

"逻辑树"思维法是指从一个大问题出发,按逻辑关系延伸出一系列小问题的方法,这种思维法能够把无从下手的大问题分解为"看得见、摸得着"的小问题。具体如下:

(1) 将庞大、复杂的大问题分解成若干小问题,并用"总—分"的形式罗列出来。

(2) 想出解决每个小问题的方法。

(3) 对每个小问题及其解决方法进行整理、分析,找出解决大问题的关键、重点。

(4) 制订计划,并在行动方案中落实。

分析:以上思维方法不仅有利于全面、清晰地理解任务,而且有助于妥善地完成工作,因此,要想做一个"靠谱职场新人",可以尝试运用以上这三种思维方法。

心理训练

从过往经历中挖掘心理资源

一、训练目的

理解心理资源的概念,掌握其获取方法。

二、训练时间

20分钟。

三、训练内容

请大家依次思考以下问题，并在小组内进行分享和讨论。

1. 你所学的专业知识和技能中，有哪些有助于你的未来职业发展？

2. 你过往的经历中，养成了哪些可以促进你职业发展的心理品质？

成 长 反 思

1. 初入职场，如果遇到老员工"欺生"，故意排挤你，你会如何应对？

2. "客户是上帝"，但"人生而平等"，如何在工作中同时理解这两句话？

综合训练和拓展学习十一

一、心理测试

雇主需要的素质

1. 测试目的

了解雇主所需要的素质，并树立自觉培养职场素质的观念。

2. 测试时间

45 分钟。

3. 测试内容

表 11-2 是被广泛预期的雇主所需要的一系列素质要求。在阅读了每条素质要求之后，用 1～5 分的分值在每个维度上进行自我评定（在分值所对应的格子中画"√"）。

表 11-2　雇主所需要的系列素质要求

问题	自我评定				
	1	2	3	4	5
1. 拥有职位所需要的教育背景，并且获得了良好的成绩					
2. 拥有相关工作经验或实习经历					
3. 沟通以及其他人际交往技能					
4. 动机、坚韧和活力					
5. 问题解决能力和创造力					
6. 判断力和常识					
7. 适应变化的能力					
8. 情绪成熟度（行为职业化，并且有责任感）					
9. 团队精神（拥有团队工作的能力和兴趣）					
10. 积极的态度（具有工作的热情和主动性）					
11. 客户服务导向					
12. 信息技术技能					
13. 网络搜索技能					
14. 愿意持续学习与工作、公司和行业相关的知识					

续表 11-2

问题	自我评定				
	1	2	3	4	5
15. 幽默感					
16. 独立、负责和尽职（包括良好的工作习惯和时间管理）					
17. 上级能力（有主动承担和完成任务的责任，并且能影响他人）					

4. 评分标准

采用五档评分法：1=非常低；2=低；3=中等；4=高；5=非常高。

5. 结果解释

（1）了解自己的优势和不足：那些自评得分为 4 分或 5 分的条目，将是你的优势，请继续保持；那些自评得分是 1 分或 2 分的条目，是你需要进一步提升的方面，建议考虑参加一些正规的、关于以上条目的自我发展、培训和教育。

（2）了解自己的职场竞争力：所有条目的平均得分在 4 分以上，说明有较好的职场竞争力，有更好的发展潜力；平均得分在 2~4 分，说明需要在保持优势的同时，对不足的方面进行加强；平均得分在 2 分以下，说明需要加强基础训练，从每一件小事做起，培养自己的职业素质。

二、拓展学习

时间管理原则

著名的管理学家科维提出了一个时间管理的理论，他把工作按照重要和紧急两个不同的维度进行划分，基本可以分为四个"象限"：既紧急又重要、紧急但不重要、重要但不紧急、既不紧急也不重要，如图 11-3 所示。根据这一原则，可以把事情分为以下四类，并按如下排序：

1. 优先级 A

既紧急又重要——危机和紧迫情况、有着最后期限的项目或亟待解决的重要问题，必须立即做（如赶火车、乘飞机、上课、考试）。大多数团队领导会首先应对优先级 A。要完全消除危机是不可能的，但是可以通过预先安排来减轻危机的程度，也就是需要将它变成优先级为 B 的事情。许多优先级 A 的情况之所以会出现，是因为我们未能预见优先级 A 并对其做出计划。例如：未注意到警告信号；到了紧迫关头，仍然未采取行动；对不同的工作所需的时间估计不足；在计划日程里没有包括处理突发问题的时间；分配出去的工作没有定期检查。

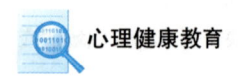

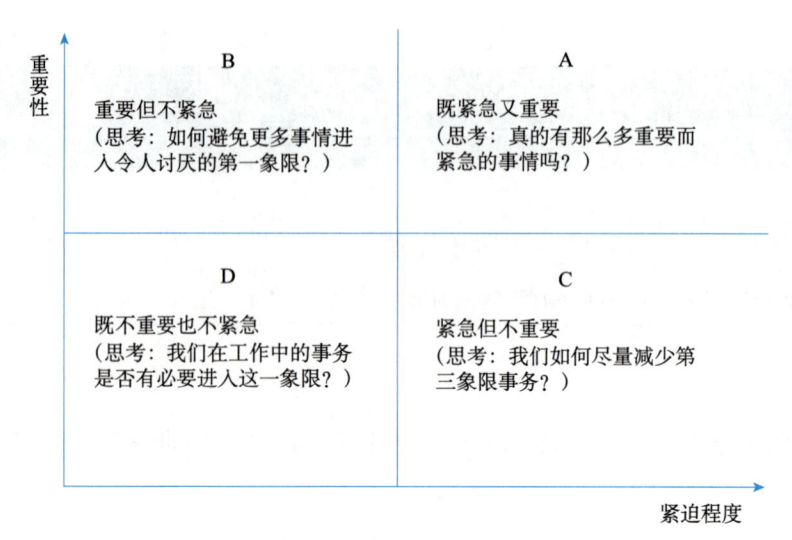

```
重    B                        A
要    重要但不紧急              既紧急又重要
性    （思考：如何避免更多事情进  （思考：真的有那么多重要而
      入令人讨厌的第一象限？）    紧急的事情吗？）

      D                        C
      既不重要也不紧急          紧急但不重要
      （思考：我们在工作中的事务  （思考：我们如何尽量减少第
      是否有必要进入这一象限？）  三象限事务？）
                                                紧迫程度
```

图 11-3　紧急 – 重要矩阵

2. 优先级 B

重要但不紧急——准备、预防措施、规划和审议、团队建设、团队和成员的发展，例如：制订计划、去做体检等。通过预测危机和提前进行计划，优先级 A 的很多情况可以被变成优先级 B 而被提前妥善处理。有效率的团队领导会将大部分精力投入优先级为 B 的工作中去，这些工作将有助于节省成员和团队的时间，最终也会有助于发展生产力，使组织取得长期业绩，这些是团队领导最主要的管理责任，值得花费时间和精力。

3. 优先级 C

紧急但不重要——电话、不必要的会议、帮助团队成员解决他们的问题。确实有为数不少的团队领导在优先级 C 上花费太多的时间，因为这些事情无论是看上去或是感觉上都很"紧迫"。一般来说，处理这些问题比静下来处理更为重要的问题容易得多，这样一来，那些团队领导就会让优先级 B 的工作（重要但不紧急）一直积压着，直到变成危机。

4. 优先级 D

既不重要也不紧急——闲聊的电话、干扰、鸡毛蒜皮的琐事。如果在优先级 D 上花费了绝大部分时间，那就需要仔细反思工作方式了，需要问问自己为什么会浪费这么多时间。这些都是所谓的"让人忙乱的工作"，看起来也真的忙，可是都没忙到点子上。浪费时间的罪魁祸首是拖延、缺乏信心和缺乏指导。

参考文献

[1] 王开淮.心理健康教育[M].北京：电子工业出版社，2021.

[2] 傅小兰，周红玲，谢彤.心理健康教育[M].北京：科学出版社，2020.

[3] 陈红.大学生心理健康教育[M].北京：人民邮电出版社，2021.

[4] 彭聃龄.普通心理学[M].北京：北京师范大学出版社，2018.

[5] 吴少怡.大学生团体辅导与团体训练[M].济南：山东大学出版社，2010.

[6] 戴维·迈尔斯.社会心理学[M].侯玉波，乐国安，张智勇，等，译.北京：人民邮电出版社，2006.

[7] 戴尔·卡耐基.卡耐基说话技巧与人际交往[M].李锦清，译.北京：北京时代华文书局，2014.

[8] 俞国良.大学生心理健康[M].北京：北京师范大学出版社，2022.

[9] 杨晓东，周艳娟.心理健康教育[M].北京：高等教育出版社，2021.

[10] 时蓉华，李凌.现代社会心理学（第3版）[M].上海：华东师范大学出版社，2013.

[11] 冯忠良，伍新春，姚梅林，等.教育心理学（第3版）[M].北京：人民教育出版社，2015.

[12] 简妮·爱丽丝·奥姆罗德.学习心理学[M].陈陈，杨兰，张心玮，译.北京：中国人民大学出版社，2023.

[13] 布鲁纳.多变世界中的压力应对（第3版）[M].石林，译.北京：高等教育出版社，2008.

[14] 戴夫·阿尔里德.驾驭压力受益终身的8条抗压守则[M].许人文，译.北京：人民邮电出版社，2018.

[15] 布鲁斯·霍维德.超级复原力：简单有效的抗压行动法[M].傅婧瑛，译.北京：人民邮电出版社，2017.

[16] 乔·卡巴金.多舛的生命：正念疗愈帮你抚平压力、疼痛和创伤[M].童慧琦，高旭滨，译.北京：机械工业出版社，2013.

[17] 乔·卡巴金.正念——身心安顿的禅修之道[M].雷叔云，译.海口：海南出版社，2009.

[18] 哈特.谁在左右你的情绪与食欲（第8版）[M].屈宗利，吴志红，译.北京：科学出版社，2009.

[19] 沈德立.大学生心理健康[M].北京：高等教育出版社，2013.

[20] 江光荣.大学生心理健康［M］.武汉：华中师范大学出版社，2018.

[21] 凯利·麦格尼格尔.自控力［M］.王岑卉，译.北京：文化发展出版社，2018.

[22] 保罗·史托兹.逆商——我们该如何应对坏事件［M］.石盼盼，译.北京：中国人民大学出版社，2019.

[23] 刘思耘，周宗奎，李娜.网络使用经验对动作动词加工的影响［J］.心理学报，2015（8）：992-1003.

[24] 喻丰，彭凯平，郑先隽.大数据背景下的心理学：中国心理学的学科体系重构及特征［J］.科学通报，2015（5-6）：520-533.

[25] 亚当斯·简.研究网络的崛起［J］.自然，2012，490（7420）：335-356.

[26] 布纳·维.关于网络成瘾在线评估的初步报告：使用网络的前30天［J］.心理学报告，1996（70）；179-210.

[27] 谭咏梅.遇见自己——大学生心理健康咨询与疏导［M］.北京：人民出版社，2021.

[28] 彭彪.高校心理健康教育实效性研究［M］.北京：九州出版社，2023.

[29] 王涛，严光玉，李俊琦.职业发展与就业指导［M］.北京：北京师范大学出版社，2021.

[30] 王开淮.劳动教育［M］.北京：清华大学出版社，2021.